太平洋战争全史书系

拉锯南太平洋

第三卷 1943

团结出版社

UNITY PRESS

萧西之水
赵恺
——作品

图书在版编目（CIP）数据

拉锯南太平洋：1943 / 萧西之水，赵恺著. -- 北京：团结出版社，2018.11（2020.5 重印）
（太平洋战争全史书系；第三卷）
ISBN 978-7-5126-6467-8

Ⅰ. ①拉… Ⅱ. ①萧… ②赵… Ⅲ. ①太平洋战争—史料—1943 Ⅳ. ①E195.2

中国版本图书馆 CIP 数据核字(2018)第 163506 号

出　版：团结出版社
　　　　（北京市东城区东皇城根南街 84 号　邮编：100006）
电　话：(010) 65228880　65244790　（出版社）
　　　　（010）65238766　85113874　65133603（发行部）
　　　　（010）65133603（邮购）
网　址：http://www.tjpress.com
E-mail：zb65244790@vip.163.com
　　　　fx65133603@163.com（发行部邮购）
经　销：全国新华书店
印　装：三河市东方印刷有限公司

开　本：170mm×240mm　　　16 开
印　张：18.25
字　数：278 千字
版　次：2018 年 11 月　第 1 版
印　次：2020 年 5 月　第 2 次印刷
书　号：978-7-5126-6467-8
定　价：55.00 元

目 录

楔 子
——反攻提前？

对第二次世界大战太平洋战场有一个老生常谈的结论：日本国力是美国的十分之一，产业潜力更无法与美国相提并论，所以等到美国开动全部工业能力，一定会立刻反攻，日本就不战自溃了。

在这种结论下，日本在整场战争中的所有战略、行为、分析都被冠以"妄自尊大""不自量力"等词语，美国则会享有"忍辱负重""韬光养晦"这类褒奖。似乎也是为了提供佐证，日本在开战之后一直认为美国反攻"会在昭和十八（1943）年下半年以后"，这也成为无数军史专家与军迷的笑料。

但不得不说，这种分析方式忽视了战争的"世界性"。事实上早在20世纪初的日俄战争（1904—1905）中，战争就已经不局限于日本与沙俄两个国家，当时日本的盟友英国、沙俄的秘密盟友法国均对双方多少有所帮助，美国华尔街的犹太银行团还给日本进行战争融资。而这场"日俄战争"能够最终议和，也与英、法选择共同对抗德国有很大关系，最终英、法、俄、日也形成协约，这才有了第一次世界大战的协约国体系。

正如第一次世界大战主战场是欧洲，第二次世界大战主战场依然是在欧洲，虽然太平洋战场在第二次世界大战中更为重要，也爆发了诸多著名海战与岛屿争夺战，但仅就1942年6月这个时点来看，无论从"欧洲中心论"这种固有意识还是从总体国力出发，欧洲战场都是当之无愧的主战场，太平洋战场只是附属。

更何况第二次世界大战开启以后，德国占据了法国、波兰等重要工业国，大幅度提升自身工业能力，欧洲战场对轴心国已经向着"以战养战"的方向走去；反观日本占领区却几乎没什么工业体系，无法与日本本土，甚至无法与伪"满洲国"相提并论，太平洋战场与印缅战场大体是用日本固有实力来养日渐扩大的战线。轴心国能否取胜，基本上只取决于纳粹德国能打成什么样。

1942年6月6日，罗斯福向丘吉尔递交电报，在提到中途岛胜利的同时也提出"关心俄国战线"。当时纳粹德国刚刚在乌克兰东部重镇哈尔科夫（Харьков）大获全胜（1942年5月中旬），步步进逼克里米亚半岛与高加索山脉，意图切断苏联的黑海出海口。同一时期，苏联外长维亚切斯拉夫·莫洛托夫（ВячеславМолотов）先后访问伦敦与华盛顿，要求英美国家立即开辟第二战场，但丘吉尔却不同意贸然越过英吉利海峡实施登陆，以防止"牺牲一样的登陆"。况且北非英军刚刚被埃尔文·隆美尔（Erwin Rommel）率领的德意联军打回利比亚东部重镇托布鲁克（Tobruk），短期内，英国根本不可能开辟第二战场。

6月18日，罗斯福、丘吉尔会面，美国下决心开发原子弹。不过就在"曼哈顿工程"开启之前，英军又被隆美尔赶出了托布鲁克，这就意味着德军逼近埃及。

虽然大家都知道，1942年11月初，英军在埃及阿拉曼（Alamein）打了一记胜仗，将德国北非军团推回利比亚，但在当时而言，盟军必须考虑最坏的情况：如果北非军团按目前进度占领埃及，那么隆美尔的百战之师就可以突入中东，加之7月德军占领克里米亚，那苏联的高加索领土就岌岌可危，日本或许就会重新与苏联作战——这很可能导致苏联崩溃，希特勒战略目的就能达成。

美国也很明白这一点。虽然海军上将尼米兹在1942年6月6日发表的海军公报中仍然提出"不让日本丧失海上战斗力便不算复仇"，促使海军总司令、海军上将欧内斯特·金（Ernest King）提出进攻所罗门群岛，但陆军参谋长、陆军上将乔治·马歇尔（George Marshall）却认为当前主要任务仍是大西洋，毕竟1942年是纳粹德国"狼群"战术的高峰期，护卫工作刻不容缓。

所以说，美国海军力量在太平洋战场"反攻"必然局限，正式反攻也不会在短期内到来。还是老话，在1943年11月吉尔伯特群岛战役之前，美军确实不会反攻，所有军事行动都会以留下"突出部"的方式来进行，用以建立稳固基地、吸引日军打消耗战。

如果能够通盘考虑到国际局势，对日本而言，明智做法或许并不是投其所好、与美军鏖战，而是调转枪口，将有限国力与实力支援纳粹德国。即便无法对苏开战，派遣海军突袭印度洋英军、切断北非英军的红海补给线也并非绝无可能。

然而很可惜，日本却将目光聚焦在了一个后世看来无关紧要的小岛之上。

第一章　所罗门宝藏

双向叩门
——日美两军对峙太平洋

瓜岛战略意义

1568 年夏天，日本正处于战国时代末期，风云儿织田信长（おだ・のぶなが）刚刚攻克京都，迎立足利义昭为第 15 代将军。而在太平洋的另一边，西班牙探险家阿尔瓦罗・德・门达尼亚（Álvaro de Mendaña）从秘鲁起航，率领两艘帆船在新几内亚岛东部发现一大片岛屿群。他期盼着可以发现黄金，便引用《圣经》里"黄金之国"为其命名——所罗门群岛。

每当新发现一个岛屿，他就顺次让手下船员为其命名；轮到佩德罗・德・奥特加（Pedro de Ortega）时，他便喊出了自己家乡之名：瓜达尔卡纳尔。

这个名字，最早属于西班牙安达卢西亚地区的一个小镇。但在命名之初，恐怕没有人会想到，这个在阿拉伯语中象征"运河之川"的名字，会因日语谐音而异化为"饿岛"；更不会想到，这片太平洋中一个尚不及上海市面积的小岛，会在一场持续 5 个月的战役中吞噬日、美两军近 3 万条性命。

对于这片小岛，日本海军在战前几乎没有调查，所持地图也是错的，陆军高层更是在战役爆发之后才知道当地还有日本人，比起扎根数十年的中国大陆，瓜岛实在是"化外之地"；即便是美国人，作战前也对瓜岛缺乏了解，毕竟在欧美文化里，大西洋与欧洲才是世界中心，至于所罗门群岛、新不列颠岛、俾斯麦群岛、圣克鲁斯群岛等看似很"欧美"的名字，美国人也是知其名而不知其实，美国海军陆战师指挥官亚历山大·范德格里夫特出航时，甚至只有"几张破航海图与一部杰克·伦敦的探险小说《纯洁无邪充满原始风味的处女地——瓜达尔卡纳尔》"。可以说，日、美双方都是在信息极度缺乏的情况下被迫在瓜岛作战。

那为什么会是瓜岛呢？

从形状来看，所罗门群岛形似一条双纵队军舰编队，西边连通新不列颠、新爱尔兰等岛屿，乃至延伸到新几内亚岛，东南部与圣克鲁斯群岛、新赫布里底群岛（瓦努阿图）、斐济、新喀里多尼亚等岛屿隔海相望，共同形成一条完整岛链，拱卫澳大利亚东北海域。瓜达尔卡纳尔岛正是"双纵队"从南向北的第二个岛屿，处于夏威夷群岛通往澳大利亚凯恩斯的航线正中央。

日本在南太平洋最重要的陆基航空据点——拉包尔港在瓜岛西北部1000公里左右的距离，续航能力最强的零式战斗机（2200公里）也只能勉强打一个来回。因而一旦日本人占领瓜岛，就能与拉包尔港形成连动，将续航能力在1000公里左右的九七舰攻、九九舰爆纳入攻击编队之中，既扩大了航运范围，也激活了新的战斗力；既可以帮助日本取得新几内亚岛制空权，也可以彻底封锁美国与澳大利亚的直航航线。

日本陆海军战略差异与美军考量

1942年6月7日，由于中途岛战败，日本大本营宣布"FS作战"延期约两个月。既然延期，海军在南太平洋自然无法得到陆军支援，便在6月13日制定《当面作战指导方针》，准备在未来进攻新赫布里底群岛，继而对斐济、萨摩亚继续保持威胁态势，自然需要在所罗门群岛东部建立更大规模的航空基地。然而所罗门东部传统的航路中转站——图拉吉岛（日军占领）地理条件只能建设水上飞机基地，海军只能另寻他处。

恰好在瓜达尔卡纳尔岛西北部的伦加河流域，有一片开阔的冲积平原，于是这座距离图拉吉岛南部12海里的岛屿，正式纳入日本海军视野之中。

7月6日，日本海军第8舰队派遣第13设营队1221人（指挥官：

冈村德长少佐）登陆瓜岛，与先期进入的第 11 设营队 1350 人（指挥官：门前鼎少佐）一起建设机场。到 8 月初，瓜岛设营队达到 2700 人，另外警备兵力 240 人。

到了 7 月 11 日，大本营发布"大海令 20 号"，宣布"FS 作战"取消，放弃进攻所罗门群岛以东的盟军控制岛屿。但"FS 作战"取消不代表日本大本营要完全放弃既有战线，为了保卫拉包尔港外围、威胁澳大利亚北部海域，日本依然需要继续"MO 作战"，因而日本第 17 军受命"确保莫尔兹比港、随时征讨新几内亚东部要地"。既然要保护拉包尔港外围，那隆加机场也并未停建。8 月 5 日，一期工事完工，一条长800 米、宽 60 米的飞机跑道出现在冲积平原上。

美军当然很早注意到日军举动，从 7 月底开始就不停地派遣 B-17轰炸机进攻瓜岛，冈村德长（おかむら·とくなが）迅速向 7 月 14 日刚刚设立的日本海军第 8 舰队（三川军一中将）提出申请，要求迅速派遣战斗机部队到前线援助。

然而问题在于，第 8 舰队主力部队配置在遥远的拉包尔港，主要任

1944 年瓜岛亨德森机场最终形态

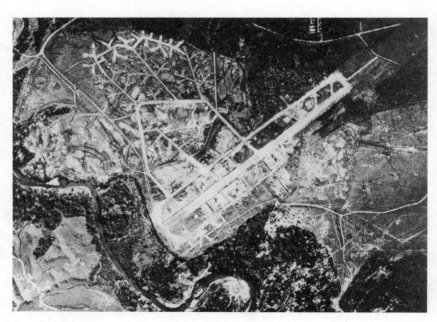

务又是在未来配合第 17 军进攻新几内亚，这就使得他们不太可能过多重视所罗门群岛方面的防务，图拉吉岛的十余架飞机更是不够给美军塞牙缝的。

据第 8 舰队次席参谋大前敏一（おおまえ・としかず）中佐战后回忆，当时参谋部门认为美军空袭瓜岛无非是震慑性攻击，不是真正意义上的反击，并没有意识到美国已经铆足力气，要在所罗门群岛留下一个"突出部"。

正是因此，第 8 舰队并没有增派任何空中援助。然而这时，美国太平洋舰队第 61 特混舰队与第 1 海军陆战师已经踏上了征程。不过战争该怎么打，美军内部也存在争执。

由于富兰克林・罗斯福坚持"欧洲第一"原则，自然会更重视即将开启的"火炬"行动（美国陆军进攻北非）。马歇尔上将虽不认为进攻北非能迅速见效，但考虑到陆军在菲律宾战场一败涂地，如果不能在 1942 年内打出一场漂亮仗，陆军在 1943 年的战略地位也会有所下降——事实上美国陆军处境与中途岛战前日本海军几乎一样。

当然，对于"漂亮仗"如何理解，美国陆军各部门想法也不尽相同。较之陆军总参谋部倾向于北非战场，陆军航空兵却希望能打通阿留申群岛航线，夺回阿图岛、基斯卡岛。虽然两块小岛的日本陆军已是孤军奋战，即便美军不去打，日军早晚也要撤，非要投入大量兵力确有"高射炮打蚊子"之感。但阿留申群岛毕竟是美国在英美战争以来第一次"失地"，如能率先夺回，不仅能够提振士气，也有助于让陆军在战争中获得指导权。

另外一边便是道格拉斯・麦克阿瑟（Douglas MacArthur）上将。从菲律宾败退澳大利亚以后，麦克阿瑟无时无刻不想东山再起，他撺掇自己的参谋部门提出"塔尔萨"行动方案，要求美国海军提供 2 个航母特混舰队、1 个陆战师，配合美国陆军突袭拉包尔港，"迫使敌人后撤 700 英里，退回特鲁克基地"。然而早在菲律宾战役的战后评价里，麦克阿瑟就被评为"野心自大狂"，海军自然不可能把有限的航母交给他。

6 月 25 日，金上将下达命令，要求太平洋舰队准备进攻圣克鲁斯群岛、图拉吉岛及附近其他相关岛屿。毕竟所罗门战线"主要是海战与登陆作战"，麦克阿瑟就不可能凌驾于海军之上。没办法，麦克阿瑟向马歇尔抗议，马歇尔向海军抗议，整个 7 月美国陆、海军的争吵比日本陆海军之间也没好到哪里去。

经历无数次扯皮，6 月 26 日，陆、海两军制订了妥协方案；7 月 2 日，美国海军下达命令，由尼米兹率领海军继续执行所罗门行动（第一阶段任务），同时以请求协助方式派遣麦克阿瑟率领陆军驱逐新几内亚日本陆军（第二阶段任务）。等陆海两军各自完成任务以后，再共同进攻新不列颠岛拉包尔港（第三阶段任务）。

这种妥协提案，表明美国陆、海军在这一时期并未决出胜负，只是由于面前敌人强大，只得把陆海军争执推到以后处理：美军决定以东经159° 为界，西边归陆军麦克阿瑟，东边归海军尼米兹。

美军这条线一经划出，就意味着日美两军看待战事本身一定会有所不同。东经 159° 恰好处于瓜岛与图拉吉岛西侧，这就等于把瓜岛与新赫布里底群岛（New Hebrides）、斐济、萨摩亚、圣克鲁斯群岛（Santa Cruz Islands）看作一个战场；而日本海军却将新几内亚群岛、所罗门群岛全部划在第 8 舰队防区，这也就是将新几内亚战事与瓜岛战役看作联动之战。细节看似不起眼，却让日美对待瓜岛战役产生了本质的思维差异——不过这也算是巧合，因为美军画线之时，日军还没开始在瓜岛修筑机场，美军最早目标也不是瓜岛，而是传统航线重地图拉吉岛。

7 月 4 日，美军侦察机发现日军在瓜岛有所行动，7 月 6 日发现日军在修建机场，尼米兹立即决定紧急修改计划，戈姆利却以战备计划没有到位而严词拒绝。双方多次商讨，戈姆利才决定改在 8 月 7 日实行瓜岛登陆计划。7 月 22 日，美国海军陆战 1 师从新西兰惠灵顿出发，并在斐济展开登陆演习，7 月 31 日离开和平的斐济群岛，前往瓜岛战区。

陆战新几内亚：日本陆军南海支队登陆

就在日本海军吸引美军注意瓜岛的同时，日本陆军却已经开始执行"莫尔兹比港作战"（ポートモレスビー作戦）。

新几内亚岛面积为 78 万多平方公里，仅次于格陵兰岛，是世界第二大岛屿，然而人口密度（1940 年前后）却是每平方公里不到 2 人，大部分地区如同原始森林，除去莫尔兹比港、莱城、布纳等小城镇以外，岛屿整体战略价值并不高。即便日后美军反攻，麦克阿瑟与哈尔西也并未恋战新几内亚，而是选择在北部沿岸多点登陆，越过新几内亚以后直接突击帕劳群岛，完成一次又一次"蛙跳"。

对日军而言，1942 年 3 月步兵第 144 联队第 2 大队占领了莱城之后，下一步就是进攻莫尔兹比港，封锁澳大利亚北部海域；而在 1942 年 5 月珊瑚海海战之后，日本海军无力封锁新几内亚，只好选择从已经占领的布纳附近登陆，寻机突击莫尔兹比港。

新几内亚岛地理特征十分奇特：由于莫尔兹比港与布纳之间有一条欧文斯坦利山脉（Owen Stanley Ranges）横亘其间，想要突击莫尔兹比港，就必须先抵达山脉脚下的科科达（Kokoda），进而沿着全长 100 公里左右的"科科达路"（Kokoda Track）行军，通过德尼基（Deniki）、伊苏拉瓦（Isurava），翻越海拔 2250 米的贝拉米峰（Mount Bellamy）。但考虑到山路崎岖，中间要越过很多荒原，热带地区又是昼暑夜寒，若没有先导部队便难以持续。

为了解决先导问题，1942 年 7 月 21 日，南海支队派遣横山与助（よこやま・よすけ）大佐率领步兵第 144 联队第 1 大队、独立工兵第 15 联队组成先遣队，在轻巡洋舰"天龙""龙田"护卫下登陆布纳（Buna）附近的巴萨布阿（Basbua）。按照计划，横山先遣队的作战任务是突破盟军防守，先行抵达科科达，修缮道路，为后续部队提供便利。

最初与日军接触的部队，是澳大利亚军队所属的巴布亚步兵营（Papuan Infantry Battalion）。7 月 22 日，陆军中尉约翰・查尔克（John Chalk）得知日军登陆，迅速在当晚率领 40 人部队占据山丘，随后在波彭得托（Popondetto）夜袭日军登陆部队，随后有序后撤；7 月 23 日早晨，日军越过波彭得托，突袭阿瓦拉（Awala）山地，巴布亚步兵营 2 连保护营长威廉・沃森（William Watson）少校逃出日军包围之后，留下 2 连 11 排、12 排 60 人担任殿后工作，旋即率领部队跨过库木西河（Kumusi River），毁掉浮桥并向科科达后撤；日军在河流伏击战中伤亡 15 人，几乎毫发无损。

之所以不过多恋战，是因为巴布亚步兵营以本地人为主，虽然人数不算少（77 名白人、550 名土著人），但缺乏军事训练与装备，平原地形也难以阻击日军。相反，考虑到科科达本身在山谷之中，已有的小型机场又便于后续部队增援，诱敌深入事实上更有助于歼灭敌人。撤退之后，巴布亚步兵营 2 连迅速在科科达南部的奥伊维（Oivi）建立起防线，等待支援；驻守莫尔兹比港的澳军第 39 步兵营指挥官、陆军中校迈克尔·欧文（Michael Owen）飞到科科达指挥战斗。

7 月 26 日早上，澳军增援 32 个排乘坐运输机紧急前往战场，15 点左右抵达科科达，旋即分出 2 个排增援奥伊维前线。不过到了 17 点左右，眼见增援部队还没到达，巴布亚步兵营 2 连连长、陆军上尉山姆·坦普尔顿（Sam Templeton）便想前往告知敌情，却在半路遭到日军逮捕并处决。失去指挥官的澳军迅速翻山撤退至科科达路的进山口——德尼基（Deniki），稍作休整，欧文留下 4 个排驻守后方，亲自率领 140 人组成的特遣队固守科科达西边的机场，并继续向莫尔兹比港方面请求支援。

7 月 28 日，澳军再度派遣运输机送来第 49 步兵营的增援部队，但由于澳军地面部队已在机场附近布满障碍物，飞行员认为贸然降落过于危险，便掉头返回莫尔兹比港。7 月 29 日 2 点，横山特遣队 200 人携带迫击炮与山炮摸黑来到前线，突袭科科达机场。澳军并没有辎重部队，只能以机关枪和手榴弹还击。日军打散澳军队形，冲入机场展开白刃战，欧文身受重伤而死，沃森只好率领余下部队从科科达撤退，留下了5 挺机关枪与 1850 卷弹药白白送给日军。

科科达战役中，日军继续展现出超乎寻常的战斗力与行动力，但考虑到澳军事先对日军情况一无所知，澳军前线部队又大部分是未经训练的土著人，更何况没人会想到日军真要翻越欧文斯坦利山脉，科科达战役成功也是理所当然。从 7 月 25 日开始，日军在布纳建立登陆点，源源不断将人员与军需物资运上新几内亚。

然而过于关注新几内亚，也让日军忽视了数百海里外的所罗门群岛战线。1942 年 8 月 7 日 5 点 30 分，第 8 舰队司令部接到报告：瓜岛与图拉吉岛正处于敌人海空炮火猛烈轰击之下——美国海军"瞭望塔"行动正式开启。

"瞭望塔"行动

所谓"瞭望塔"行动（Operation Watchtower）自然就是美军占领瓜岛及佛罗里达群岛行动。其中美军第61特混舰队指挥官弗兰克·弗莱彻（Frank Fletcher）中将率领26艘军舰航线；两栖部队23艘运输船则满载海军陆战1师1.7万人，在里奇蒙·特纳（Richmond Turner）少将率领下紧随其后。

"瞭望塔行动"美军参与部队

第61特混舰队	航母/战列舰	巡洋舰	驱逐舰	
第11特混舰队	萨拉托加（USS Saratoga, CV-3）	明尼阿波利斯（USS Minneapolis, CA-36）	菲尔普斯（USS Phelps, DD-360）	沃登（USS Worden, DD-16）
弗兰克·弗莱彻（中将）		新奥尔良（USS New Orleans, CA-32）	麦克多诺（USS Macdonough, DD-351）	法拉古特（USS Farragut, DD-348）
第16特混舰队	企业（USS Enterprise, CV-6）	波特兰（USS Portland, CA-32）	鲍尔奇（USS Balch, DD-363）	贝纳姆（USS Benham, DD-49）
托马斯·金凯德（少将）	北卡罗莱纳（USS North Carolina, BB-55）	亚特兰大（USS Atlanta, CL-51）	莫里（USS Maury, DD-401） 格温（USS Gwin, DD-433）	格雷森（USS Grayson, DD-435）
第18特混舰队	黄蜂（USS Wasp, CV-7）	旧金山（USS San Francisco, CA-38）	法伦霍尔特（USS Farenholt, DD-491）	斯特雷特（USS Sterett, DD-407）
李·诺伊斯（少将）		盐湖城（USS Salt Lake City, CA-25）	郎（USS Lang, DD-399）	斯塔克（USS Stack, DD-406）

实际上，美国海军在战前并不看好"瞭望塔"行动。舰队总计有82艘各类舰艇，在大海上不可能隐藏行迹，只要日军设置观察哨就一定能发现。一旦日军妥善设置防御计划，乃至于将剩余主力部队集中在附近，那么一场血战便不可避免。虽然美国海军在中途岛战役里已经取

胜，但那毕竟是在美国主场，如今来到日本占据主动权的南太平洋地区，很多事情就不太好说。

身处现代，我们可能无法体会到当时美军如何恐惧日军。从18世纪美国建立以来，除去短暂被英国击败以外，美国从未在任何一场战争中经受珍珠港这样的败绩。即便时至今日，梅尔·吉布森导演《血战钢锯岭》依然借战地人员之口将日本军人描述为"追求死亡的战争机器"（虽然具体是不是很难讲），当年日本人在美国人的形象也更为残忍粗暴。对美国人而言，"勿忘珍珠港"（Remember the Pearl Harbor）之所以成为鼓励之语，也是将内心对日本的恐惧与仇恨转化为动力。

更何况美军所谓海军陆战队也远不是人们想象中的精锐之师。陆战1师组建于1941年2月1日，最初总人数只有8918人（1941年12月），到1942年7月重新整编之后才有了19514人规模，下辖3个陆战团（每团标配3168人，80挺重机枪，36挺轻机枪），虽然相比日军一个联队（团）而言拥有更多火力，但由于经历过登陆战训练的兵员调往新成立的陆战2、3师，陆战1师素质上显得良莠不齐。

7月28日登陆训练开始以后，陆战1师士兵几乎无法正常完成战地交流，登陆艇或是搁浅，或是找不到登陆地点，演习显得一片混乱。

范德格里夫特（右一）与部下交流

太平洋战争全史

据说演习结束以后，范德格里夫特只能安慰自己"好莱坞一大惯例，便是烂彩排预示着好演出"。

拿常规武器来说，由于 M1 加兰德步枪大规模供应陆军，海军陆战队只能使用 M1903 春田步枪。五发式春田虽然有其优势，但毕竟是 1936 年以前的美国制式军备，性能与战斗力较之加兰德有所差距。火炮方面，由于船舶运力紧张，最初陆战部队难以携带足够火炮，比如 155 毫米 M1918 榴弹炮便滞留后方，到 9 月中旬才逐渐运抵瓜岛，前期守备只能靠难以移动的 105 毫米 M2A1 榴弹炮完成。

7 月 26 日，美国海军在航母"萨拉托加"举行作战会议，陆战 1 师指挥官亚历山大·范德格里夫特（Alexander Archer Vandegrift）提出：1.7 万人登陆部队全部上岸，大概需要 5 天时间。然而航母部队指挥官弗莱彻却认为，太平洋舰队在相继丢掉"列克星敦""约克城"两艘航母之后，一次性出动"萨拉托加""企业""黄蜂"三艘航母已经很为冒险，所以"航母群从登陆开始只能待 48 个小时"。

特混舰队与两栖部队爆发了激烈争执，最终弗莱彻让了一步，愿意等到"登陆开始后第三天"，但由于护卫时间还是太短，美军上下弥漫的气息便是"战役进展可能不顺"。当然幸运的是，日本人压根没想到美国人会来。

8 月 7 日 3 点 10 分，美国舰队在瓜岛附近分为两个分队，分别着手进攻北部的佛罗里达诸岛（包括图拉吉岛）与南部的瓜岛。虽然战事已经开始，瓜岛与图拉吉岛岸防部队却没有任何反应，随军记者理查德·特雷加斯齐斯（Richard Tregaskis）在日记里写道："一位少尉对我说：'我不相信，为什么日本人一炮也不开呢？他们是没有大炮还是在盘算着什么？'"

日本人并没有盘算什么，他们虽然意识到美军来了，但已然乱作一团。据日军士兵回忆，3 点 30 分，瓜岛就响了第一次空袭警报，4 点刚过则响了第二次，第二次警报刚一过，美军炸弹与炮弹就立刻砸向日本营地，很多士兵还在吃着早饭就被炸死了。

相比之下，由于第 13 设营队距离美军登陆地较远，而且已经起床整队，得以迅速撤向内陆地区；但第 11 设营队距离美军登陆地太近，加之大半没有起床，很快陷入一片混乱之中。最终第 11 设营队只有门前鼎本人与十几名部下冲出炮火，逃到内陆。

6点51分，美军航母派出85架俯冲轰炸机，掩护陆战第1团（A作战集团）、第5团（B作战集团）登陆，7点10分开始美军登陆瓜岛。很明显，美国人事前担心纯属多余，他们登陆未受任何阻挠，好似前几天在斐济的登陆演习一样顺畅。据说登陆途中唯一的美军伤员，是在切椰子时不慎划破了自己的手。

第1团计划应向不远处一片"草丘"（grassy knoll）行进，但登陆以后第1团发现这片"草丘"实际上是奥斯汀山，距离他们也有13公里，路途多为山地，中间还要跨越隆加河（Lunga River），一天之内肯定无法到达。于是美军修改作战计划，在13点之后转向隆加机场，未受抵抗便在14点之前迅速占领，美军旋即将日本方面的标志物全部拆除。为了纪念中途岛海战中阵亡的洛夫坦·亨德森（Lofton Herderson）中校，机场也得名为"亨德森机场"（Herderson Field），即如今霍尼亚拉国际机场雏形。或许正是因为有亨德森亡魂镇守，之后日军再也没有踏足过这个机场。

佛罗里达群岛之战

北部佛罗里达诸岛一带的攻击也颇为顺利。4点10分，美军航母就着手轰炸佛罗里达诸岛的日军基地，守岛的横滨海军航空队本想立刻出动7架九七式大型飞行艇迎战，却猝不及防，与9架二式水上战斗机一道，在起飞之前就全部遭到摧毁。6点左右，图拉吉岛守备队给第8舰队司令部发来急电："已经下定最后决心。"

其实相比瓜岛而言，佛罗里达诸岛布防还更加严密一些。不仅是图拉吉本岛上拥有第84警备队（指挥官：铃木正明中佐）350人左右的兵力，附近的加布图（Gabutu）、塔纳博哥（Tanabogo）两岛还各配备了50名、342名守备力量，互为犄角。

5点40分，美军陆战2团1营2连登陆北部的佛罗里达岛，绕到图拉吉岛背后。美军通过侦察发现，日军在图拉吉岛东岸部署了大量守备力量，突击1营、陆战5团2营便在6点左右从图拉吉岛中南部登陆，除留下1个连守备登陆点之外，突击1营其余4个连尽数派往东部前线。

日军固守图拉吉岛东部 208、281 两个高地。10 点左右,美军突击1 营 1、3 连进攻 208 高地,激战之后逼退日军,第 3 连乘胜追击抵达日军 281 高地防线面前。与此同时,突击 1 营 2、4 连从北推进,也在 8 月 7 日晚间抵达 281 高地。由于美军将轻型坦克投入旁边的加布图岛战役之中,图拉吉岛只能以步兵对阵步兵。就在当晚,日军按照战斗守则向美军发动夜袭,但遭美军优势火力击退。

8 月 8 日上午,图拉吉岛美军再度对日军发起总攻,陆战 5 团 2 营2 个连也从 281 高地东北部登陆,与其余几个连形成夹击之势。日军力战不敌,几乎全员战死。相比之下,美军在图拉吉岛阵亡 45 人、伤76 人。

根据美军战斗日志记载,图拉吉岛在"8 月 8 日 13 时完全压制"。加布图(陆战 1 师 2 团 3 营、死 70 人、伤 87 人)、塔纳博哥(伞兵 1营、死 30 人、伤 45 人)两岛也在当天 17 点左右攻克,指挥官宫崎重敏大佐自杀,日军一共只有 20 人遭到俘虏,其中 15 人都是设营队工人。"瞭望塔"行动基本获得成功。

虽然陆战 1 师已有 10819 人登上数座岛屿,但针对如同上海市一样大的瓜岛,自然难以做到防御全部重要阵地。没办法,范德格里夫特只能将 4 个营先安置在隆加河口附近的海滩,其中陆战 5 团 2 个营在机场以西、陆战 1 团 2 个营在东,剩下 1 个营与坦克连作为预备队待命。

除去布防以外,范德格里夫特还加速修建机场。美军利用日军留下的各种设备与工具迅速赶工,在 8 月 18 日之前建好了机场设施。

对比第二次世界大战,其他战役规模动辄成十万、上百万,无论是新几内亚横山特遣队还是瓜岛"瞭望塔"行动都是千人级别对战,从战争史角度来讲无异于沧海一粟。然而正是这两场小型登陆战役,日、美两军在太平洋战场的鏖战才真正宣告开幕。

日本陆军与大本营动向

瓜岛行动中,日、美两军行动部队全部都是海军,并没有真正意义上的陆军参与。美军方面比较好理解,先前提到陆、海军之间存在领导权争议,因而划定东经 159 度以东为海军地盘,可日本大本营却并没有这种明确分工，那为什么日本陆军没有配合海军，派驻军队登陆呢？

回答：因为他们不知道。

直到机场开工为止，日本海军从未向大本营陆军部提到过隆加机场事宜，所以制定战略时，陆军大本营与第17军司令部一直专心于新几内亚战线，根本不知道瓜岛发生了什么。事后东条英机曾经在大本营会议上替陆军向永野修身大发雷霆，却依然无可奈何。

近代战争中，"陆海不和"算不上稀奇事，即便美国也不能免俗，金上将与马歇尔不必多提，麦克阿瑟、尼米兹不睦更是贯穿第二次世界大战始终，甚至持续到日本占领时期，美军陆、海、航空兵也经常互为掣肘。但再怎么不和，信息交换与共同决策还是大体存在，也基本能做到令行禁止。然而日本陆、海军之间却长期存在敌视态度，战略构想也各行其是，缺乏日俄战争时期山县有朋这种强有力的元老级人物凌驾于两个军种之上，自然会导致问题丛生。

由于完全不了解瓜岛附近情况，7月31日，日本第17军以自我为中心制订了一套新几内亚登陆作战方案，明确要求"海军航空部队"尽速将航空基地推进到布纳附近，努力确保舰船锚地的制空权。更加讽刺的是，日本陆军将后续南海支队（主力：步兵第41联队）登陆时间定为8月7日，也正好是美军"瞭望塔"计划所定登陆瓜岛之日。正因如此，瓜岛附近完全得不到有效的航空火力支持，丢失自然在所难免了。

8月7日当天，第17军与第8舰队收到美军进攻瓜岛、图拉吉岛的报告，旋即将报告转给东京的日军大本营，用服部卓四郎（时任参谋本部作战课长）大佐的话说，这个消息无异于"晴天霹雳"。

在当时日本军部，尤其是陆军眼中，美国反攻应该会在1943年下半年以后到来，自然疏于防范。更重要的是，日本陆军对海军的情报了解过少，并不知道海军经历中途岛战败以后已经丧失了南太平洋制海权。

于是瓜岛情报传到大本营之后，不仅陆军，连天皇裕仁都震惊了。他当时正在栃木县日光离宫避暑，听闻瓜岛事态立刻决定返回东京。这一下彻底惊动军部，军令部总长永野修身赶忙前往日光离宫，代表海军觐见天皇，好歹让天皇暂时打消回京之念。

经过短暂分析，大本营根据先前《世界情势判断》而制订作战判断：（1）美军很可能在东南方向开始反攻，但从战备与航母规模来看，反攻可能没有超出"侦察登陆"的范围；（2）即便美军正式登陆，以我陆、海军部队夺回两岛并不困难；（3）如果隆加机场为美军所用，那么日军作战会受到严重影响。

这份形势判断很有趣，其背景分析（美军未反攻、夺回瓜岛并不难）错得非常离谱，令人咋舌；但结论上，却认为隆加机场很有威胁，要求陆、海军迅速集结兵力夺回瓜岛，却是非常正确。这也是日军官方辞令的一种特点：表面上绝对不会承认自己最初的判断有错，但在疯狂堆砌日式政治正确的语言以后，还是能根据既有情报做出一些正确的战略判断。

由于第二次世界大战存在鲜明价值观色彩，军史写作也多有一种结果论倾向。无论提到何场战役、何种史料，都会向着"日本狂妄自大""美国精明睿智"的方向分析，最终以一句"日美国力相差悬殊，日本必败"为结束。具体到日军每一份军事文件，大量军史作家也会截取前一半日式政治正确的语言，判定日本人"狂妄自大"，却对后续判断不置一词。

整场太平洋战争中，日军的确犯了不少次"骄傲病"，但无论高层决策还是中、下层具体作战，日军都在根据既有情报谨慎推进战役进程。只是囿于一套日俄战争以来定型的官僚体系，一些官话套话必须要说，一种目空一切的态度必须要做。某种意义上说，日本军部官僚是在演出一副"骄傲"的架势。

8月10日，大本营陆军部电令驻扎关岛的一木支队（指挥官：一木清直大佐，主力：第7师团步兵第26联队）归属第17军指挥，并将第14军青叶支队（指挥官：那须弓雄少将，主力：第2师团步兵第4联队）也调往第17军统辖。8月13日，大本营陆军部进一步制定《关于适应形势的新几内亚东部、所罗门群岛方面作战的陆海军中央协定》，要求第17军在继续进攻莫尔兹比港的同时，抽出一部分兵力"协同海军歼灭瓜岛敌军，夺回该岛要地，尤其是机场"，并"争取迅速夺回图拉吉岛"。

虽然大本营已经了解到瓜岛战线受压，但具体到对策上，大本营依然认为莫尔兹比港的战略意义比瓜岛更为重要，便仅将瓜岛作为保障新几内亚作战的次要目标。然而对美国海军而言，瓜岛就是他们的主要目标，新几内亚战线由于处于东经 159 度以西，便属于美国陆军所管，海军自然不会投入精力。

也就在大本营疲于制定新对策之时，8 月 7 日下午，第 8 舰队从拉包尔港出发——第一次所罗门海战即将打响。

海峡夜战

——第一次所罗门海战

拉包尔航空队突进

得知美军登陆瓜岛，8月7日7点53分，第25航空战队第1部队（台南海军航空队）17架零式战斗机与第2部队（第4航空队）27架一式陆上攻击机从拉包尔港起飞。

为了配合第17军进攻新几内亚，日本第25航空战队本来要在8月7日当天进攻新几内亚东南部的莱城（Lae）美军机场，因而给所有飞机装配了航空炸弹。然而由于对手从莱城机场变成了美军航母与运输船只，日军又面临着是否更换鱼雷的问题。

第25航空战队没有仿效南云忠一在中途岛表演，没有拖沓，硬是让17架零战与27架一式陆攻带着航空炸弹起飞（第一波攻击机）。之后不到一个小时，第3部队（第2航空队）也派遣9架九九式舰上爆击机随之进攻（第二波攻击机）。

考虑到九九舰爆续航能力不足，日本海军特地派遣水上机母舰"秋津洲"与二式大艇来到所罗门群岛西北端的肖特兰岛（Shortland Island）接受燃料耗尽的飞机及飞行员；另外，第8舰队也派遣驱逐舰"秋风"带着工作人员与燃料来到布卡岛（距离瓜岛直线距离750公里左右），迅速将该地清理出一块便于降落的空地，为零战提供一个回归拉包尔的中转站。

虽然日本攻击机部队是临时起意，但盟军却也事先知情。在从拉包尔港飞往瓜岛途中，日本攻击机部队需要路过布干维尔岛（距离瓜岛直线距离680公里左右），而岛上恰好有一名澳大利亚海岸警备队的军人

布干维尔岛的海岸警备队

保罗·梅森（Paul Mason）在山里实时监视日军动态。

他看到飞机影子掠过，立刻给瓜岛东部的马莱塔岛（Malaita）打去电报："STO（梅森的识别码）发送：鱼雷轰炸机二十四，正在开向你方。"

梅森并没有判断正确所有飞机数量，但这个警报依然很有效。马莱塔岛美军接到情报，立刻转发给相关人员，美军"企业""萨拉托加""黄蜂"三艘航母迅速派遣62架舰上战斗机升空。

10点20分，日本第一波攻击机飞临图拉吉岛上空之时，美军战斗机也已经虎视眈眈。在美军干扰与云雾遮蔽下，日军并未发现美军航母，只能对着运输船队及护卫驱逐舰投下炸弹。13点，第二波攻击机也飞抵瓜岛一带，但也只是攻击了美军驱逐舰。

根据日军战况报告，第一次攻击击落了"格鲁曼G44战斗机48架（8架不确定）、轰炸机5架、中型机1架"，第二次攻击造成"敌大型巡洋舰2艘大破"。而美军方面记载，两次攻击一共造成美军损失"战斗机11架、俯冲轰炸机1架"，此外"驱逐舰'马格福德'（USS Mugford）中弹，船员22名战死"。

另外，日军损失零战2架、一式陆攻5架、九九舰爆4架，另外5架九九舰爆因为燃油不足而在海中降落。从这个角度看，日、美双方各损失了飞机总数的一半。然而考虑到美军占据地利与飞机数量优势，又有海军舰艇对空火力支持，却最终只是拼了个平手，可见日军飞行员在飞行技巧上仍然占据很大优势。

不过从战略意义上来说，拉包尔航空队突进收效甚微，仅仅耽误了美军3个半小时登陆时间，到8月8日凌晨0点42分为止，美军8月8日6点，第25航空战队再度派遣飞机进攻瓜岛海域，23架一式陆攻、15架零战轰鸣升空。这一次美军依然得到了布干维尔岛发来的警报，继续严阵以待。经过一番激战，美军损失驱逐舰"贾维斯"（USS Jarvis，DD-38）与运输船"乔治·F.艾利奥特"（USS George F. Elliott AP-13），击落了美军5架战斗机与1架侦察机，然而自身也损失了18架一式陆攻与1架零战。

两次攻击给美军指挥官弗莱彻造成了很大的心理阴影。他本来就非常担心自己的航母攻击群受损，结果开战刚刚两天，日军飞机就让美军损失了18架飞机，考虑到美军3艘航母只有各式飞机99架，如果日军再维持相同密度的进攻，那么美军也只能再打个一星期。

更重要的是，弗莱彻发现日军航空部队里有零战与水上侦察机，这就意味着日军有可能有航母在近海巡逻。一边美军要执行占领岛屿的任务，一边美军又要警惕来犯日军航母，等于美军就处于中途岛海战里日军的位置，一旦疏忽大意就会引起严重后果。

于是8月8日，弗莱彻向直属上级、南太平洋战区司令官罗伯特·戈姆利（Robert Ghormley）发电："我舰队正面，日本鱼雷轰炸机技术与性能均十分优秀，请求立即撤回航母部队。"而不等戈姆利回信，弗莱彻率领第61特混舰队独自离开瓜岛海域，将制空权拱手让予日军。到下午4点，他已经撤到萨沃岛北部的圣伊莎贝尔岛（St. Isabel）。如果把后来莱特湾海战的栗田健男称为"栗跑跑"，恐怕这位"栗跑跑"也早已被美国海军陆战队无数次问候过家人了。

就在航母刚刚离开之后数小时，日本第8舰队突袭瓜岛。

第8舰队出动

"本官率'鸟海'，自'拉包尔'出发，与'布卡'东部的第六战队合同，向'所罗门'方面东方海面的'瓜岛'南下。"

8月7日14点30分，第8舰队从拉包尔港出发。

第8舰队司令部认为美军并非反攻，只是强袭侦察，因而认为日军可以通过强行登陆来击退美军。就在出发之前，三川军一（みかわ·ぐんいち）特地向第17军发布了增援申请，然而陆军还是认为作战重点在新几内亚，不予理睬。

海军本想动员自己在拉包尔港的陆战队1个大队，但很快第25航空战队的报告发来，发现敌军有巡洋舰4艘、驱逐舰9艘、运输船15艘，继而推断敌军登陆兵力大体为一个师，那么单凭陆战队1个大队（营）便不可能取胜。最终海军没有带上陆战部队，准备只以手头的海空力量进攻对手。

8月8日8点20分，第8舰队发现澳军"哈德森"双发警戒轰炸机（澳军第32飞行队）正在头上盘旋，立刻炮击驱散。日军明白自己丧失了奇袭之机，为了迷惑对手，第8舰队临时变更航向回拉包尔港（西北），稍后又继续向东南方向行驶。很快美军两艘"哈德森"飞机也发现了第8舰队的踪迹。

第一次所罗门海战日方战力

第8舰队	三川军一（中将）	鸟海
第6战队（重巡洋舰）	五藤存知（少将）	青叶、衣笠、加古、古鹰
第18战队（轻巡洋舰）	松山光治（少将）	天龙、夕张
第29驱逐（驱逐舰）		夕凪

美军判断也出现失误。第一位侦察机驾驶员观测时分，发现日军重巡洋舰正在接收水上侦察机，因而认为其中有两艘水上机母舰，还搭配"重巡洋舰2艘、轻巡洋舰2艘、小型舰1艘"；但第二位驾驶员一通巡逻之后，却只汇报了"重巡洋舰2艘、轻巡洋舰2艘、小型舰1艘"，美军因而判断日军分为两队，其中巡洋舰编队回归拉包尔港，只有水上机母舰来袭击瓜岛，这就使得他们多少放松警惕。

随着日军侦察机回程，三川军一认为美军兵力为"战列舰1艘、装甲巡洋舰4艘、驱逐舰7艘、改装航母1艘、运输船只15艘"。既

三川军一

然不存在正规航母，那么短期内便不会存在敌军大面积空袭之险。11点，第8舰队再度转移航向，通过狭窄的布干维尔海峡东进。

13点30分，第8舰队越过海峡并沿着所罗门群岛的中央海域进军瓜岛海域。17点20分左右，天色逐渐昏暗下来，三川军一向整个舰队发布训示："帝国海军传统之夜战已近，期求必胜，决定突入。各员须冷静沉着，竭尽全力。"

很明显，既然行踪已经暴露，那么与其在白天进攻，不如夜间发难，还可以达到一定的突袭效果。

21点左右，日军派遣3架九四式水上侦察机升空，一来是要了解美军行踪，二来是预备在日军发动袭击之时发射曳光弹；22点，第8舰队发布"全员战斗配置"，并将速度提升至26节。

这时，日军突然发现图拉吉岛海岸附近火焰冲天。先前美军运输船"乔治·F.艾利奥特"受到日军飞机攻击而燃起大火，美军虽然立刻疏散船组人员，并命令己方驱逐舰发射鱼雷将其"处理"掉，但中弹后的运输船依然没有沉没，反而随着海浪漂流到图拉吉岛附近，进而点燃岸上可燃物。

第8舰队不知道具体原因，但一团漆黑之中，火焰却是最好的照明工具。三川军一率领旗舰"鸟海"，带领第6战队重巡洋舰"青叶""衣笠""加古""古鹰"呈单纵队前进，后面跟着第18战队的轻巡洋舰"天龙""夕张"、驱逐舰"夕凪"，间隔距离1200米，向着火焰方向扑去。

22点20分，日军侦察机发现3艘轻巡洋舰踪迹，接着又发现瓜岛码头有运输船20艘、图拉吉岛则有运输船10艘。

22点43分，日军发现一艘担任警戒任务的美军驱逐舰"布鲁"（USS Blue，DD-387）穿插驶过，距离大约为 1 万米，已进入攻击范围。然而三川军一不但没有下令进攻，反而因为担心惊扰美军而下令降速航行。不久后，"布鲁"（Blue，DD-390）认为"鸟海"是美军一艘驱逐舰，不再理会；22 点 50 分，又有一艘驱逐舰"拉尔夫·塔尔博特"出现，但因为简陋的雷达装置将日军舰艇误认为岛屿，便也匆忙通过。

躲过两艘巡逻驱逐舰以后，日军又将航速提升至 30 节，以最快速度突入瓜岛海域，并与盟军南区舰队遭遇。

"全军突击！"

23 点 38 分，"鸟海""古鹰"各发出 4 枚鱼雷，射向美军驱逐舰"贾维斯"。

瓜岛海域突袭战

不幸的是，鱼雷不但一发也没有命中，"贾维斯"反而如同什么事也没发生过一样，悠悠离开战场。

这段时间，由于弗莱彻中将率领航母编队先行一步，美军登陆行动指挥官特纳少将、陆战 1 师指挥官范德格里夫特、舰队指挥官克鲁奇利召开紧急会议商议如何处理无保护的运输船队问题。三名盟军将领决定，8 月 9 日 9 点之前，无论卸货多少，所有舰艇必须回航。

开完会不久，日本第 8 舰队就来了。

第一次所罗门海战盟军战力

第62特混舰队	里奇蒙德·特纳（少将）	巡洋舰	驱逐舰	巡逻队
南区部队	克拉奇利（英国海军少将）	澳大利亚（HMAS Australia, D84）	帕特森（USS Patterson, DD-392）	布鲁（USS Blue, DD-387）
		堪培拉（HMAS Canberra, D33）	巴格利（USS Bagley, DD-386）	
		芝加哥（USS Chicago, CA-29）		

第62特混舰队	里奇蒙德·特纳（少将）	巡洋舰	驱逐舰	巡逻队
北区部队	弗雷德里克·利夫科尔（上校）	文森斯（USS Vincennes, CA-44）	赫尔姆（USS Helm, DD-388）	拉尔夫·塔尔博特（USS Ralph Talbot, DD-390）
		昆西（USS Quincy, CA-39）	威尔逊（USS Wilson, DD-408）	
		阿斯托利亚（USS Astoria, CA-34）		
东区部队	诺尔曼·斯科特（少将）	圣胡安（USS San Juan, CL-54）	蒙森（USS Monssen, DD-436）	布坎南（USS Buchanan, DD-484）
		霍巴特（HMAS Hobart）		

23点43分，日军九四水侦向空中投掷曳光弹，一个接一个砸在盟军舰船之上，紧接着"鸟海"又一次发射4枚鱼雷，2发命中澳军重巡洋舰"堪培拉"。这时盟军驱逐舰"帕特森"发现日军，如梦初醒，但怎奈舰队总指挥不在岗位，整个舰队乱作一团，只得仓促应战。

第6舰队"青叶""衣笠""加古"突入海峡，迅速向着附近美军驱逐舰"帕特森""芝加哥"发射炮弹鱼雷，"芝加哥"被鱼雷与炮弹各1发击中，左舷舰首进水，甲板构造也受到损坏，只得退却。

随后日军"古鹰"也跟进而来，由于海峡狭窄，险些与甲板失火的"堪培拉"相撞，虽然最终通过灵巧转舵而躲开，并继续让"堪培拉"中弹数十发，但本身却脱离队伍，与后续的"天龙""夕张"两艘舰艇单独行动。

美军也打出照明弹，"帕特森"迅速与"古鹰"及后续的"天龙""夕张"交战，之后由于舰长阵亡只能脱队自航，消失在黑夜之中。这时，处于远处的驱逐舰"巴格利"立刻向左急转调头，冲着"夕张"等舰艇发射4枚鱼雷，其中1发命中却并未爆炸，"夕张"赶忙逃跑。

盟军南区舰队4艘舰艇之中，1艘失去战斗能力（"堪培拉"）并在第二天早晨被友军"处分"，2艘受重创（"芝加哥""帕特森"），可以说战果丰厚。日军除去"天龙""夕张"两艘轻巡洋舰之外并无舰艇中弹，只是最后一艘驱逐舰"夕凪"在黑暗中迷失航向，独自回航，在萨沃岛西北部等待主力回归。

根据战术设计，第 8 舰队先要从萨沃岛南侧突入海峡，对盟军南区舰队发动攻击，紧接着绕到萨沃岛东部，攻击图拉吉岛的盟军舰队。

就在"鸟海"与"堪培拉"交战之后，发现舰首左侧存在其他盟军部队，三川军一将军舰徐徐靠近对方，在距离 5000 米左右命令"鸟海"用探照灯直射对方，观察全貌——这就是盟军北区舰队。

不过北区舰队并没有迅速还击。旗舰"文森斯"舰长利夫科尔上校之前一直在睡觉，直到南边传来战斗声才起床。他本想了解一下情况，奈何两支舰队并没有共享电台，完全不知道发生了什么事。

就在他想起来联系瓜岛总部之时，"鸟海"探照灯突然照来，利夫科尔不明所以，还以为是自己人照错了，赶忙用电报和旗语发送"停止照射，我是己方"的信号。然而日军自然不会认错，于是 11 点 53 分，"鸟海"立刻对离自己最近的重巡洋舰"阿斯托利亚"发射鱼雷，"阿斯托利亚"本想回击，但舰长依然以为是友军误射，下令停止。等到彻底明白对方是日本人，"阿斯托利亚"已然受伤严重，除了一发炮弹命中"鸟海"1 号炮塔，别无战果，第二天早上沉没。

美军驱逐舰"昆西"

　　　　　　　　　　　　　　　　　太平洋战争全史

时间进入 8 月 9 日，"鸟海"继续从东面攻击重巡洋舰"昆西"，并在第三次齐射时命中"昆西"的舰载机，大火随即燃起。就在这时，本已脱队的"古鹰"等三艘舰艇顺着火光找了过来，从西面进攻盟军舰艇，这等于是意外地形成了两侧夹击态势。0 点 35 分，"昆西"身中数弹而沉没，0 点 50 分，"文森斯"也因被鱼雷命中而最终沉没。

不过早在 0 点 12 分，"鸟海"就中止射击，发射记录为主炮 38 次齐射 302 发炮弹、高射炮 120 发炮弹、鱼雷 8 发；0 点 25 分，三川军一下令全军回撤。很快，四散的日军舰只都接到命令，向着萨沃岛西部回归。

从战役开始的 23 点 30 分算起，海战不过进行了数十分钟，激烈交战时间更是只有不到 20 分钟，但日军依然在这场巡洋舰战役中大获全胜，日军不过伤亡 86 人、两艘巡洋舰受到轻伤，比起美军伤亡 1732 人、损失 4 艘舰艇而言，几乎可以忽略不计。

然而就在得胜之时，第 8 舰队参谋部又爆发热议。

第 8 舰队为何不乘胜追击？

"第一目标乃是敌运输船。"

实际上美军"瞭望塔"行动之中，一大重点便是确保陆战队拥有足够的作战物资，这一点日军也明白，因而最初定下的战役目标也是歼灭美军运输船队。第 8 舰队重新集结以后，"鸟海"舰长早川干夫大佐便提议，应该再度进入瓜岛海域，击沉全部盟军运输船。

日军占据绝对主动，舰队也几无损伤，攻击运输船队几乎等于屠杀。相反，如果现在返回，一旦运输物资全部卸至岸上，便会对瓜岛日军产生灾难性影响。

然而就在这时，第 8 舰队参谋长大西新藏少将与首席参谋神重德大佐认为，美军航母如果知悉日军袭来，很可能发动空袭，这对于以巡洋舰为主的第 8 舰队也无异于屠杀。

三川军一当时究竟如何考虑，如今已经无法得知，事实上一直到第二次世界大战结束，三川军一也是三缄其口，不愿提及当时参谋部内的实际情况。但考虑到先前中途岛战役，南云忠一便是敌情不明却贸然出击，最终酿成惨剧。所以在最初的战役指导里，三川军一就提出"至翌日早晨，退避于敌航母攻击圈外"，目的肯定也是防止重蹈覆辙。

尼米兹在回忆录《太平洋海战史》里也提出类似观点："三川军一估计很想歼灭美军运输船而回返，然而却认为弗莱彻中将已经率领航母来袭，于是决定撤退。他估计是认为，越向西北方向撤退，拉包尔基地的己方飞机就越有反击之机。"

历来战史分析都认为，第8舰队没有进攻美军运输船队，使得日军本有的一场战略胜利化为战略失败，瓜岛美军陆战队也获得了充足补给。然而从实际态势来看却不一定如此。毕竟在第1次所罗门海战之中，日军击沉了4艘重巡洋舰，美军丧失1077名海员，而要知道整个"瞭望塔"行动之中美军才仅仅损失了1207人。

日本作家龟井宏（かめい・ひろし）在20世纪70年代曾寻访瓜岛亲历老兵，并将证言整理为《瓜达尔卡纳尔战记》。针对第一次所罗门海战，他提到美军在经历偷袭以后，担心日军再度偷袭，便将没有卸完货的美军船队尽数撤离。当时美军仅仅有一个炮兵营，也只有32门M116榴弹炮（口径75毫米）与M101榴弹炮（口径105毫米）搬上陆地，大部分辎重武器与雷达设备都没有补充到瓜岛美军手里。

运上瓜岛的粮食也少得可怜，只够岛上美军陆战队吃5天。美军反而是靠了缴获日军口粮，获得了差不多14天的粮食补给。即便如此，后来美军一天也只能进餐两次。

有趣的是，这些事情当时美国民众也不了解。关于"瞭望塔"行动，当时只有《纽约时报》一篇不疼不痒的记载："海军陆战队员似乎占领了琼斯滩，而长岛其他部分则由敌人松散控制。"出于不想影响士气，第一次所罗门海战败绩根本没有登载到报纸——战争初期，美国新闻检查官与他们的日本同行并没有什么本质区别。

事实上直到消灭一木支队以后，盟军才重新获得澳大利亚与美国两方面补充的军需物资，这才进一步整备亨德森机场，进而获取制空权。从这个意义上讲，第一次所罗门海战实际上也起到了战略效果，起码是在一段时间里让瓜岛美军处于孤立状态。由于尚未完全确立制空权，美军在这段时间也是靠了驱逐舰来补给，与后来日军"鼠运输"不无相似。

第一次所罗门海战里，日军所谓"战略失败"程度被夸大了很多。

而且退一步讲，即便第 8 舰队消灭了全部美军运输船队，无非也只是让瓜岛美军的孤立时间延长少许，本质上改变不了美军后勤能力强大的现状。趁着这段时间，日本应该考虑如何抓住机会登陆瓜岛，并迅速突袭美军陆战部队。

　　曾经挑起卢沟桥事变的一木清直（いちき·きよたけ）大佐，即将再度登上历史舞台。

奇袭反噬
——一木支队全灭

百武晴吉

一木清直

一木支队登陆瓜岛

以日本陆军角度看，美军登陆瓜岛，可算一招"声东击西"。

毕竟当时第 17 军正在进攻西边的新几内亚岛，美军却突然在东部的瓜岛登陆，战略目的自然是要扰乱第 17 军部署。作为指挥官，百武晴吉（ひゃくたけ・はるきち）中将决定不受美军"干扰"，继续进攻新几内亚岛。但同时也不能不理会瓜岛，便将大本营新派来的一木支队、川口支队（指挥官：川口清健少将，主力：步兵第 35 旅团步兵第 124 联队）全部派往瓜岛战场。

美军本身并无此意，毕竟新几内亚岛与瓜岛分属两个战场，分别由麦克阿瑟与尼米兹指挥，而两人关系并不比日美关系好到哪里去。更何况美军陆战队作战与后勤补给能力都仍处于较低水平，制海权、制空权也还在争斗之中，所以开战之初，就应该在所罗门战场设立一个与第 17 军规模相似的军，而不是仅让两个联队（团）前往战场。

很多人会指责日本大本营没有战略眼光，然而实际问题却在情报方面。8 月 12 日，拉包尔港派出侦察机前往瓜岛海域，针对岸防美军扔下数枚炸弹，美军第 3 防空营用 90 毫米防空机枪抵抗。小规模战斗结束之后，日军侦察机没有发现美军舰艇，因而汇报"盟军已经撤离"，且仍然没有向大本营陆军部汇报"瓜岛已有机场"这一事实。

匮乏情报使得大本营坚信盟军登陆瓜岛只是"强袭侦察"，"意图妨碍新几内亚战事"，因而在 8 月 13 日发布"か号作战"："所罗门群岛要地夺取之事，最好仅由一木支队与海军陆战队迅速完成。"

对于一木清直与步兵第 28 联队，相信中国抗日战场应该更为熟悉。1937 年 7 月 7 日，一木清直担任"支那驻屯军"步兵第 1 联队第 3 大队长（少佐），正是他带领下属突然占领北平宛平城东侧的高地沙岗（日军称一文字山），"为帝国强盛进程打响了信号枪"，也拉开了 8 年抗日战争序幕。

由于掀起"支那事变"有功，一木清直在 1938 年升任中佐，并来到步兵学校担任教官，以生动演讲受到学员喜爱。教了三年书，1941 年太平洋战争爆发，他升任大佐并执掌步兵第 28 联队。1942 年 6 月中途岛海战时分，"一木支队"本来预计要作为登陆部队后续跟上，然而由于海战失利，作战计划取消，一木支队全员拉回关岛，名为训练，实则待命。

一木支队构成

所属师团	步兵	工兵	速射炮
第7师团（旭川）	第28联队	第7联队第1中队	独立速射炮第8中队

与一般联队不同，第 28 联队配置很为有趣，只有步兵 1 个大队、联队炮 1 个中队、速射炮 1 个中队，相当于普通联队的三分之一，只是一个"袖珍联队"，加上其他配合部队也只有 2000 人。

当时第 28 联队内部情绪很为矛盾，一方面觉得劳师远征却不战而退，多多少少有些失落，另一方面出征很久难免有些思乡情绪，很多人甚至在关岛买到了纪念品，准备把热带特产带一些给苦寒老家的亲友（步兵第 28 联队大部分出身北海道），却没有料到，他们中的一部分人再也没有机会回国了。

8 月 12 日晚上，一木支队抵达特鲁克岛，并分为两个梯队。其中，一木清直率领 960 人（机关枪 8 挺、步兵炮 2 门）组成第 1 梯队，乘坐第 2 水雷战队（指挥官：田中赖三少将）6 艘驱逐舰先行一步；余下人员则组成第 2 梯队，等待海军横须贺第 5 特别陆战队（横 5 特）前来，再一起前往瓜岛。

8 月 16 日，两个梯队分别离开特鲁克岛，第 1 梯队驱逐舰航速在 22 节左右，第 2 梯队则乘坐 8.5 节的慢速运输船，一点点向前走；8 月 17 日上午 10 点，第 1 梯队越过赤道，进入所罗门海域；8 月 18 日 21 点，第 1 梯队终于到达瓜岛太保海角（Taivu Point），由于盟军完全无人来袭，第 1 梯队在 11 点 30 分之前就全员登陆完毕。

根据田中赖三回忆，"中途岛作战时期，我担任陆军护卫部队指挥官，当时就与一木支队长见过面，早已了解其为人干练，也了解其战斗方式……围绕瓜岛夺回战，在特鲁克他就已经决定，在登陆之后稍整队列，随即在登陆第二天晚上用白刃突击一举夺取机场。因此步兵部队每人只携带 250 发子弹，粮食 7 日量。"

虽然美军也并没有把全部武器都搬运到瓜岛上，然而比起日军，无论火力还是兵力都强了太多。很多人认为这是日军轻敌所致，不过轻敌的前提是没有正确情报。一木支队在进攻瓜岛之前，手里只有一张破旧海图和一张航空照片，除此以外都要靠自己慢慢摸索。

比起日本陆军在中国大陆经营数十年，搜集了海量中国乃至苏联的情报，日本海军对自己的假想敌并没有太多情报，也缺乏完善的侦察计划。回过头来看，连偷袭珍珠港都是在计划制订以后才派出吉川猛夫前往夏威夷搜集资料，对瓜达尔卡纳尔这么个不起眼的小岛更是不甚了解。日本海军情报工作之差、情报共享力度之乏，也可以说令人发指。

等待一木支队的，自然是噩耗。

一木支队全灭

按计划，一木支队第 2 梯队将会与海军陆战队一起在 8 月 22 日到达瓜岛，但一木清直并没有等他们，而是迅速展开攻击。

从时机来说，一木清直其实很正确。美军经过半月驻岛扫荡，士气下落，兵粮不足，而且由于 8 月 16 日凌晨日本驱逐舰接回了

113 名横须贺第 5 特别陆战队（横 5 特）队员，海军陆战第 1 师第 5 团 3 个连正在马塔尼考河（Matanikau River）方向追击日军剩余队伍，导致美军布防多少有些分散；相反日军刚刚登陆，作战欲望强烈，确实应该尽早发动突袭。只不过日军兵力与装备实在远远落后于美军。

8 月 19 日 0 点，刚刚登陆之后不久，第 1 梯队留下 100 人固守后方，带领 800 余人沿着海岸线向西行进；凌晨 4 点半左右，一木支队便抵达登陆点西部 15 公里的特特雷。为了不被盟军发现，一木支队在天亮以后进入丛林休整。8 点半，一木清直派遣 4 名军官各自率领一队侦察兵出发（共 38 人），探听隆加机场情况。

英国驻所罗门群岛守备军负责人马丁·克莱门斯（Martin Clemens）上校向美军发来电报，告知其属下的土著侦察员"昨晚听到军舰声音由远至近"——美军陆战 1 团派出两队侦察兵（共 60 人）与 4 名土著向导一起向东寻找日军踪迹。

12 点前后，美军一队侦察兵在克利海角（Koli Point）发现日军侦察兵踪迹，立刻开火射击，日军 38 人之中 33 人阵亡，只有 5 人逃脱。14 点半，逃脱人员向支队总部发电报告知情况，一木清直便派遣一个中队于 15 点出发接应，并让主力部队在 16 点出发。

美军搜查了日军士兵遗体，从证件上明确这股侦察兵属于一波规模更大的部队，陆战 1 团克里夫顿·凯茨（Clifton Cates）上校率领 2 个连前往伊鲁河（美军称 Alligator Creek，鳄鱼河）西岸，连夜赶工，装配 8 挺重机枪构筑起防御工事。由于火炮不足，美军搬来 2 门 M3 反坦克炮，搭配对人子母弹。

同时，一木支队也在 8 月 19 日夜间沿海岸线急行，8 月 20 日凌晨渐渐接近特纳鲁河东岸，到凌晨 4 点半左右全员再度休整。10 点，一木清直发布命令："支队利用今日夜半，遵守'行军即搜索即战斗'主义，一举夺取第 11 设营队附近，准备之后对机场的攻击。"

所谓"行军即搜索即战斗"，自然是督促士兵随时做好准备，然而这也使得前方消息无法及时传到一木清直本人耳中，也不可能对战场变化及时反应，一木支队后来遭遇也与此有关。

18 点，一木支队继续出发，23 点半前后抵达伊鲁河东岸，进而发现伊鲁河河口处存在一段浅滩，较容易渡过。8 月 21 日 1 点 30 分，第一波突击队 100 人向着美军阵地发起冲锋，却在美军密集火力下遭到扼杀。

　　由于受到"行军即搜索即战斗"思路影响，这一波冲锋失利不但没

1942 年 8 月 21 日遭到歼灭的一木支队

M3 轻型坦克在瓜岛前线

让日军觉醒，相反让一木清直认为应投入更多兵力进入"白刃战"。虽然有一部分日军士兵成功突入敌阵，然而更多人却挂在了铁丝网上。受伤归来的士官力劝一木支队撤退，然而并没有获得采纳。

凌晨2点半，日军重新整队，继续派遣200人构成冲锋队进攻，继续失败；凌晨5点，日军第三次进攻美军阵地，虽然这一次日军迂回到北部海岸，然而却被美军发现，受到美军重机关枪与炮兵的联合阻击。经过三次冲锋，一木支队本来就不多的兵力丧失殆尽。

美军"瞭望塔"行动之后卸载辎重

也就在5点左右，范德格里夫特派遣陆战1团1营绕道伊鲁河上游，7点50分开始1、2、3连共同突击一木支队后方，4连端起重机枪在日军退路上阻击。一木支队只好躲进一小片椰子林里。美军穷追不舍，乃至动用了第1坦克营4辆M3轻型坦克越过沙滩冲入椰子林；14点30分前后，一木清直烧毁军旗并自杀，到15点一木支队停止抵抗。

战役之中，参与进攻的一木支队有777人战死，15人成为俘虏，30名伤员冒死冲出战场，回到登陆点报信，相比之下，美军仅仅损失44人、伤71人，日军为仓促行动付出了惨重代价。

随着一木支队惨败，美军也得以在作战初期保住亨德森机场。8月20日，就在日军准备进攻当天，美国海军航空兵第212中队19架F4F野猫战斗机与12架SBD"无畏式"俯冲轰炸机乘坐轻型航母"长岛"（USS

Long Island，CVE-1）飞来瓜岛。之后美军航母与瓜岛形成联动，每当航母需要修理，舰载机便会驻扎隆加机场——如果机场被日军占据，也会与拉包尔港形成类似联动。

8月21日、27日，范德格里夫特从图拉吉岛紧急调来陆战5团2营、1营先后增援隆加机场，也就在这一过程中，日美海军舰艇又一次交战于所罗门。

　　　　　　　　　　　　　　　　　　　　　　太平洋战争全史

新几内亚
——山峰与海湾之战

日、澳两军双向增兵新几内亚

开战以来，日本军队在马来亚、菲律宾、荷属东印度、缅甸等战场连战连捷，却在中途岛、新几内亚、瓜岛等地区屡屡折戟，很难让人相信两者是同一支军队。而且事实上，1942 年 1—5 月抵抗日军进攻的盟军，与新几内亚岛、瓜岛抗击日军的盟军也没有本质区别。

探究日军胜利之地，大多是战前日本意欲扩张之处，无论情报、战略规划、战术制定、后勤保障都井然有序。反观日军失败之所在，中途岛战役几乎完全是山本五十六"拍脑袋"之作；新几内亚"FS 作战"虽然战略上颇显可行，但由于日本海军对美国海军反应缺乏研究，擅自制订不切实际的登陆计划，反而导致珊瑚海海战在战略上失败，乃至于只能把烂摊子扔给陆军；而就在陆军接盘开启"莫尔兹比港作战"之际，海军又接着惹事，在无力投入保护的瓜岛建立机场，反而招来了美国大军——事实上在当时日本陆军眼里，海军给他们惹了不少烂事，自己却只能在后面擦屁股。

从战略来说，日军最佳方案是放弃所罗门群岛东部，集中全部力量攻克新几内亚，力求在莫尔兹比港与拉包尔港之间形成空中力量互联。由于美军仅仅是在瓜岛寻求战略突出部，即便攻克，短期内也难以投入巨大兵力阻止日军执行"莫尔兹比港作战"。

然而问题在于，一旦从瓜岛撤军，海军面子就荡然无存，大本营与东条英机虽然不满海军行为，却也不得不维持稳态。陆军也只能一边增兵瓜岛，一边进攻莫尔兹比港。但由于一木支队连日增兵瓜岛，拉包尔港第 25 航空战队也难以兼顾瓜岛与新几内亚岛两个方向，导致第 17 军南海支队严重缺乏补给支持。

就在美军执行"瞭望塔"行动前后，澳大利亚军队也增援新几内亚岛。

由于丢掉了科科达机场（Kokoda Airstrip），澳军在欧文斯坦利山脉北部已经无法运兵，只能坚守山脉入口伊苏拉瓦（Isurava）。没办法，澳军只好将后备部队——第 30 旅（第 49 营、53 营）连同第 39 营剩余部队沿陆路送往前线。8 月 4 日，第 30 旅指挥官、陆军少校阿兰·卡梅伦（Allan Cameron）抵达德尼基（Deniki）前线，在美国陆军航空兵支持下准备收复科科达机场。

虽然澳军在新几内亚拥有 533 个步兵排，各类军官也有 443 位，但严重缺乏补给，作战能力更是比不了日军。随着美军登陆瓜岛，澳军也不甘示弱，8 月 8 日 5 点 30 分开始（当地时间 6 点半），卡梅伦派遣第 39 营 1、3、4 连全副武装进攻科科达，但除去 1 连顺利抵达科科达小镇之外，3 连遭到日军阻击而无法前进，4 连则一头扎进日军阵营之中，澳军几乎一夜未眠。

8 月 9 日 10 点左右，两名巴布亚警察回到德尼基报信，提到澳军已经在前一天占领了科科达（1 连），应该继续增援才对，但卡梅伦联络莫尔兹比港总部以后，对方告知由于天气原因无法有效增援——就在这时，日军也集中全部火力进攻 1 连，最终双方弹药均因告罄而展开白刃战。19 点，1 连向西撤出战场，战役失败。

没办法，澳军只好继续增援。8 月 9 日，澳军第 1 军指挥官、陆军中将西德尼·罗威尔（Sydney Rowell）带来第 7 师驰援新几内亚岛，其中第 18 旅前往米龙湾（Milne Bay），第 21、25 旅随后顺次抵达莫尔兹比港。其中第 21 旅第 2/14 步兵营迅速增援德尼基，两天以后第 2/16 步兵营也增兵前线，指挥官为陆军少将阿诺德·波茨（Arnold Potts）。

之所以出现"2/14"这类编制，也体现着澳大利亚的特殊国情。作为英国殖民地，澳大利亚最早并不拥有真正意义上的军队，但在 1900 年澳大利亚《宪法》、1903 年澳大利亚《国防法》（Defence Act）颁布之后，澳军也在 1904 年正式诞生。然而由于澳大利亚几乎没有任何战祸，军队也长期保持着半工半休的民兵制（Militia），直到 1914 年才因第一次世界大战爆发而组建"澳大利亚皇家军队"（Australian Imperial Force）派往欧洲，曾与新西兰军队一起大败于加里波利，第一次世界大战后在 1921 年宣布解散；第二次世界大战开始之后，澳大利亚再度组建"第二澳大利亚皇家军队"（Second Australian Imperial Force），下辖第 6 至第 9 步兵师与第 1 装甲师（第 1 至第 5 步兵师为民兵编制）。正因这个"第二"，澳军营级单位全部以"2/"开头，以示与第一次世界大战时期有所不同。

其实日军也很明白，单单凭借工兵组成的"横山先遣队"难以抵抗盟军攻势，但 8 月初盟军依旧掌控着新几内亚岛制空权，日军只能先行派遣海军设营队登陆布纳建设战斗机机场，进而在 8 月 18 日派遣海军佐世保第 5 特别陆战队（佐 5 特）、陆军南海支队主力（步兵第 144 联队、山炮第 55 联队第 1 营携带 12 门 75 毫米山炮、第 55 骑兵联队、第 47 高射炮大队第 1 中队等）登陆巴萨布阿。之后 8 月 21 日，步兵第 41 联队第 1、2 大队抵达新几内亚岛，日军兵力近 5000 人，每人携带约半月口粮。

8 月 26 日，横山派遣队与南海支队主力在伊苏拉瓦附近集结，准备打开欧文斯坦利山脉大门；澳军第 39 营集结于伊苏拉瓦，第 53 营残余部队与新增援部队 2292 人沿着艾奥拉河（Eora Creek）在南边的阿罗拉（Alola）布阵，一场恶战难以避免。

欧文斯坦利山脉之战

澳军之所以把主力安置在阿罗拉，主要是为了保护退路，毕竟阿罗拉很容易遭到艾奥拉河东岸部队袭击——事实上早在 8 月 25 日，日军步兵第 144 联队第 2 大队（指挥官：堀江正少佐）沿着艾奥拉河东岸行进，就准备与南海支队主力部队给澳军"包饺子"。

从 8 月 26 日中午开始，步兵 144 联队第 1 大队在指挥官塚本初雄中佐率领下进攻仅剩 400 人的第 39 营，虽然日军有人数优势，但澳军沿着山岭一点点退向西侧，日军一时也无可奈何。

就在伊苏拉瓦鏖战之际，东线第 53 营也越过艾奥拉河，在阿布阿里（Abuari）阻击日军。波茨急忙与后方澳军联系，要求第 2/27 营也从莫尔兹比港火速增援前线，不过遭到回绝，第 53 营只好要求最近的第 2/16 营前来阿布阿里。这下子日军也有些迷惑。毕竟最初步兵第 144 联队第 2 大队行踪神秘，但没想到澳军在河流东岸也布防有序，日军不知深浅，逡巡而不敢进。

其实从伊苏拉瓦这场小战役中可以看出，日本陆军热衷于使用"迂回包抄"战术，8 月 28 日，日军命令第 3 大队（指挥官：桑田源一郎中佐）离开正面战场，从西侧山地包抄澳军第 39 营与增援的第 2/14 营侧翼，不过遭到阻击而失败；紧接着日军又派遣步兵第 41 联队第 2 大队（指挥官：小岩井光夫少佐）绕山脉而突袭伊苏拉瓦南部。

8 月 30 日，澳军力战不支，暂且撤退到伊苏拉瓦南部一公里之处休整，河流东岸阿布阿里澳军也撤回河流西岸防御，澳军收缩战线，堀井富太郎见状调来全部火炮集火攻击澳军新聚集地，逼迫波茨下令退却。8 月 31 日，日军彻底占领伊苏拉瓦—艾奥拉一线澳军阵营，澳军被迫退回艾佛吉（Efogi），并将第 39、53 营全部撤回莫尔兹比港，新补充第 2/27 营驻守。

由于战场纷繁复杂，丛林居多，日、澳两军都过多估计了日军伤亡，日军认为自身损伤超过 1000 人、澳军则按照"1 个澳大利亚人交换 5 个日本人"这种无厘头比率报告日军"阵亡 700 人"。不过根据后续报告来看，日军伤亡人数不超过 300 人，澳军则阵亡 99 人（日军报告 140 人）、伤 111 人（日军报告 231 人）。

战场损失在历代战史学家口中都会锱铢必较，如今军迷论坛中也不乏唇枪舌剑。从统计本身而言，死伤人数不单纯是清点尸体那么简单，做到完全精确几乎不可能，双方也会出于各种各样的原因多报少报结果，对于战斗部队的定义更会因时代、因国别而有所不同。大体因此，关注精确数据本身意义不大，但数量级与比例却有其实际意义：起码就伊苏拉瓦之战而言，这只是一场万人级别战役，死伤在百人级别。

8 月 31 日，伊苏拉瓦战役趋于尾声，澳军留下阿尔伯特·卡洛（Albert Caro）中校率领第 2/14、2/16 营在阿罗拉阻击日军推进步伐。澳军且战且退，搞得日军一时也无法继续推进，步兵第 41 联队联队长矢泽清美大佐派遣了一个大队进入密林迂回，结果还迷失方向，澳军得以从容撤退。

澳军随即在艾奥拉河上游高地修筑了一系列防御工事，不过由于日军在 9 月 1—2 日连续轰炸，工事也随即报废，澳军只能继续撤退到坦普尔顿山口（Templeton's Crossing）。这个坦普尔顿山口正得名于 1942年 7 月 26 日遭日军处决的澳大利亚陆军上尉山姆·坦普尔顿（Sam Tempeton）。澳军希望化悲愤为力量，在艾奥拉河上游阻击日军。

不过日军没有给澳军太多机会，经过短暂调整之后，日军一边用 4 门山炮在正面吸引火力，一方面继续派遣迂回部队向着米约拉岭（Myola Ridge）南侧进发，意在切断澳军后路，澳军只得放弃坦普尔顿山口继续后撤。这场小型战役里，日军战斗部队为 1300 余人，阵亡 43人、伤 58 人，澳军战斗部队为 710 人左右，阵亡 21 人、伤 54 人。

经历一系列败仗，莫尔兹比港的澳军罗威尔中将命令前线不得再主动撤退，于是波茨少将也下令在艾佛吉南部、梅纳里（Menari）北部一座高山附近修筑防御工事，由于澳军第 7 师第 21 旅指挥部安置于此，所以称为"旅山"（Brigade Hill）。

由于第 2/14、2/16 营作战日久，澳军安排生力军第 2/27 营与巴布亚警察部队在一座必经高地上防御，由于他们担负着重要任务，这座高地也称为"任务岭"（Mission Ridge），守军数量共 1400 人。

另一方面，由于占领坦普尔顿山口，日军可以从容调动己方部队执行任务。9 月 5 日，日军要求步兵第 41 联队原地休整，派遣步兵第 144联队联队长楠濑正雄大佐亲自率领第 2、第 3 大队 1570 人组成突击队南下，冒着美军空中轰炸抵达"任务岭"附近寻求突击。

9 月 6 日凌晨，日军率先发难，第 2 大队趁着夜色出发，带着一名巴布亚族人向导，沿着法古梅河（Fagume River）先向西、后向南直插"旅山"，第 3 大队则专心突击"任务岭"。虽然第 2/27 营奋力抵抗住日军第 3 大队，但随着日军在 9 月 8 日占领北部艾佛吉，日军火炮得以从后方直接轰炸"旅山"，掩护第 2 大队搞了一招擒贼擒王，澳军只好要求第 2/14、2/16 营向后撤退，继而造成"任务岭"部队有可能遭到合围。澳军最终在 9 月 9 日后撤，死 87 人、伤 77 人，日军死 60 人、伤 165 人。

相对而言，日军在欧文斯坦利山脉作战中表现上佳，不仅完成规定动作，还能谨慎推进战线。战役过后，由于连续作战不利，澳军要求阿诺德·波茨少将卸任，并重新任命塞尔文·波特（Selwyn Porter）少将担任指挥官。临阵换将，澳军正处于动荡之中，日军其实有机会直接突破欧文斯坦利山脉，进入莫尔兹比港。

然而经历一木支队全灭之后，早在 8 月 28 日，大本营向第 17 军下令："南海支队突进应适当控制在斯坦利山脉南麓一带"；8 月 29 日，大本营陆军部将第 2 师团划归第 17 军战斗序列，用于夺取瓜岛；紧接着 8 月 31 日，大本营修改了"陆海军协定"，规定"海军首先将主力用于所罗门方面"，等到所罗门方面的战事基本结束以后，再将"海军兵力调往新几内亚方面"。一连串命令明确表示：虽然新几内亚与瓜岛仍处于同一战场，但首要任务已经由进攻莫尔兹比港转为攻克瓜岛。

而且还不等命令执行，日本海军陆战队就又一次开辟新战场——新几内亚岛米龙湾战役打响。

海军特遣队登陆作战

米龙湾（Milne Bay）地处新几内亚东南角，距离莫尔兹比港直线距离 350 公里、面积 250 平方公里，是一片弓形港湾，水波不兴，可算天然良港。

1942 年 6 月，为了防备日本海军突袭莫尔兹比港，美军在米龙湾内陆修建机场，并组建"米龙军"（Milne Force）以作防卫。到 8 月下旬，美军已经完成了两条战斗机跑道，拥有澳大利亚皇家空军第 75、第 76 飞行中队，地面部队则由第 7 步兵旅（下辖第 9、第 25、第 61 营）、第 14 步兵旅（下辖第 55 营）、第 18 步兵旅（下辖第 2/9 营、第 2/10 营、第 2/12 营）、第 101 反坦克团、第 2/3 轻型高射炮团、第 2/5 炮兵团组成，总计 7459 人；此外，美军第 46 工兵营与第 101 海岸炮兵营也驻守在米龙湾，总计 1365 人。

日军侦察机很早就发现米龙湾机场，早在 7 月 31 日，第 17 军指挥官百武晴吉就向海军第 8 舰队司令官三川军一提出夺取米龙湾，但由于美军随即登陆瓜岛，米龙湾作战计划也暂且搁置。

8 月中旬瓜岛战役开启，一木支队全灭、陆军又要翻越欧文斯坦利山脉，因而不再倾向于迅速夺取米龙湾，相反日本海军却认为凭借海军陆战队足以登岸，就继续搞起计划。

8 月 24 日 6 点（当地时间 7 点），第 8 舰队派遣 2 支海军陆战队与第 10 设营队 260 人共同离开拉包尔港、前往米龙湾前线，由海军第 18 战队（轻巡洋舰 2 艘、驱逐舰 5 艘、潜艇 2 艘）护送，于 8 月 25 日夜间抵达米龙湾。

澳大利亚皇家空军与陆军海岸观察员在新几内亚岛北侧的古迪纳夫岛（Goodenough Island）附近发现日军行踪，进而从澳洲境内昆士兰空军基地派出 B-17 轰炸机前往拦截，不仅让运载佐世保第 5 特别陆战队（佐 5 特）353 名士兵的船只彻底偏离航向、不知所踪（9 月 9 日才重新得知行踪），也让日军登陆地点（瓦加瓦加，Waga-Waga）偏离预定地点东边 3 公里左右之外，没有造成太多损失。

日军留下佐 5 特剩余部队（228 人）防卫登陆地，由吴 5 特（指挥官：林铤次郎中佐）612 名步兵与 2 辆九五式轻型坦克前往内陆攻击。当时米龙湾内陆盟军并没有装甲部队，所以即便区区 2 辆坦克也是重大威胁。

8 月 25 日黄昏，日军穿越丛林意在突袭美军机场。但由于沼泽众多，日军直到 26 日清晨也没能前进 1 公里，只得暂缓作战计划。盟军借助空中优势反复袭击日本海军登陆点，日军堆积物资与泊船全部遭到摧毁。15 点 45 分，澳军第 7 旅第 61 步兵营也展开反击，日军阵地被迫继续后撤 200 米。

日军之所以作战不力，一方面是缺乏空中力量支援，更重要的也是日本海军对米龙湾地形几乎没有任何调查，联络系统也出现故障。更重要的是，日本海军特别陆战队并不是英语意义的 "Marine"，而是海军为了制衡日本陆军力量而设置的陆上部队，训练实质也与陆军没有太大区别，更何况由于缺少两栖坦克、装甲登陆艇等现代化武器装备，日本海军陆战队并不擅长登陆作战，乃至于被西方国家戏称为 "海上陆军"。

8 月 26 日 13 点左右，驱逐舰 "滨风" 来到登陆地装卸补给，然而陆战队却已经深入敌阵而收不到无线电信号，待了 12 个小时以后只能满载补给原路返回；21 点左右，日本海军又一次发动夜袭，但陆战队因不熟悉地理而迷路，前来助战的轻巡洋舰 "天龙" 与 2 艘驱逐舰（"浦风""谷风"）更没能与前线取得联系，无法施行炮火援助，只能从登陆地接走伤员。

8 月 27 日凌晨 3 点，日军以 2 辆轻型坦克为先导前进，意图突击包抄机场，澳军主力随即后撤 1.6 公里到加玛河（Gama River）以西，把东岸格罗尼（Goroni）一带让给日军，希望能以河流拖缓日军坦克进度，并派遣第18旅第2/10营420名士兵河流附近驻守。

9点30分左右，第2/10营侦察部队遇到友军第61营阵地，大部队则在16点左右抵达预定位置。不过正在第2/10营进行作战准备的同时，旁边的第25、61营先后撤退。

严格来说，澳军这一举动有少许败笔。毕竟澳军当时并不知道日军具体部队构成，第2/10营不仅担负作战任务，也有着侦察任务，每次作战也都如同一木支队一样"即行动即搜索即作战"。更何况河流距离机场过远，一旦日军发动突袭，根本无法援助。

事实也差不多。19点左右，日军坦克带着陆战队开入第2/10营阵地，澳军用反坦克黏性手雷扔向日军，却收效甚微。经过两个半小时激战，澳军损伤70余人被迫撤退；8月28日凌晨1点，日军越过拉比（Rabi），开往米龙湾机场正在修建的第3跑道附近。澳军第2/10营与第25营且战且退，在沿途埋了许多地雷。

日军航空兵虽试图从新几内亚岛布纳机场起飞战斗机援助，但8月27日由于天气原因未能成功。8月28日日军虽有5架零战与8架九九舰爆抵达战场，但由于盟军防空火力阻碍而失败，最终也只有7架九九舰爆得以幸存。

8月28日黄昏，日军坦克终于抵达第3跑道并发动突袭，澳军第25、第61营与美军第709高射炮排一起反击，吴5特损失了三分之一的战力，只得中止作战计划，撤往两公里以东的拉比。

然而撤退过程中，日军再度受到泥沼地影响，2辆坦克深陷泥中。不过盟军也并没有得到便宜，毕竟泥沼地有着双向影响，澳军第25营两个连本想迅速增援却未能实现，多少给日军撤退留下了时间。

眼见突击不力，日本海军将刚刚抵达拉包尔港的吴3特（567人）与横5特一部（200人）派遣出去，乘坐3艘驱逐舰（"岚""丛云""弥生"）在8月29日19点左右抵达米龙湾，并于22点半左右完成装卸作业。

8月31日凌晨2点，日军再度倾注全力发动夜袭，再度突击到了机场第3跑道附近，然而由于澳军调来第2/5团火炮支援，日军遭到了更强抵抗，吴3特第2中队全军覆没，林铤次郎本人也战死沙场。

9月1日，日军本想将横5特投入战斗，但侦察机却发现"盟军舰队"驶来米龙湾，海军便派遣驱逐舰"岚""滨风"前往拦截，却未发现盟军踪迹。

仗打到这一步，日本海军第8舰队终于明白无法再战，因而向陆军申请援军，要求前线部队在陆军援军登陆之前坚守登陆点。但由于澳军反击迅猛，日军节节败退，几乎只能固守登陆点附近。

还不等援军到来，前线日军就已经丧失了作战欲望，不但军衔最高的矢野实中佐（吴3特指挥官）因伤离开前线，日军士兵也开始在9月3日烧毁密码本；9月4日，吴3特副官也带着224名士兵乘坐驱逐舰离开米龙湾。

第8舰队实在没有办法，认定前线不可能继续作战，9月5日再度派遣轻巡洋舰"天龙"等3艘军舰前往米龙湾收容士兵。9月6日夜间，日本舰队深入米龙湾内部寻找是否遗漏日军士兵，顺带击沉了澳大利亚1艘运输船。

战损统计之中，日军战死311人，行踪不明301人，受伤311人；盟军战死与行踪不明者181人，伤亡也超过200人。针对败因，联合舰队参谋长宇垣缠少将除去提出"陆战队员素质较差""降雨太多影响行动"等战术层面因素，也在战略方面提出另一番见解：

"瓜达尔卡纳尔问题还在麻烦之中，（日本海军）却轻率出手，包括莫尔兹比（港）在内从三方面分兵出击。"

所谓"三方面"，自然是指海军将精力分散在瓜岛、欧文斯坦利山脉方向、米龙湾方向。在未经准备的情况下一下子照顾三个战略方向，第8舰队思维也多少有些凌乱：大体是在哪里发现了美军，哪里就要投入兵力。照这个逻辑搞下去，有多少兵力都不够用。

事实上在同一时期，日本陆军也想援助米龙湾战事，本想将第2师团第4联队为基干的青叶支队派往新几内亚。然而由于瓜岛战事正酣，陆军只能将青叶支队派往瓜岛，成为川口支队一部分，并在9月底战役之中继续迎来失败。

日本陆军虽想为海军惹出的不必要战役擦"屁股"，但由于"屁股"太多，想擦也擦不过来了。

龙骧沉底
——第二次所罗门海战

南云忠一第 3 舰队出动

除去一木支队之外，川口支队也在朝着瓜岛行进，然而由于日军侦察机发现美军航母出现在所罗门群岛东南海域，日军便认为"瓜岛附近出现敌军航母特混舰队"，因而暂停川口支队登陆计划，全员在特鲁克岛待命。

早在第一次所罗门海战结束之后，日本海军联合舰队便认识到局势可能不妙。8 月 8 日，山本五十六下令夺回所罗门群岛制海权，紧接着8 月 10 日，联合舰队召集第 2、第 3 舰队全体参谋开会，商定两舰队共同配合南进。8 月 11 日、16 日，第 2 舰队（指挥官：近藤信竹中将）、第 3 舰队（指挥官：南云忠一中将）相继开往特鲁克岛，8 月 17 日山本五十六率领战列舰主力部队随之跟上。

应该说，日军出动两支舰队与主力部队全员出动，目的其实是对陆军一木、川口两支队的军事行动加以支持，然而在一木支队第 1 梯队全灭之后，美军已经彻底在所罗门群岛建立起突出部，这就使得日军陆、海包夹瓜岛美军的想法已经不可能实现了。

即便日本海军能够战胜美国海军，也需要继续派遣大规模陆军登陆作战消灭美军陆战队，这就需要日本陆、海军再一次协议与商讨，然而海军并没有迅速得知瓜岛陆军情况，这就使得局势朝着对日本不利的方向发展而去。

更重要的是，第 3 舰队的战略目标是空袭亨德森机场，却又必须防备着美军航母攻击，这就又形成了一个"中途岛困局"。

似乎是为了印证作战不顺，日本也蒙受了一点损失。8月19日，护卫瓜岛陆军的第2水雷战队进行换防任务，用驱逐舰"江风"替代燃料不足的驱逐舰"阳炎"。8月22日，"江风"在没有任何警示的情况下进入瓜岛的隆加河锚地，迅速遭到美军驱逐舰攻击，虽然"江风"击沉了美军驱逐舰"布鲁"，却最终由于无法航行而在8月23日自沉。

也在8月23日，日军第2、第3舰队合流一处，向瓜岛海域进发，保证一木支队第2梯队与川口支队能够在8月24日顺利登陆。

中途岛海战之后，日本海军将军事思想正式转为"空母主兵"，战列舰部队的重要性自然低了下来。因而这次海战继续由机动部队打头阵，第3舰队要牵头占领制空权，防备美军航母空袭，第2舰队则只担任后续登岛护卫任务，所以有关航空战的战术计划自然就由第3舰队参谋长草鹿龙之介少将牵头，首席参谋长井纯隆大佐完成。

但有趣的是，整场战役期间，第2、第3舰队司令部从未召开过联合作战会议，双方高层也从未探讨战术，几乎各行其是。

需要注意，南云忠一无论是出生年份（1887年）还是提升为海军中将的时间（1939年）都要晚于近藤信竹（出生于1886年，提海军中将为1937年），理应受到节制。然而第二次所罗门海战中，近藤信竹将指挥权事实上让予南云忠一，自己坐镇后方配合，自然是为了让南云忠一雪中途岛之耻，之后草鹿龙之介还特意向近藤信竹表示感谢。

8月23日，东京时间上午4点25分，第3舰队针对"力号作战"发布《机动部队训令第3号》，其中列出4条作战法则：

第一法（无特令则行本法）：全军严密警戒东方，24日上午4点抵达战术点"Hiroshi55"（南纬8度30分，东经164度10分），捕捉歼灭圣克里斯托瓦尔岛东方的敌军舰队；

第二法：派遣"利根""龙骧""时津风"单独组成支队，在第8战队司令官（原忠一少将）指挥之下支援增援部队并攻击瓜岛，其余部队按第一法作战；

第三法：支援部队立即按第二法作战，其余部队适当行动至战术点"Keyuso55"（南纬4度30分，东经161度50分附近），根据敌军情况转为第一法；

第四法：全军对东方作战。

第二次所罗门海战日军第3舰队配置

第3舰队主队 阿部弘毅（中将）	第1航空战队（航母）	翔鹤、瑞鹤
	第11战队（战列舰）	比叡、雾岛
	第7战队（重巡洋舰）	铃谷、熊野
	第8战队（重巡洋舰）	筑摩
	第10战队（轻巡洋舰）	长良
	野分、舞风（第4驱逐队）、秋云、夕云、卷云、风云（第10驱逐队）、初风（第16驱逐队）、浦波、敷波、绫波（第19驱逐队）、秋风（第34驱逐队）	
第3舰队分队	第2航空战队（航母）	龙骧
	第8战队（重巡洋舰）	利根
	时津风、天津风（第16驱逐队）	

　　紧接着 5 点 45 分，草鹿龙之介针对命令做出解释："如敌军情况无大变化，作战按第一法行动；若本日基地航空部队对瓜岛攻击成果不大，则明日应采取第二法。"

　　看完这段命令，估计很多人都会糊涂，其实这也是日军历次发布命令的特点：含混不清。虽然列举了 4 条作战法则，但针对主攻方向与紧急情况却并没有明言，而是留待后续作战时期临机调整。

　　当然相比之下，这一次命令已经算比较清晰了。吸取中途岛海战的教训，日军不敢把全部航母都投入瓜岛岛屿空袭，而是仅派遣"龙骧"支队前往，两艘主力航母及少数护航巡洋舰、驱逐舰构成的主队则在一旁待命，一旦美军航母截击"龙骧"，主队航母趁机就前去偷袭，一举击溃美军航母舰队。

　　另外在主队配置方面，南云忠一放弃中途岛作战时期造成问题的"圆形阵型"，把巡洋舰、驱逐舰都派到 100 海里以外，用于吸引美军侦察机视线，也可以在作战初期尽可能减少航母损失。这样一来，"龙骧"支队与主队前卫部队就构成了"双诱饵"，共同保证"翔鹤""瑞鹤"的安全。

　　经过中途岛战役，日军更换了密码本，让美军一时难以截获日军情报，只能由 3 艘航母派出侦察机，在瓜岛东部 150 海里左右范围内巡逻。这一天，美军侦察机发现日军一木支队正在朝着瓜岛行进。很快航母"萨拉托加"便派攻击机前去，然而日军却又一次推迟了登陆时间，先行撤回，加之空中云层密集，侦察机并未发现日军行踪。也就在同时，美军太平洋舰队司令部发来情报"日本舰队在特鲁克岛北部"，弗莱彻根据既有情报，认为留下两艘航母便足以应付，便将航母"黄蜂"放回基地加油。

南云忠一自然吸取了中途岛海战教训，在抵达战术点"Hiroshi55"之后，派遣第 7、第 8 战队相继发射 5 架水上侦察机，更有"翔鹤"派遣 8 架九七舰攻在东南方向实施扇面侦察，不过也没有发现美军。8 月 23 日下午 4 点 25 分，日军收兵，留待第二天再交战。

晚上 8 点，联合舰队发布命令："如明日（24 日）上午之中没有敌机动部队报告，下午应以适当兵力进攻瓜岛。"第 3 舰队也将命令做了细化，在 8 月 24 日凌晨 2 点将"龙骧"支队派遣出去，主队则继续在原海域巡逻，寻求与美军航母舰队决战之机。

"龙骧"沉没与海战失败

"虽然（'龙骧'支队）要重蹈中途岛覆辙，但如今也没有办法。"

第 3 舰队参谋长草鹿龙之介如是说。

的确，"龙骧"支队一来要进攻隆加机场，二来又要牵制美军航母。考虑到这艘轻型航母排水量不过 12000 吨，舰载机 33 架（24 架零战与 9 架九七舰攻），一次性攻击若想取得效果必须派出几乎全部舰载机，只留下数架战斗机巡航上空。这时候美军航母发现"龙骧"并倾巢出动，后果自然就是第二次中途岛战役。

原忠一最早想了一个万全之策：早上 11 点左右到达预定海域，发射全部攻击机，然后立即北撤，在美军航母攻击机到来之前撤出作战半径。日军攻击机袭击瓜岛之后，全员返回西北部的布卡岛。

这一策略可行，却遭到"龙骧"舰长加藤唯雄大佐反对。毕竟"龙骧"舰长与第 8 战队本没有隶属关系，更何况"龙骧"作为战役主要作战力量，比起只有巡洋舰、驱逐舰的第 8 战队也拥有更高地位。没办法，原忠一只好按照原计划，在飞机起飞以后，"龙骧"支队一度北撤，然后到瓜岛正北部的收容点回收全部舰载机。

8月24日7点5分，美军侦察机出现在日军"龙骧"支队身旁，并报告发现"1艘航母、1艘重巡洋舰、2艘驱逐舰"；9点28分又有一架飞机确认情况，留给日军的时间所剩无几。

10点20分，6架零战与6架九七舰攻（指挥官：村上敏一大尉）出发轰炸瓜岛，28分钟之后，9架零战（指挥官：纳富健次郎大尉）随即跟上，组成编队共同南下。美军方面，10点29分，"企业"发出10架SBD"无畏"与5架TBD"毁灭者"前往"龙骧"所在海域寻求战机。11点41分，美军又一架侦察机发现"龙骧"，11点45分，"萨拉托加"便又发射30架SBD与8架TBF"复仇者"，战役似乎如日本预想而继续进行下去。

但日军这边，第3舰队主力虽然连续发射了三次21架水上侦察机，却并没有立即发现美军位置。直到12点5分，"筑摩"2号机才传来消息，发现"东南180海里处有敌大部队"。但悲剧的是，由于旗舰"翔

第二次所罗门海战遭到轰炸的航母"企业"

鹤"无线电失灵，20分钟以后该情报才由"筑摩"转发过去。

南云忠一终于当机立断，于12点55分发射27架九九舰爆、10架零战，在两架水上侦察机引导下开向美军；而在另一处战场，两架B-17发现"龙骧"并投弹，未能命中。

13点8分，美军两架SBD发现第3舰队主力并迅速投弹，"翔鹤"立即躲开。按理说，美军发现两支航母舰队，应该同时发起进攻，然而由于美军通信设备也存在问题，航母与飞机之间也难以保持正常通信，只能将目标先局限于"龙骧"，这就给了日军可乘之机。

身处"中途岛困局"的"龙骧"自然第一个挨打。13点57分，"萨拉托加"编队15架飞机冲向"龙骧"，这艘轻型航母身中4发近矢弹与1枚鱼雷。其中鱼雷炸毁了"龙骧"升降机的操作装置，使得"龙骧"无法再用甲板回收舰载机。

但14点左右，轰炸瓜岛的攻击机部队已经回到附近。他们虽没能给亨德森机场造成太多损失，但损失也并不很大（2架零战、3架九七舰攻坠毁），但"龙骧"的尴尬处境让他们无处可降，只得迫降海面，再由"天津风"收容。

螳螂捕蝉，黄雀在后。14点，不等第一波攻击队报信，南云忠一就派遣第二波攻击队27架九九舰爆、9架零战出航攻击；14点28分，第一波攻击队37架攻击机发现美军两支特混舰队，即"萨拉托加"（第11特混舰队）与"企业"（第16特混舰队）编队，随即展开进攻，"企业"命中3弹，近矢2弹；"萨拉托加"也燃起大火。

但由于美军损管人员工作得力，大火得以很快扑灭，飞机起降也重新恢复正常。很快"企业"再度起飞5架TBF、2架SBD，在没有任何战斗机护航的情况下飞往日军方向，这在激烈交战过程之中无异于冒险，而这次冒险的最后也仅仅伤害到水上机母舰"千岁"。

就在"企业"清理大火带来的损伤之时，美军雷达也早就探测到日军飞机临近，迅速起飞53架F4F待命拦截。一番激战之后，虽然有12架美军飞机坠毁，但日军也有17架九九舰爆、3架零战坠毁，再去掉4架迫降水中的飞机，日军只有13架飞机成功回到主队。很明显，从这次所罗门海战开始，日、美两军飞行员素质已经开始拉平，日军作战初期的航空兵优势不再明显。

15 点 43 分，日军第二波攻击队抵达既定海域，但由于攻击队并没有按照最新的方位指示行进，抵达之处仍然是第一波攻击队的预定地点。美军雷达很早就发现日军行迹，迅速躲开了第二波攻击队航线。最终第二波攻击队徒劳无功，在天黑之后灰溜溜回到了主队。

战役进入尾声。从 17 点 30 分开始，美军开始回收舰载机，同一时刻，"龙骧"鱼雷伤处进水过多，加藤唯雄又认为夜战即将到来，便下令本来还可以抢救一下的"龙骧"自沉，全员转移到"利根"上，等待主队发布夜战命令。然而到了 22 点，第 3 舰队主队下令停止夜战，"龙骧"就这样白白葬身鱼腹。

除去"龙骧"之外，日军还损失了 30 架零战、23 架九九舰爆、6 架九七舰攻，相比之下美军"企业"受到重创，此外还损失了 25 架飞机。

打了这么半天，日军无非是为了争夺制空权。然而 8 月 25 日 6 点 5 分，当第 2 水雷战队再度护卫着 3 艘运输船向着瓜岛前进之时，亨德森机场所谓"仙人掌航空队"（Cactus Air Force，又翻译为"卡克图斯航空队"）却立即起飞轰炸机，短短 1 个小时内就炸沉驱逐舰"睦月"、重创巡洋舰"神通"，还击沉了运输船"金龙丸"——很明显，虽然打了第二次所罗门海战，"龙骧"也命丧海中，日军依然没能夺取制空权。

随着运输船队被迫回撤，日本联合舰队只好宣布中止护航，停止一木支队第 2 梯队的登陆计划。

既然大规模走不成，那就小规模吧。

第二章　决战空海之间

鼠蚁运输

——川口支队瓜岛总攻击

鼠运输还是东京快车？

经历第二次所罗门海战失败，日军终于明白，传统运兵行动登陆已经很难进行，因而放弃速度慢的运输船，转而使用驱逐舰快速运输，大家熟悉的"鼠运输"便粉墨登场。

"鼠运输"也并不是什么新鲜事，实际上一木支队第1梯队登陆行动中，便有一部分兵力登上驱逐舰，而同时期美军由于担心日军空袭，也多次采用驱逐舰运输粮食补给。

然而日军自己并不觉得这件事多么光彩，起名为"鼠"也正是讽刺白天躲避、晚上涌出，好似老鼠仓皇奔跑；相反美军看到驱逐舰运输速度快、效率高，仿佛一列火车，便起了个诨名叫"东京特快"（Tokyo Express），某种意义上倒是褒扬。

虽是"特快"，但驱逐舰毕竟不是做运输用途，哪怕是标准吨位2500吨的"阳炎"级驱逐舰，在解除悬挂鱼雷之后，运输吨位也只有20吨，只能运载150名士兵。

运输方式虽然笨拙，但笨办法也不是不管用。从8月28日开始，到9月4日为止，前后8天时间，日军一共向岛上运送了6000余人及1个月左右的补给，另有高射炮2门、野炮4门、山炮6门、速射炮14门，较之一木支队已经丰富许多。8月31日，川口清健少将（かわぐち・きよたけ）与参谋部抵达瓜岛，开始计划第二次总攻击。

除去"鼠运输"，日本陆军也在当时配合实行"蚁运输"。所谓"蚁运输"是用日本陆军开发的大发动艇（14米特型运货船）、小发动艇

（10米特型运货船）来运输部队。由于设施简陋，没有顶盖，发动艇运输只能沿着岛屿进行，速度也只有8节，因而被海军嘲笑为"蚁运输"。

"鼠运输"

本来在海军计划之中，"蚁运输"不应该施行，然而川口清健少将似乎也是为了坚持"陆军荣耀"而固执己见，执意让步兵124联队第2大队约1000人乘坐28艘大发动艇、31艘小发动艇，在9月5日凌晨慢速前往瓜岛。

两种运输分别进行，各行其是，美军便分别袭扰，导致一群人在中途被迫分为两拨，其中川口支队主力（步兵124联队第1、第3大队）、一木支队第2梯队（熊大队）、步兵第4联队第2大队（青叶大队）在预定的太保海角登陆，而步兵124联队第2大队却跑到机场西侧克鲁兹海角（Cruz Point），完全偏离战术重点，无法与川口支队主力会合。

要知道，步兵124联队是目前日军唯一一支整建制联队，是战场生力军，打散以后团体战斗力自然会受到重大影响。更麻烦的是，步兵124联队联队长冈明之助（おか・あきのすけ）大佐也随着第2大队漂流到了克鲁兹海角，这就意味着第1、第3大队只能由大队长实际指挥。这些问题看起来似乎只是人员调配问题，但军队本身就是一个严格组织，人员管理自然是核心问题。

9月11日夜，步兵第4联队第3大队也登陆太保海角，川口清健整备军队，准备实施自身计划。

川口清健（中间白衣）

蜈蚣高地：川口支队总攻击失败

"以主力从敌军背后攻击，造成敌军溃乱而歼灭之。10日凌晨开始向南方密林地带迂回，至13日1200完成攻击准备，1800攻击开始，1900一齐夜袭，至14日拂晓蹂躏全地。"

这便是9月7日川口清健发布的指令。很明显，川口清健吸取了一木支队孤军深入之过，不准备沿着海岸突进，而是深入丛林之中，先以右翼队牵制住伊鲁河上游的美军，然后派遣中央队直插蜈蚣高地（ムカデ高地），同时在美军基地西侧的左翼队也协同突进，分散美军注意力。

川口支队构成

分队名称	构成	指挥官
右翼队	一木支队第2梯队（熊大队）	水野锐士（少佐）
中央队（右第一线）	步兵第124联队第3大队	渡边久寿吉（中佐）
中央队（左第一线）	步兵第124联队第1大队	国生勇吉（少佐）
中央队（第二线）	步兵第4联队第2大队	田村昌雄（少佐）
左翼队	步兵第124联队第2大队	冈明之助（大佐）

所谓"蜈蚣高地"是日军的称呼，旨在形容其形状，不过从海拔来看，"蜈蚣高地"最高处只有37米高，"高地"二字多少勉为其难。相比之下，美军在战时称之为"Ridge"，这个词虽然在汉语里经常翻译为"岭"，但事实上也可以形容矮小丘陵。

为了保护亨德森机场，9月8日凌晨3点20分，范德格里夫特发现日军已向亨德森机场方向修筑道路，便调来突击1营（增加伞兵1营兵力，共849人），由指挥官梅里特·埃德森（Merritt Edson）陆军中校率领，从海路出发突袭特纳鲁河附近塔西姆博科（Tasimboko）村的日军兵站，将日军本就短缺的补给焚烧殆尽，日军兵站守备队27人全军覆没。

9月10日清晨，埃德森部队抵达前线，旋即遭到日军飞机轰炸，死伤25人。估计当时没人会想到，这片矮小丘陵会爆发剧烈战役，乃至得到"血岭"（The Bloody Ridge）之称，而埃德森本人也想不到，这座丘陵日后会以他的名字著称于美国战史——埃德森岭（Edson's Ridge）。

蜈蚣高地周围有着大量丛林，然而川口清健决策时却并没有相关情报，日军不但低估了美军数量、仅用5200人进攻1.2万人把手的机场（日军以为是2000人左右），同时也明显低估了丛林行军的难度：想要在数日之内连行军带进攻还要胜利，实为难事。

日本海军对瓜岛地形几乎一无所知，一木支队也只是探寻到海岸线周围情况，所以对于川口支队，瓜岛丛林依旧是一块未知区

范德格里夫特（左一）、埃德森（左二）

域。况且瓜岛日军基本没有接受过丛林作战训练，又只能在半夜行军，机动能力根本无法保证。

即便如此，第 17 军高层依然对这份"7 日夺取机场"计划不满意，要求将总攻之日提前到 9 月 12 日，川口清健实在掰不过上级，只好从命。然而陆军行军速度却完全跟不上，只有右翼队（熊大队）因行军距离较短而顺利抵达预定位置，川口清健只能将总攻之日拖后到 9 月 13 日晚上。

由于密林阻碍，中央队三支分队不但没有抵达预定位置，而且三者联络也几乎断绝。川口清健事后回忆 9 月 12 日夜战提到："我完全丧失对部队的控制，一生中从未如此失望无助。"

9 月 12 日 19 点半，第 8 舰队还派遣了轻巡洋舰"川内"、驱逐舰"敷波""吹雪""凉风"炮击隆加锚地。或许是听到隆隆炮声，9 月 12—13 日夜间，随着右翼队突袭，中央队也开始各自为战。首先是步兵第 124 联队第 1 大队着手进攻美军突击 1 营 3 连驻守阵地。这一侧阵地恰好处于蜈蚣高地的西南角，也是登上高地的最佳路径。

不过激战正酣，第 1 大队却突然发现自己身后涌来另一波部队，由于担心腹背受敌，第 1 大队旋即撤退——但撤退以后才发现，原来身后部队是友军第 3 大队，可谓是大水冲了龙王庙。

但这一耽误不要紧，夜袭时机最终也错过了。9 月 13 日 3 点 50 分，天刚刚亮起，美军仙人掌航空队就空袭蜈蚣高地南侧，炸死了第 3 大队第 11 中队中队长堀田耕三少佐，川口支队被迫再度潜入丛林避难；10 点 20 分，仍不知情的川口清健发布作战命令："第一线各队在本日 2000 实施夜袭计划，歼灭敌军。"

根据日军夜袭习惯，埃德森中校重新加固蜈蚣高地防御体系。首先他将战线向后收缩 370 米左右，用突击 1 营 1 连更换前夜作战的 3 连，进而筑起一条 1600 米长的战线，从隆加河一带开始延伸到蜈蚣高地最高处。不仅如此，范德格里夫特增派陆战 5 团 2 营前往蜈蚣高地与亨德森机场的结合部以作策应，还从陆战 11 团第 5 营调出 4 门 105 毫米榴弹炮远程支持。

日落之前，埃德森中校作了一段动员演讲，提到"你们已经做得很好，现在我只要求你们再坚守一夜……我有无数种理由坚信，明天早上我们会彻底解脱"。

日军虽然意在 20 点发动总攻,但早在 16 点半,天色刚刚暗下来,身处前线的步兵第 124 联队第 1 大队(中央队左第一线)就发起进攻,美军随即炮击日军;20 点,步兵第 4 联队第 2 大队(中央队第二线)对第 1 突击队 2 连阵地展开进攻;由于美军炮火无法两面覆盖,连接埃德森部队与后方的电话线又在 9 月 14 日凌晨 0 点左右遭到切断,日军得以逼退美军,在美军防线上打开了一道缺口。

凌晨 2 点,陆战 5 团 2 营从结合部前来助战,但还不等美军就位,中央队右第一线的步兵第 4 联队第 2 大队 6 连、7 连便已经突击到蜈蚣高地的东北角,距离机场只有咫尺之遥;凌晨 3 点半,6 连袭击亨德森机场西南角,与第 1 突击队第 1 工程营 3 连激烈交火,与此同时步兵第 124 联队第 3 大队(中央队右第一线)也进攻起蜈蚣高地东部,意在保护攻击机场日军的退路。

这时美军 4 门榴弹炮全部就位,对着日军机场部队大开炮门。整场蜈蚣高地战役中,美军 4 门榴弹炮倾泻了 1992 枚炮弹,日军 6 连几乎全军覆没,攻击机场的思路宣告破灭。

从川口支队进攻计划里可以看出,日军极为热衷于分兵包抄。从理论上来讲,分兵合围自然比单线作战要来得先进,但如果兵力本身就不足,各部队之间联络系统又难以持续,那么分兵不但无法合围,反而容易遭到对手逐个击破。

日军担负牵制任务的左翼、右翼两队就遭到厄运。9 月 13 日 16 点 15 分与 20 点,右翼队(熊大队)两度夜袭伊鲁河南岸,遭到美军陆战 1 团 3 营突击而损伤惨重,指挥官水野锐士(みずの・さとし)少佐战死;左翼队(冈部队)相对好一些,他们在 9 月 13 日晚上突破马塔尼考(Matanikau)河,9 月 14 日在托拉(Tola)高地北部遇到阻击,由于川口支队主力报废,他们只能停留原地,等候后续部队。

从川口支队各分队突破情况可以看出,日、美两军实力与补给能力相去悬殊,川口支队最终只有一个中队兵力突破到机场边缘。然而碍于"鼠运输""蚁运输"都不可能提供完备后勤支持,隆加机场的铁丝网也就成了日军极限。9 月 15 日,川口支队宣布暂停进攻,死伤超过 800 人,剩余人员继续进入山地密林,向着亨德森机场西侧的克鲁兹海角转移。

9月18日，4157名美军陆战队登上瓜岛，137辆汽车、1000吨各类食品、400桶航空燃油也随之而来。随着援军与给养到位，瓜岛美军增至1.9万人，北边的佛罗里达群岛还有近4000人，较之日军多出数倍。由于日本海军对信息过度匮乏，战局判断接连失误，导致日本彻底错过了第一次所罗门海战带来的绝好机会，也葬送了日本陆军数千精锐部队。

击沉航母"黄蜂"

不过就在这段时间，日本海军第1潜水部队却有了个小收获。

在第二次所罗门海战结束以后，第1潜水部队一直在圣克里斯托瓦尔岛东南海域担负巡逻任务。8月31日3点53分，潜艇"伊26"发现美军航母"萨拉托加"（第11特混舰队），迅速追踪并在接下来近5个小时的时间里发射了40枚鱼雷。虽然只有1枚鱼雷命中，但依然造成"萨拉托加"进水倾斜，最终损管人员紧急抢救恢复，在巡洋舰拖拽下勉强行驶。没办法，"萨拉托加"便把所有飞机发往瓜岛，自行回到本土，接下来3个月时间里未能回归。

被鱼雷击中的航母"黄蜂"

当然，所谓收获不只是"萨拉托加"，更是之后的"黄蜂"。

9月15日8点45分，日军侦察机发现美军发往瓜岛的补给船队，联合舰队便直接下令，让第1潜水部队在所罗门群岛东南海域巡逻，第3潜水部队在瓜岛海域迎击美军。9点50分，潜艇"伊19"在圣克里斯托瓦尔岛东南142海里海域发现声源，经过辨认，发现15海里以外存在航母1艘、巡洋舰1艘、驱逐舰数艘，这便是以航母"黄蜂"为基干的第18特混舰队。

11点45分，"伊19"向"黄蜂"发射6枚鱼雷。

不久，远处海域传来4声命中响声，但很快美军驱逐舰也发现潜艇存在，扔下60枚深水炸弹。"伊19"不敢确认战果，匆忙离开，然而到18点，同一编队的"伊15"恰好发现一艘美军航母正在沉没。

根据美军资料记载，当时前来附近的不止有"黄蜂"，还有航母"大黄蜂"与战列舰"北卡罗来纳"组成的战斗群，两个战斗群相隔5海里左右。按照美军作战原则，两艘航母各自担负不同任务，其中"大黄蜂"负责侦察日军水面舰艇，"黄蜂"负责侦察日军潜艇。

讽刺的是，就在"伊19"发射之后不久，12点20分，"黄蜂"准备收容之前起飞的反潜侦察机，因而将速度降到16节，并向右急转舵。这一转，恰好迎面与日军4枚鱼雷撞在一起，其中2枚命中右舷前部、1枚命中右舷舰桥前方50码处，还有1枚击中护航驱逐舰"兰斯敦"（USS Lansdowne，DD-486）。

更巧的是，12点52分，"伊19"之前发射的另外1枚鱼雷命中了"北卡罗来纳"左舷吃水线下20码位置；12点54分，最后一枚击沉驱逐舰"奥布莱恩"（USS O'Brien，DD-51）。"伊19"只发射了6枚鱼雷，居然击沉两艘军舰，其中一艘还是主力航母，这种效率与运气在第二次世界大战中日军再也未能出现过。

"黄蜂"中弹以后迅速引爆了甲板上堆放的炸弹与燃油，很快这艘航母就拖起长长黑烟，无法挽救。15点20分，舰长命令全员退却，19点"兰斯敦"向"黄蜂"发射5枚鱼雷自沉。此外，"北卡罗来纳"也受到损伤，不得不回国大修。

美军开战时期在太平洋只有5艘航母，爪哇岛丢掉了"朗利"，珊瑚海丢掉了"列克星敦"，中途岛丢掉了"约克城"，现在又丢掉了"黄蜂"，那么在"企业"与"萨拉托加"两艘修好之前，美军就只有一艘紧急从大西洋调来的"大黄蜂"可以使用。

虽然美军成功掌控制空权，也给瓜岛美军提供了有效给养，但在1942年9月以后，美国海军相对处于劣势，这也使得日军多少获得了喘息之机。日军虽然错过最佳时机，但依然不是机会渺茫。

以舰代炮
——高速战舰炮击隆加机场

日本陆军战术调整与第 2 师团登陆

局面胶着如此，大本营也有些急躁。9 月 17 日，参谋总长杉山元大将就瓜岛战役向天皇上奏，最终形成大陆命 688 号。

文件提出，川口支队之所以作战不力，主因在于过分讲求利用丛林地带奇袭，在联络机制不畅的情况下难以统合运用；目前盟军防御组织特别是物质威力在预想之上，很可能日后会寻求主动出击。

既然瓜岛战线作战如此不利，日本陆军为什么却依然不从新几内亚岛撤军，将主要兵力一举放在瓜岛呢？

主要问题在于：新几内亚处于荷属东印度与所罗门群岛之间，如果主动放弃新几内亚，很可能造成澳军与美国陆军在新几内亚局部占优，进而威胁到瓜岛日军本就脆弱的补给线。

后世军史专家回顾瓜岛战役，常会"就瓜论瓜"，根据瓜岛日军得失来讨论日军决策是否失误，而鲜于考虑与其几乎同一时期展开的新几内亚作战。事实上，日军在 1944 年遭遇美军反攻而陷入惨败，其中一大原因就是麦克阿瑟与尼米兹各自开展作战计划，但又都同时具备强大作战能力，美国陆、海军缺乏合作反而让日本难以预测美军下一步攻击点。如果在 1942 年 9 月两路美军尚未完全成型时就彻底偏向于某一方，结果很可能会导致日军溃败更早、更严重。

大陆命 688 号提到，从关东军、中国派遣军调动 20 个单位的坦克、炮兵战力加入瓜岛战场，并从荷属东印度调动第 16 军第 38 师团紧急加入第 17 军战斗序列，争取在 10 月中旬夺取隆加机场。不过这无疑给以

丸山政男

"鼠运输""蚁运输"为补给的所罗门日军提出了严峻考验。

9月底,第17军也制订了东南方面作战方案:(1)第2师团全体进入瓜岛,新几内亚战线暂时退却;(2)第38师团作为二线力量,总部驻扎于拉包尔港;(3)待到第2师团在瓜岛取得成果,第38师团再进攻新几内亚。9月29日,第2师团司令部(丸山政男中将)也抵达拉包尔港,准备前往瓜岛。

之前一木、川口两支队均从亨德森机场东面的太保海角登陆,或沿河流,或穿密林进攻美军,均伤亡惨重。这一次第17军不再纠结于太保海角,而是将目光集中在亨德森机场西边的塔萨法隆加海角(Tassafaronga Point),既可以减少航行距离,也距隆加机场更近。

按照"10月17日以前做好进攻机场附近的准备"命令,第2师团在10月3日再度展开"鼠运输",22时丸山政男率领师团司令部、1个步兵中队、工兵第2联队乘坐日本海军第6战队6艘驱逐舰("秋月""绫波""白雪""丛云""朝云""夏云")登上瓜岛。之后6天时间里(10月9日止),"鼠运输"总共将步兵第16联队第3大队、步兵第29联队、野战炮兵第2联队1个大队(4门150毫米榴弹炮)、独立山炮兵第20大队、工兵第2联队运抵瓜岛。

第2师团来了才发现,瓜岛局势与他们想象的截然不同。首先是补给品严重短缺,本应运抵的物资只有计划量的一半,导致先前登陆的一木、川口两支队残部几乎无力战斗。加上新登陆的第2师团,日军步兵约有9000人,其中5000人为可战之兵,兵力还算充足,只是各种火炮却只有18门,极为拮据。

美军扫荡马塔尼考河

祸不单行，就在日本第 2 师团陆续登陆前后，美军也正在着手扫荡盘踞在马塔尼考河西岸的川口支队残部。

实际上早在 9 月 24 日，范德格里夫特就派遣海军陆战第 7 团两个营配合突击 1 营开始扫荡，并与冈明之助率领的步兵第 124 联队残部短兵相接，3 天小规模战役下来，日军几乎毫发无损，美军倒是阵亡 60 人、伤 100 人，惹得范德格里夫特大怒。但由于美军刚刚经历大仗，一时也分不出更多资源来突击日军。

不过，亨德森机场毕竟在整个瓜岛的核心，日军可以任意选择东、西两个方向来攻击。根据一木、川口两支队总攻击经验来看，日军都选取了机场东侧太保海角作为登陆点，如果这次还是选择东侧，而美军又贸然派遣大部队前往西侧围剿日军孤子，那么战术重心就会出现偏移。范德格里夫特选择等待，只有日军在西岸更多活动才能让他放手将部队投向西侧。

10 月 6 日晚上，同属川口支队的步兵第 4 联队（青叶支队）按要求与步兵第 124 联队换防，联队本部、第 2 大队抵达克鲁兹海角西南

执行巡逻任务的美军海军陆战队

方向 3 公里高地附近集结，第 1、第 3 大队来到马塔尼考河西岸构筑阵地，意在 10 月 8 日早上之前突袭马塔尼考河东岸，为日后突袭隆加机场做准备。

美军陆战 1 师迅速得知日军换防并开始抢占高地，范德格里夫特也得以确认日军下一场战役很可能从西侧发起。从 10 月 7 日 6 点开始，美军从马塔尼考河东岸打开炮门攻击日军，其中陆战 5 团第 2、第 3 营 600 人左右在正面阻击，陆战 7 团与陆战 2 团 3 营边战边向南侧移动迂回，意在切断步兵第 4 联队与后方日军的联系。

日本陆军作战守则中并不推崇在白天与优势对手决战，而是偏爱夜战，因而步兵第 4 联队选择暂时退避，只留下第 1 大队第 3 中队在马塔尼考河东岸固守形成突出部。10 月 7 日 16 点，天色刚刚暗下来，联队长中熊直正（なかくま・なおまさ）大佐再度制订夜间迂回作战计划，以第 1 大队固守河西岸阵地，第 2 大队沿河上溯，与在河流上游（南侧）第 3 大队第 9 中队一起绕到美军背后突袭。

但怎知美军却比日军提前玩起了迂回作战。就在日军命令下达 1 个小时之后，17 点左右，日军侦察兵突然发现 20 艘美军运兵船载着陆战 5 团 400 名士兵从克鲁兹海角方向接近，第 1 大队立即派出第 2 中队前往阻击，击毙美军 200 余人，剩余美军不敢贸然接近阵地，沿原路返回。

10 月 8 日晚上，天降大雨，美军陆战 7 团 1、2 营与陆战 2 团 3 营冒雨绕过河流上游，日军第 1、第 3 两个大队后侧出现空当，第 2 大队见状旋即前往克鲁兹海角附近，以防美军切断第 2 与第 1、第 3 大队之间的联系；10 月 9 日清晨，美军陆战 7 团在突击 1 营协助下击退第 2 大队防御，抵达海边，对步兵第 4 联队形成合围之势。中熊直正大佐立即命令由第 1 大队换防面对海面方向、第 2 大队在第 1 大队左翼、第 3 大队在第 1 大队右翼，3 个大队组成鹤翼阵而徐徐突围，重新在后方建立阵地。这场小型战役之中，日军步兵第 4 联队阵亡 159 人、伤 138 人，10 月 10 日向大本营作战部报告中提到"步兵第 4 联队损失战力高达三分之一"；美军阵亡 65 人，伤 125 人。

马塔尼考河战役规模虽然不大，但影响却十分巨大。因为在第 2 师团的全盘计划里，马塔尼考河东岸平原地带异常关键，进可以作为炮兵阵地，退可以更清楚地看到美军。但现在步兵第4联队第2大队无法渡河，就使得形势危急，第2师团只能向第17军再度申请给养，第17军只好协调第8舰队再出援手。

"为了打开上述战况，应排除万难，向海军申请坚决执行运输船队与舰艇的登陆计划。"这项请求得到第8舰队同意，第6战队指挥官五藤存知（ごとう・ありとも）少将登场。

萨沃岛海战

10月11日，第8舰队派出6艘驱逐舰搭载士兵，2艘水上机母舰"日进""千岁"搭载重火器出发（城岛高次少将）。护航队伍（第一次挺身攻击队）则是第6战队3艘巡洋舰（旗舰"青叶""衣笠""古鹰"）、2艘驱逐舰（"吹雪""初雪"），指挥官是第6战队司令五藤存知少将。早上6点运输部队出发，10点护航部队出发，他们沿着第一次所罗门海战的胜利足迹，走上了失败之路。

派出这么多船只，说明日本并不只想运输人力、物力，更要搞大新闻。按照计划，在运输部队装卸物资的同时，护航部队要深入瓜岛海域，降速至26节，对美军亨德森机场远程炮击。很明显，既然陆军无法靠近机场，航空兵实力又难以为继，日军只好祭出19世纪海军的特长：沿岸炮击。

10月11日11点47分，美军侦察机发现日军有一支"巡洋舰2艘、驱逐舰6艘"的舰队出现，美国海军第64特混舰队在指挥官诺尔曼·斯科特（Norman Scott）少将指挥下出海迎战。14点，斯科特命令全部舰艇集中到萨沃岛附近待命；16点15分，斯科特又一次收到了侦察机报告的日本舰队信息，随着太阳落山，美军也开始守株待兔。

日本舰队沿着所罗门群岛中央航路下溯，而运输船队的警戒舰"丛云"加入护航舰队之中。16点以后，各舰提速至30节，并将距离拉长至1200米，日军航行次序为旗舰"青叶""古鹰""衣笠"呈直线跟随，而在"青叶"前方70度3000米左右的位置，"吹雪"在右，"初雪""丛云"居左，护卫几艘巡洋舰向前行进。

20点10分左右，护卫部队抵达萨沃岛附近，五藤存知估计运输船队已经抵达瓜岛执行装卸作业，便又让"丛云"前往前方护航。当时护卫部队正处于暴雨之中，然而运输船队却告知瓜岛上空较为晴朗，五藤存知立刻要求"青叶"装填攻击陆地的特殊炮弹，并下令全体舰艇准备炮击隆加机场。

21点33分，护卫部队驶出风暴地区，视野立刻打开，萨沃岛就在"青叶"前方不远处，五藤存知立刻下令全员减速至26节。但也就在这时，"青叶"左舷侦察员发来消息："左15度，舰影3，方向西南，100（1万米）。"

"青叶"舰桥顿时一阵紧张，然而五藤存知并没有理会，只是淡淡说了一句"那是我方驱逐舰"。在五藤存知看来，既然运输船队已经顺利抵达瓜岛，那么这片海域不应该有美军存在，"舰影"应该是担任护卫任务的日军驱逐舰。

然而实际上，"舰影3"的背后正是美军第64特混舰队，他们早已通过雷达探测到日军抵达附近，所以针对"青叶"随后发动确认信号，美军自然不可能回复。不过五藤存知似乎依然不敢相信，还是要求船员再确认10秒。就在确认之时，21点46分，美军照明弹就发射到了"青叶"上方。

但五藤存知依旧不相信有美军，反而是认为己方驱逐舰误射照明弹。不过就在他反应过来之前，"青叶"舰桥正面突然迎来一枚鱼雷，虽然鱼雷是盲弹，然而依然炸碎了舰桥铁板，压断了五藤存知的左腿，战队司令部大部分参谋受伤。

日军如梦初醒，意识到自己正在向东南航行，正处于海军"T"字战术纵位，美军则抢占了"T"字横位，便于集火攻击日军旗舰。五藤存知忍住伤痛，下令向右掉头，争取与美军形成同航战。然而这一掉头，却使"青叶"更成为静止目标，很快第2、第3炮塔被美军炮弹炸毁，只有第1炮塔间断开出7炮还击。

21点50分，"青叶"拖着长长的黑烟逃出战场，但为其护航的驱逐舰"吹雪"却没有那么幸运，3分钟之后遭遇美军集火而爆炸沉没。

第二舰"古鹰"也没有反应过来，但"青叶"早已右转逃窜，"古鹰"接替了"青叶"被动挨打的位置。不过较之"青叶"毫无准备，

"古鹰"却保持了三十分钟以上的从容射击，与美军可谓势均力敌。然而最终寡不敌众，"古鹰"舵机逐渐失灵，船体进水，最终在10点43分沉没。

与前两舰不同，第三舰"衣笠"带着驱逐舰"初雪"一齐左转，让前面两舰多吸引一点火力，让自己更从容反击美军。经过激战，最终"衣笠"相对完整地逃出战场，与重伤的"青叶""初雪"一起回归基地。

战役中，日军不仅损失了重巡洋舰"古鹰"、驱逐舰"吹雪"，五藤存知本人也因为流血过多而阵亡，相比之下美军方面则只有驱逐舰"邓肯"沉没。

在这场美军所谓"埃斯佩兰斯角（Cape Esperance）海战"之中，美军第一次在日本传统优势项目——夜战之中取得胜利。兴奋之余，美军也想起瓜岛海域已经沉没了无数军舰，便将瓜岛、萨沃岛、图拉吉岛之间的梯形海域命名为"铁底湾"（Ironbottom Sound）。

火炮"扬陆"作战

萨沃岛海战之前，日军就觉得单凭第6战队重巡洋舰的力量难以炸平隆加机场，决定派遣水面舰艇直接轰炸隆加机场——第3战队（指挥官：栗田健男少将）高速战舰"金刚""榛名"出战。

不过栗田健男本人却并不赞同："让战列舰长时间暴露在敌军面前，实为危险，而且对陆轰炸效果如何也未可知。"

对于这番话，不少人认为栗田健男还是保持着日本海军传统的"邀击作战"思想，要把战列舰留在后面决战时期使用。然而事实上，在美军拥有绝对制空权的情况下，贸然派遣防空能力弱的战列舰前往瓜岛，非常冒险；另外从军史而言，使用战列舰直接轰炸机场尚无先例，能否成功也未可知。

山本五十六继续表现出中途岛时期一样的执拗："无论如何我也要实现对陆炮击，如果有必要，我就亲自乘坐战列舰'大和'上阵。"

没办法，栗田健男只好领命而去。

轰炸亨德森机场舰队（第二次挺身攻击队）构成

舰炮射击队	第3战队（战列舰）	金刚、榛名
护卫队	第15驱逐队	亲潮、黑潮、早潮
	第24驱逐队	海风、江风、凉风
警戒队	第2水雷战队（轻巡洋舰）	五十铃
	第31驱逐队	高波、卷波、长波

10 月 11 日晚，攻击队从特鲁克岛出发，以 16 节航速南下，听闻侦察机消息：目前瓜岛隆加锚地有 1 艘轻巡洋舰、7 艘驱逐舰、2 艘大型运输船。

10 月 13 日早晨，日军得知前一天晚上第 6 战队在萨沃岛惨遭败绩，侦察机也发现美军正在瓜岛附近增兵卸货。根据美方资料记载，这一天美国陆军第 164 团 3000 人登陆，辎重则有 16 辆轻型坦克、12 门 37 毫米反坦克炮。继美国海军陆战队之后，陆军也开始参与到瓜岛作战之中。

日落以后，第 2 航空战队 6 架护卫机回归母舰，主力部队则将航速提高至 28 节，向着瓜岛冲击而去。20 点 30 分，栗田健男下令全员做好战斗准备；22 点 38 分，日本舰队发现埃斯佩兰斯角存在灯标——这正是第 2 师团为迎接日本海军而设置的导向灯标。

栗田健男命令驱逐舰排列两侧，率领"金刚""榛名"向着克鲁兹海角奔去。23 点 17 分，栗田健男下达射击命令；23 点 33 分，两架零式水上侦察机向亨德森机场上空投掷三色曳光弹（红、白、绿），日军发现机场正处于右前方 22800 米（25000 码）处；23 点 37 分，"金刚"开始炮击（三式烧霰弹 104 发），1 分钟后，"榛名"也打开炮门（零式对空通常弹 189 发）。

随着炮声隆隆，日军占据绝对优势，美军猝不及防，机场陷入火海。据美军官方战史记载，由于亨德森机场刚刚建成，以平地为主，大量士兵在夜间无法找到掩体，甚至有人跪在轰炸区里祈祷。

23 点 46 分，隆加锚地配置的探照灯终于找到"金刚"，美军岸防 6 门 12.7 英寸火炮开始反击。然而由于岸防火炮是从珍珠港沉没的战列

太平洋战争全史

舰"亚利桑那""加利福尼亚"拆下的副炮，射程只有9000米，根本无法命中日舰，反而招致"金刚""榛名"副炮进攻美军探照灯。

23点57分，日军三式烧霰弹用尽，15分钟以后全舰队向左掉头；10月14日0点20分，两舰同时将主炮炮弹更换为一式穿甲弹（"金刚"331发、"榛名"294发），继续轰炸机场。

0点50分左右，美军从佛罗里达群岛紧急调来的四艘鱼雷艇（PT-38、PT-46、PT-48、PT-60）出现，其中一艘攻击了驱逐舰"长波"。虽然"长波"最终击退了鱼雷艇，但栗田健男却担心对手有后续部队，旋即宣布停止炮击，舰队全体右转，并提速至29节撤离。

后来日本海军内部，栗田健男获得诨名"逃栗田"（逃げ栗田）。很多人认为这是嘲讽其撤退之举，然而日语语境里，"逃"不只有"逃跑"之意，还有"撤退""离开"之意。更何况早在日本战国时代，武田信玄的家臣春日虎纲（高坂昌信）就以多次成功撤退而有"逃弹正"（逃げ弹正）之称，所以起名为"逃栗田"，实际上也是在称赞栗田健男撤退果断、护舰有功。

亨德森机场美军正在修复 F4F 飞机

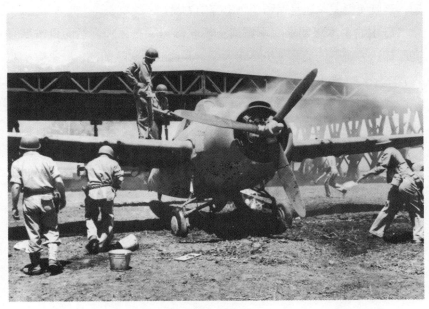

不过 1944 年 10 月莱特湾战役之际，栗田健男却率领第 1 游击部队在进入莱特湾主战场之前就先行撤退，错失制胜之机，"逃栗田"也就变成了讽刺之语。加之战后栗田健男本人接受数次采访，也全部都是谈及莱特湾之事，这就让世人把"逃栗田"与莱特湾捆绑在一起。

战役之中，日军除去驱逐舰"长波"受轻伤，"榛名"弹药库 1 名水兵因高温而热死以外，全无损失。反之，美军方面损失惨重，海军损失 32 架 SBD、19 架 F4F、8 架 TBF，陆军损失 4 架 P-39"飞蛇"、2 架 B-17，总计 68 架飞机（共 90 架）报废，机场主跑道损毁。

不过，美军噩梦还没结束。10 月 14 日深夜，第 8 舰队重巡洋舰"鸟海"协同萨沃岛海战幸存的"衣笠"，继续护送运输队来到瓜岛海域，再度炮击机场，一共发射了 750 发 203 炮弹；10 月 15 日夜间，第 5 战队"妙高""摩耶"配合第 2 水雷战队又来轰炸机场，各自发射 463 发、450 发主炮炮弹而去。

日军一旦找到一种制胜法门就会不断使用，经过数日轰炸，"仙人掌航空队"受到严重打击，最终只剩下 8 架 B-17、10 架 SBD、24 架 F4F 可用，仅相当于不到一艘正规航母的作战兵力。然而日军并不知道美军已经修筑了第二条战斗机跑道，全部轰炸炮火都集中于第一条跑道，这就使得美军还是保留了一定空中力量。

日本陆军本想要求海军派遣正规航母部队来保障，然而日本海军高层却认为剩下的美军飞机不足为虑，派遣航母部队前往，一来有小题大做之嫌，二来也担心自己再损失航母与飞机，便不再派出主力航母护航，就连拉包尔海军航空队也不再积极护卫，直接造成后来第 2 师团缺乏补给。

中途岛海战之后，本来思维跳脱的日本海军一下子畏首畏尾，使得本有可能实现的战略计划也最终放弃，不得不说中途岛计划是一个彻头彻尾的失败。

由于美军空中力量减弱，日军得以加大运输规模，至 10 月 20 日，瓜岛日军为 2.3 万人，各类火炮 100 门左右，第 17 军指挥官百武晴吉与全体参谋也登上了瓜岛，至于战后名噪一时的战史作家、国会议员辻政信（つじ・まさのぶ），当时也是大本营派驻瓜岛前线的陆军中佐。

10月14—17日日军运输人员与物资

	参与军舰	登陆人员与物资
10月14日	轻巡洋舰3艘（川内、由良、龙田） 驱逐舰4艘（朝云、白雪、晓、雷）	陆兵1129人、野战炮4门、速射炮4门、弹药粮食
10月15日	驱逐舰8艘（秋月、村雨、五月雨、夕立、春雨、时雨、白露、有明）	弹药粮食，大部分遭到美军轰炸而烧毁
10月17日	轻巡洋舰3艘（川内、由良、龙田） 驱逐舰4艘（朝云、白雪、晓、雷、秋月、村雨、五月雨、夕立、春雨、时雨、白露、有明、浦波、敷波、绫波）	陆军2159人、野战炮6门、速射炮12门、弹药粮食

不过美军方面并未示弱，早在10月15日，尼米兹召集南太平洋海军部队主要将领开了一场特别会议，上来就免去戈姆利的南太平洋战区指挥官职务，并在10月18日派遣病愈的"蛮牛"哈尔西来到前线，并派遣新竣工的战列舰"南达科他"、24艘潜艇、80架飞机开赴前线，此外航母"企业"也整修完成，驶出船坞，组成第16特混舰队，在10月24日10点与"大黄蜂"会合。

他们到达之前，第2师团已经发起总攻。

再鼓而衰
——第2师团瓜岛总攻

1942年10月第2师团实际状态

"瓜达尔卡纳尔作战乃太平洋战线的关原，帝国兴亡在此一战。攻略若不成功，不期一兵一卒生还。"

——第二师团长，陆军中将，丸山政男

丸山政男此番表态，不禁让人联想起1905年2月底日俄战争奉天会战打响之前，日本陆军满洲军总司令大山岩大将也向旗下4个军发布过"关原"训令，将奉天会战比作日俄战争的"关原"。

所谓"关原"自然是指1600年秋天德川家康与石田三成之战，在当时一举决定天下归属。但要注意，在日本帝国语言体系之中，"关原"不仅象征着"重要"，更关键的意义是"迅速"。毕竟当年关原之战仅仅耗费了不到一个白天就结束，1905年大山岩也好，1942年丸山政男也好，都更重视速战速决。

不过从实际情况看，虽然"金刚""榛名"舰炮轰炸机场给日军提振士气，但日、美两军战力对比却并没有本质变化。

10月13日，美国陆军在一番协调之后派出第164步兵团2850人部队来到瓜岛，瓜岛美军战斗部队总量增至23088人，图拉吉岛维持在4639人；日军数番"鼠运输"把第2师团各部队送上前线之后，瓜岛日军才刚刚达到2万人，勉强与美军打个平手——然而在当时日军推测之中，"隆加飞机场美军兵力1万余人"，那2万人自然也可以倍则攻之了。

更何况由于美军仙人掌航空队掌握制空权，日军物资卸载无法正常进行。粮食到达量只有计划量的 50%、重火器只有 20%，轻型坦克计划 75 辆、最终却也只有独立战车第 1 联队的 10 余辆九五式轻战车、九七式中战车登陆，本想从马塔尼考河执行突击计划也彻底被迫取消。

由于后勤补给能力太差，日军第 2 师团全体士兵每人只能携带 6 日口粮，即便瓜岛美军真的只有 1 万人，凭借日军这种后勤也难以保证获胜。

10 月 15 日，第 17 军给第 2 师团发布进攻命令，要求"以主力自隆加机场（亨德森机场）南侧夜袭敌侧背"。为了配合第 2 师团，第 17 军还要求第 38 师团步兵第 228 联队第 1 大队从肖特兰岛出发，借助海军舰艇在克鲁兹海角登陆。

由于第 17 军要求在 10 月 17 日前做好进攻准备，而在 10 月 15 日第 2 师团仍未从美军手里夺取一寸土地，时间变得极为紧迫。

之前探求失败教训之时，日军就认为一木支队沿海岸线进攻的策略没有问题，只是兵力不足，缺乏重型武器与坦克；而针对川口支队绕行密林之策，事实上现有条件下依然无法施行，因而第 2 师团最初意在集结优势坦克兵力，沿着海岸线发起进攻。但由于步兵第 4 联队未能获得马塔尼考河东岸阵地、无法建立炮兵基地，同时 10 余辆坦克又根本无法承担突进任务，日军很明白自身根本无法从正面强袭，只好捡起川口支队旧招：密林突进。

密林突击就又面临老问题：辎重搬运与坦克行进需要平坦道路，然而日军又没有大型土木设备，所以密林部队就必然只能是纯步兵。所以日军就制订了一个出人意料的计划：全部坦克配合步兵第 124 联队第 1、2 大队与步兵第 4 联队残部突击沿海岸隆加河口——但这一部分只是佯动，主力部队依然要穿越密林、抵达预定位置，听到坦克部队发起攻击之后，突袭亨德森机场。

很多人批评密林突击很不明智，事实上针对作战计划，川口支队指挥官川口清健少将就表示坚决反对，经历过一次失败，他很明白蜈蚣高地有多么易守难攻，所以很希望能从海岸正面直接进攻机场。而且当时拉包尔港侦察机也发来航空图片，告诉前线日军丛林难走，但第 2 师团部并未采纳相关要求。

但考虑到第 2 师团当时严重缺乏补给，整体战略又要求日军抓住新补给美军立足未稳之时，前有战略截止日期限制，后有后勤补给局限，实际上留给日本陆军的战术选择非常局限。

诚然，整个战术制定过程之中，大本营作战参谋辻政信中佐表现得非常傲慢。为了配合海军行动，辻政信不顾实际情况强行将总攻日期定在满月之日（10月23日），反而使得作战十分混乱。

但也不得不说，即便将辻政信换掉由他人指导，局面恐怕也不会好到哪儿去，毕竟国力决定格局、后勤补给决定战术，要是预定的75辆坦克能够顺利登陆，要是士兵不用只携带6日口粮，也就没这么多磕磕绊绊了。用辻政信自己的话说："我很明白现在迂回作战没有地图支持，目测要至少穿越40公里密林，但除此（迂回）以外别无他法。"

相较之下，美军防御措施却没有受到类似影响。根据范德格里夫特要求，新补充的美国陆军第164步兵团3营与1个反坦克连安置在海军陆战7团1营背后，巩固亨德森机场与蜈蚣高地（埃德森岭）之间的联系。此外针对马塔尼考河附近的日军部队，美军陆战1团、5团配合坦克第1营驻守河流东岸阵地，防止日军从西侧袭来。

10月15日，身处瓜岛的第17军指挥官百武晴吉中将发布作战命令，决定以"迂回·奇袭"战术再一次进攻隆加机场。

"我军旨在进攻美军强化防御的隆加机场。军主力部队第2师团绕过奥斯汀山向南侧迂回，从隆加河东岸地区北进，奇袭机场；这段时间内，炮兵群主力从隆加河西岸向机场方面炮击助攻；另外一部分部队要从奥斯汀山向机场方向压迫；一部分支队从隆加机场东侧登陆，扰乱美军退路。突袭机场定为10月21日夜。"

第2师团及相关作战部队构成

		步兵第124联队第3大队
军主力（右翼队）	（川口支队） 川口清健（少将） 转任 东海林俊成（大佐）	步兵第230联队第1、3大队
		迫击第3大队第3中队
		独立速射炮第6大队
		独立速射炮第9中队
		独立山炮兵第20大队

军主力 （左翼队）	（那须支队） 那须弓雄（少将）	步兵第29联队 迫击第3大队第1、2、4中队 独立速射炮第2大队3个中队 野炮第2联队第2大队 独立山炮兵第10联队 工兵第2联队1个中队
军主力 （预备队）	（军直辖部队） 丸山政男（中将）	步兵第16联队 第2师团通信队、卫生队、野战医院、 勤务队、兵站医院、防疫给水部等
炮兵群	住吉正（少将）	步兵第4联队残部 野炮兵第2联队第2、3大队 野战重炮第4联队 野战重炮第21大队第2中队 野战重炮第7联队1个中队 野战重炮第38大队 野战重炮第45大队 野战重炮兵第47大队1个中队
奥斯汀山	冈明之助（大佐）	步兵第124联队第1、2大队
机场东侧	陶村政治（大佐）	步兵第228联队一部

东、西两路各自进军

10月16日中午开始，左翼两队（那须支队）向着亨德森机场南部的蜈蚣高地前进。

他们边走边开辟道路，然而这条"丸山道"（宽50厘米，高60厘米，全长24公里）却极为简陋，根本无法满足大部队行动需要，炮火也只有步兵炮、山炮、迫击炮等小型火炮，完全形不成火力压制。10月17日，右翼队（川口支队）也起程奔赴蜈蚣高地。

然而川口支队上一次经历的丛林噩梦又一次笼罩在日军头顶之上，随军进入密林的辻政信中佐汇报到："18日晚，到达隆加河渡河处，然而远未抵达攻击点，仍需2日准备时间，希望总攻击尽可能推迟到22日。"

在攻击机场部队沿着密林慢慢突进过程中，伴动部队也开始完成自身任务。10月18日晚上，日军数门150毫米榴弹炮轰炸机场，部队也开始移动到马塔尼考河西岸；10月20日上午，3辆日本坦克出现在马塔尼考河附近攻击对岸美军，美军侦察机由于一直没能发现日军在密林之中行进，便将火力都倾泻在马塔尼考河一带。

不过机场攻击部队却行军缓慢。那须支队由于先行出发，10月22日前锋部队就抵达前线，然而担负主攻任务的川口支队却进展缓慢，第2师团司令部更是在密林里缓慢行进。

10月23日晚间，川口清健少将向第2师团长丸山政男请命，要求率领自身原有部队组成别动队，绕到蜈蚣高地正东侧发动进攻。他提到如今第2师团的预定攻击位置与上次自己失败位置太接近，很容易让美军看破。

不过，虽然目前右翼队名义上还叫作川口支队，但主力军队早已不是最早的川口支队，而是步兵第230联队，川口清健想要单独做主实为难事。更何况川口支队在10月22日连既定攻击位置都没有抵达，如若跑到更远的地方，那么总攻击就更加遥遥无期了。

针对总攻击方案，丸山政男选择打电话给川口清健直接联系，于是在10月23日夜间，两人打了最后一通电话。

由于电话线长度不够，只能在丸山政男与川口清健之间找到一个中间点设立中转站，由专人传话——这位传话人也就是第2师团通信队有线分队长芳贺久伍长。根据他战后回忆，当时两人在电话里吵得不可开交，川口清健决定自己带兵脱离队伍实施单独攻击，于是丸山政男当机立断，解除了川口清健支队长的职务。

在后世各种关于瓜岛第2师团总攻击记载里，辻政信中佐一向被描绘为争斗核心，似乎正是他极力主张迂回作战，第2师团才会压制川口清健的主张。然而事实上，川口清健本身马上要脱队自行，第2师团作为一个战术整体面临解体危险，辻政信中佐面对这种状况，提出一句简短的"如今变更战术部署十分危险"完全符合其参谋身份。

丸山政男决定临阵换将，将川口支队长更替为步兵第230联队联队长东海林俊成大佐。不过东海林俊成估计是担心承担责任，便以"临阵换将违反武士道"为由拒绝就任，最终丸山政男在10月23日晚下达死命令，要求中央队在 10 月 24 日 17 点发起总攻，东海林俊成只得听命。

不过，日军脆弱的通信系统却让第 2 师团大跌眼镜：佯攻部队指挥官住吉正（すみよし・ただし）少将虽然接到命令，但还没及时把命令传到具体部队，战役就已经打响。10 月 23 日黄昏，佯攻部队步兵第 4 联队进攻马塔尼考河东岸，遭到美军陆战 1 团 3 营与 7 团外加 9 门榴弹炮阻击。

第二次世界大战日军无线电经常故障，甚至飞行员之间也常把无线电搁置一旁，使用手势互相交流。估计日本人自己也没想到，这么个小问题居然会影响瓜岛作战大局。

日军祭出所剩全部 9 辆坦克一起发动突袭，但在美军 37 毫米反坦克炮与 75 毫米山炮攻击下迅速受到拦阻，超过 6000 发炮弹倾泻到日军进攻队之中。一番激战过后，日军遭到美军反制，损伤 600 余人，9 辆坦克全部报废。相较之下，美军仅仅阵亡 2 人，受伤 11 人，日军佯攻部队几乎没有起到任何作用。

不过如果说完全没有效果也不客观。事实上就在 10 月 24 日当天，美军将陆战 7 团 2 营从蜈蚣高地方向派往马塔尼考河方向。毕竟战役开始数日以来，美军并没有在蜈蚣高地附近发现日军大部队踪迹，只靠着丛林里的集音器了解到日军侦察兵来到蜈蚣高地，但这并不足以让范德格里夫特认为日军将从南方发动总攻。毕竟川口支队在先前进攻蜈蚣高地过程中失去了大批人马，按照常理也应该不会再走这条路。

截至 10 月 24 日，美军在蜈蚣高地只有两个营驻守，分别是美国陆战 7 团 1 营（对位日军右翼队）、陆军第 164 步兵团 3 营（对位日军左翼队）。但事实无疑打了美军的脸，10 月 24 日凌晨，第 2 师团司令部抵达蜈蚣高地前线。

2 点左右，第 2 师团长丸山政男下达命令："有天佑神助、有兵将辛苦，师团计划得以全盘隐秘，可以进出敌军侧背，在神明保佑与既定计划基础上，应一举歼灭机场附近敌军。"第 2 师团一边下命令，一边给左翼队步兵第 29 联队发布白刃战作战要领，要求所有人在上午 5 点天亮之后发起突袭。

然而 3 点刚过，瓜岛立刻下起大雨，粮食遭到雨水浸泡而开始腐烂，大雨又遮住视线，让第 2 师团难以找到隆加机场的正确位置。然而就在这时，日本海军又发来联络信息，催促陆军立刻发起总攻。

原来早在 10 月 19 日，日本海军联合舰队就发布"作战电令第 340 号"，命令近藤信竹中将率领第 2、第 3 舰队来到瓜岛海域，支援 10 月 22 日的瓜岛陆军总攻击。由于陆军迟迟未能就位，海军也只好一直在海上漂着，燃料逐渐不足，催促也在所难免。

10 月 24 日中午，丸山政男迫于多方压力下达总攻命令，要求全体部队在 17 点从"敌军侧背"进攻，14 点左右，日军两翼队伍进入战斗位置。瓜岛战役以来最大规模的陆战即将打响。

逐个击破：第 2 师团两度夜袭

从 10 月 24 日 20 点半，川口支队所属步兵第 230 联队第 1 大队先向东北方向突击，不过并没有遇到美军防线，第 1 大队迅速在 21 点给第 2 师团拍了一份电报："万岁"。

所谓"万岁"两个字正是本场战役里象征"计划成功"的暗号。第 2 师团司令部欢腾不已，参谋们甚至在作战日志里用大字写下"天下一品之夜"，丸山政男更是向第 17 军与海军报告："右翼队占领机场，左翼队激战中。"

然而问题在于，第 1 大队只是没有见到美军，并不代表美军真不存在：23 点，那须支队步兵第 29 联队第 1 大队从正面进攻美军陆战 7 团 1 营 1 连阵地，不过遭到击退；随后 23 点 15 分，日军步 29 联队第 3 大队第 9 中队剪断铁丝网，突入蜈蚣高地，遭到美军陆战 7 团 1 营 3 连反攻而报废。10 月 25 日 0 点，美国陆军第 164 步兵团 3 个排预备队全数派往前线助战。

蜈蚣高地道路崎岖，日军步兵只能以中队（连）为单位进攻。从陆军战术而言，由于机关枪、火炮对于步兵集群杀伤力太大，从第一次世界大战后期开始陆军就倾向于打散集群，以散开队形分散机关枪注意力。但由于蜈蚣高地过于狭窄，队形即便散开也不似平原地区那么舒展，总体还是要回到集群之中，这就给了美军以集火攻击之机。

1 点 30 分左右，步兵第 29 联队第 3 大队余部继续发起进攻，损失两个中队 100 余人，联队长古宫正次郎（ふるみや·しょうじろう）大佐战死，联队旗不知所踪；1 点 45 分，美国陆军第 164 步兵团 3 营与第

2 工兵营来到前线，补充在陆战 7 团正后侧；4 点左右，日军步兵第 29 联队第 2 大队 2 个中队突袭陆战 7 团 1 营 1 连阵地，依然遭到击退。

经受一夜袭击，美军就改在白天还以颜色。10 月 25 日 7 点，亨德森机场出动所有轰炸机，在第 2 师团休整地区盘旋投弹，搞得日军不得安宁。与此同时地面部队也重新分布防区，陆战 2 团 3 营也从马塔尼考河方向抽调过来支援蜈蚣高地。

到了晚上，便又是日本人的天下。从 10 月 25 日 18 点开始，日军那须支队连续对西侧阵地发动 3 次突袭，不过由于地形险要，每次冲到美军阵地前方的日军士兵只有 30—200 人，很容易遭到美军集火消灭。战事一直持续到 10 月 26 日凌晨，日军将预备队步兵第 16 联队也拉了上来，不仅收效甚微，而且联队长广安寿郎大佐也战死了。

第 2 师团这次最后的冲锋之中，据说步兵第 16 联队前线有一位懂英语的日本士兵对美军喊出"为天皇讨还血债！"美军听罢，立刻用更大的声音喊出"为罗斯福讨还血债！"还不算完，在 10 月 25—26 日这个夜晚，步兵第 16 联队先后发动 7 次白刃战突击，基本都贯穿着"美国佬去死""东条吞粪"这种背景音。虽然战场上，士兵互相问候家人算是常态，但执着于问候双方领导人，某种意义上也可算作"反差萌"。

就在蜈蚣高地鏖战之中，10 月 25 日晚上，马塔尼考河方面的住吉正大佐集结剩余 3 个大队兵力准备再度突袭东岸的海岸地区。恰好这一地区只有美军陆战 7 团 2 营驻守，17 点 35 分，日军开启了 40 分钟的火炮准备。不过由于日军组织并不顺利，直到 10 月 26 日凌晨 1 点才发起总攻，凌晨 3 点左右攻克，旋即被美军陆战队夺回。

随着蜈蚣高地、马塔尼考河阵地两方面进攻全部失败，日军总攻击在绝对意义上走向悲剧。正面战场日军三个联队兵力伤亡过半（2200 人左右），左翼队指挥官那须弓雄少将与两个联队长战死，所有预备队都已经上战场；马塔尼考河方面则死伤超过 300 人，第 2 师团战斗力已经是山穷水尽。

然而相比之下，在第二次"血岭"战役中，美国海军陆战队只阵亡 26 人、伤 33 人，陆军阵亡 19 人、伤 50 人，连日军伤亡的零头都不到。10 月 26 日 6 点，第 17 军司令部终于彻底终止反攻计划。

南太平洋
——圣克鲁斯群岛海战

躲避，在东所罗门

炮轰机场以后，日本海军在中途岛海战以后第一次大获全胜。然而"仙人掌航空队"依然存在，瓜岛制空权依旧在美军手里。

拉包尔航空队多次起飞支援瓜岛，结果由于缺乏海军与陆军部队支持，大量飞机被美军击落，只剩下不到 30 架可用飞机。即便没有陆军在瓜岛作战，海军也必然要出动主力部队在所罗门群岛行动，其中第 3 舰队负责对付美军航母，第 2 舰队负责再度轰炸机场——然而海军没有想到，这一次他们将会损失更大规模的空中力量。

10 月 21 日，日本海军第 2、第 3 舰队全体出发南下，然而如前所述，陆军临阵多次变更时间，最终把总攻日拖到了 10 月 24 日。陆军变来变去不要紧，两支海军舰队也不得不变更作战计划，一会儿北上、一会儿南下，忙得不可开交。

10 月 23 日早上，拉包尔航空队传来信息：伦内岛附近发现敌军水上部队，主力舰为 1 艘战列舰。

联合舰队指挥部认为这支部队只是佯攻，正经的航母部队即将出现在东南方向（圣克鲁斯群岛）。事实上，这支队伍是执行巡逻任务的第 64 特混舰队，战列舰则是新下水的"华盛顿"。

为了躲开美军可能到来的侦察机，也为了补充燃油，第 3 舰队在 10 月 23 日 19 点掉头北上。然而就在当晚 23 点 45 分，1 架美军侦察机发现日军第 3 舰队，立刻追着驱逐舰"筑摩"发射鱼雷。不过"筑摩"早已习惯了鱼雷攻击，趁着夜色轻松躲开。

第16特混舰队	托马斯·金凯德（少将）
航母	企业（USS Enterprise, CV-6）
战列舰	南达科他（USS USS South Dakota, BB-57）
重巡洋舰	波特兰（USS Portland, CA-33）
轻巡洋舰	圣胡安（USS San Juan, CL-54）
驱逐舰	马汉（USS Mahan, DD-364）、库欣（USS Cushing, DD-376）、波特（USS Porter DD-356）、史密斯（USS Smith DD-378）、普雷斯顿（USS Preston, DD-379）、毛雷（USS Maury, DD-401）、肖（USS Shaw, DD-373）、坎宁安（USS Cunningan, DD-445）
第17特混舰队	乔治·莫雷（少将）
航母	大黄蜂（USS Hornet, CV-8）
重巡洋舰	北安普顿（USS Northampton, CA-26）、彭萨科拉（USS Pensacola, CA-24）
轻巡洋舰	圣迭戈（USS San Diego, CL-53）、朱诺（USS Juneau, CL-52）
驱逐舰	莫里斯（USS Morris, DD-417）、安德森（USS Anderson, DD-411）、查尔斯·休斯（USS Charles Hughes DD-428）、奥斯汀（USS Austin DE-15）、拉塞尔（USS Russell, DD-414）、巴顿（USS Barton, DD-599）

  针对第3舰队反复变更航向，联合舰队司令部很不满意，电令部队立刻南下支援陆军。不过草鹿龙之介却提出，己方侦察机还没有发现美军航母，贸然南下并不明智。吃了中途岛一次大亏以后，无论南云忠一还是日军参谋都已经不敢再轻兵冒进。

  事实也的确如此。就在10月24日10点左右，第16、第17特混舰队会合于圣埃斯皮里图岛东北270海里的战术点，组成第61特混舰队（指挥官：金凯德少将），向圣克鲁斯群岛北部行驶；同时第64特混舰队则前进至瓜岛海域，阻拦日军用战列舰炮击亨德森机场。

  18点44分，按照联合舰队命令，第3舰队再度开始南下，而22点半左右，陆军前线发来"万岁"电报，海军以为隆加机场陷落，于是提速南下，直到10月25日早上，他们才收到订正电报：隆加机场依然在美军手里。没办法，第 3 舰队只好再度北上，而紧随其后的第 2 舰队航母"隼鹰"则按照第 17 军要求起飞 12 架零战、12 架九九舰爆攻击隆加机场。

也就在这天清晨 5 点，美国南太平洋部队向第 16 特混舰队发布命令："进攻，重复一遍，进攻！"

或许这条命令太富含哈尔西"蛮牛"情绪，10 点左右，美军侦察机刚刚得知日军第 3 舰队在西北部 200 海里左右，"企业"就迅速起飞 12 架侦察机、29 架各式攻击机前往空袭。然而恰逢日军北上，这组编队虽如"蛮牛"一样主动出击，却并未找到日军，反而在回归时分有 1 架 F4F 撞在飞行甲板上，3 架 SBD、3 架 TBF 迫降海面。

10 月 25 日作战中，南云忠一充分吸取中途岛失利教训，在无法确定敌军方位的情况下，首先不急于参战，反而是朝着背离战场的方向行驶。这种徐退措施即便无法让第 3 舰队免于灾祸，起码也可以让美军来航飞机大体集中在同一个方向，便于应对。

10 月 25 日 18 点，第 3 舰队在瓜岛东北部 500 海里处转向，以 20 节速度南下。虽然这只是南云忠一迂回战术的一个正常转向，却也与 19 点 18 分联合舰队的电报指示不谋而合："陆军拟于今夜 19 时攻入隆加机场，10 月 26 日敌舰很可能出现在瓜岛东南海域，联合舰队于 26 日捕捉歼灭敌舰队。"

第 3 舰队得到命令，便提高航速，铺开作战队形：前卫部队位于第 3 舰队航母前方 60 海里处，呈单横队，间距 20 海里；在日军认为最危险的东南方向，还专门布置了"利根""照月"两艘驱逐舰在 200 英里以外侦察敌情。

另外在 10 月 25 日 21 点，第 2 舰队也在近藤信竹率领下转航南下，航线在第 3 舰队西边 100—120 海里距离。虽然日军布阵拉得很开，也频繁派出水侦巡逻，然而正如中途岛海战一样，没有一艘日本军舰事先发现美国航母。

圣克鲁斯群岛海战日军航母编队作战序列

第3舰队	南云忠一（中将）
第1航空战队	（航母）翔鹤、瑞鹤、瑞凤

第11战队	（战列舰）比叡、雾岛
第7战队	（重巡洋舰）铃谷、熊野
第8战队	（重巡洋舰）利根、筑摩
第10战队	（轻巡洋舰）长良
驱逐舰	（第4驱逐队）岚、舞岚 （第16驱逐队）初风、雪风、天津风、时津风 （第61驱逐队）照月 （第10驱逐队）秋云、风云、卷云、夕云 （第17驱逐队）浦风、矶风、谷风

23 点左右，一架美军侦察机利用月光接近第 3 舰队，并向本部发送无线电，日军旗舰"翔鹤"敌信班也截获了信息流，并向第 3 舰队司令部报告："已经很近了，就在正上方附近，敌机正在发送长文电报。"

日军司令部不禁警惕起来。按照美军习惯，侦察机除非受限于燃料而准备返航，一般不会以长文电报汇报全部情况；返航之前，美军一般也会投掷一枚炸弹作为临别礼物。果不其然，10 月 26 日 0 点 50 分，美军侦察机朝着"翔鹤""瑞鹤"之间扔下 4 枚炸弹，激起巨大水柱。

美军侦察机既已到位，南云忠一自然不敢继续冒进。1 点 25 分，第 3 舰队再度采用迂回策略，全军北上，第 2 舰队也随之跟上。

不等天亮，第 3 舰队前卫部队起飞 7 架水上侦察机、主力航母起飞 13 架九七舰攻前往巡逻。4 点 50 分，"翔鹤"1 架九七舰攻发来消息："发现敌军大部队，航母 1，其他 15"——"大黄蜂"编队正处于日军东南方向 250 海里。

"攻击队起飞！"南云忠一命令道。

5 点 25 分，日军起飞 62 架飞机。

航母"大黄蜂"沉没

其实 10 月 26 日 3 点，"企业"便起飞 16 架 SBD 担任侦察任务，其中两架为一个侦察小组，每组负责 15 度扇面；刚刚飞出 85 海里，南方海面的两名 SBD 飞行员就发现日军部队（前卫部队），还有一架九七舰攻穿云而过；4 点 30 分左右，两架飞机终于发现日军主力部队，旋即发送电报："主力舰 2、巡洋舰 1、驱逐舰 7。南纬 8 度 10 分，东经 163 度 55 分。航向为北，航速为 20 节。"

"瑞凤"厄运却不仅限于飞机。5 点 40 分，美军先前起飞的一组侦察机飞至第 3 舰队正上方，从 4000 米高空向下俯冲。这组飞机一开始想轰炸"翔鹤"，但由于云层影响无法准确识别，反而是向着第 2 舰"瑞凤"轰炸而去，其中一发 227 千克炸弹击中飞行甲板后部、撕开一个直径 15 米的裂口（美军记载为两发全中），搞得这艘轻型航母只得立刻返回特鲁克岛。

就在美军轰炸"瑞凤"之前不久，5 点 30 分，美军"大黄蜂"起飞 29 架飞机出战；6 点，"企业"起飞 19 架飞机。

有趣的是，6 点 30 分左右，日军第一次攻击队与美军"大黄蜂"的 15 架飞机擦肩而过，互相没有注意到对手存在；而 6 点 40 分，却遇到"企业"的 21 架飞机，日军留下"瑞凤"9 架零战与对手抗衡，其余继续前往美军方向。由于寡不敌众，9 架零战虽然击落 3 架 F4F、3 架 TBF，但也只有 4 架成功返航。

圣克鲁斯群岛海战日军攻击队发送次序

攻击队次数	出发时间	零式	九九舰爆	九七舰攻
3 舰队 1 次（村田重治少佐）	5 点 25 分	21	21	20
3 舰队 2 次 1 批（关卫少佐）	6 点 10 分	5	19	
3 舰队 2 次 2 批（今宿滋一郎大尉）	6 点 45 分	4		16
2 舰队 1 次（志贺淑雄）	7 点 14 分	12	17	
2 舰队 2 次（白根斐夫大尉）	11 点 6 分	8		7
3 舰队 3 次（田中一郎）	11 点 15 分	5	2	6
2 舰队 3 次（志贺淑雄）	13 点 33 分	6	4	

6 点 55 分，日本第一次攻击队发现美军，12 架零战开始与 38 架美军护卫 F4F 战斗机搏斗，一番搏斗之后，击落 20 架左右，成功保住制空权。7 点 10 分，日军舰爆机分为两队开始俯冲轰炸，但航母"企业"

正处于风暴之下，难以进攻，日军便集火于"大黄蜂"。

这一次攻击效果显著，3发250千克炸弹与2枚鱼雷命中"大黄蜂"，另外还有1架九九舰爆碰到前侧排气管，一头扎到飞行甲板上面，引爆了自身携带的炸弹。之后，舰攻队也开始进攻，1架飞机从正面将炸弹投掷在"大黄蜂"前侧电梯上，引起巨大火灾。

圣克鲁斯群岛海战美军攻击队发送次序

起飞航母	出发时间	F4F	SBD	TBF
"企业"侦察	3点		16	
"大黄蜂"1次	5点30分	8	15	6
"企业"1次	6点	3	8	8
"大黄蜂"2次	6点15分	7	9	9

美军攻击队也在同一时间发现日军，7点20分，"大黄蜂"第2次攻击队向护卫重巡洋舰"筑摩"；7点27分，"大黄蜂"第1次攻击队11架SBD突破前卫部队阻拦，进入第1航空战队正上方，由于"瑞鹤"处于风暴之中，美军便选择攻击"翔鹤"，4发炸弹命中飞行甲板与机库，同样引发巨大火灾。

火灾一直持续，第3舰队决定让"翔鹤"先撤回特鲁克岛，司令部转移至驱逐舰"岚"。由于担心主力航母再度沉没，南云忠一已经不敢再继续冒险。

中途岛战役时期，"赤城"等4艘沉没航母的消防设备均是"中央消火"，即由数根消防管道贯穿全舰各处，但这种消防系统一旦有一点遭到破坏，整体就会难以使用，这也造成中途岛时期抢救效率较慢。"翔鹤"吸取这一教训，逐步将消防系统改为"个别消火"，使得火灾更能得到控制。最终12点半左右，"翔鹤"基本完成消防工作。

8点，日军第2次攻击队"翔鹤"队24架攻击机到达战场，双双轰炸"企业""大黄蜂"两支编队。"企业"身中8弹，其中1枚炸弹准确落入前部弹药仓，导致舰首浓烟滚滚，不过"企业"更为幸运，不但没有沉没，反而还能继续起降飞机；此外，"大黄蜂"身中1弹，舵机系统受损，开始在海上随波漂流。

南太平洋海战美军航母"企业"受到日军飞机空袭

　　9 点，"瑞鹤"队也姗姗来迟，巡洋舰"波特兰"身中 3 枚鱼雷，驱逐舰"波特"中鱼雷沉没；紧接着 9 点 20 分，第 2 舰队"隼鹰"起飞的协助攻击队抵达战场，虽然仅仅有 1 发近失弹命中航母"企业"，但战列舰"南达科他"与巡洋舰"圣胡安"却各被 1 发炸弹命中，双双离开战场。

　　之后第 2 舰队航母"隼鹰"正式加入战场，他们先收容了 10 架"瑞鹤"飞机，重新搭配以后再度起飞。13 点 10 分，这支攻击队发现重巡洋舰"北安普顿"正在拖拽"大黄蜂"，便送上 1 枚鱼雷。之后，第 2、第 3 舰队又各自发出一波攻击队，又给"大黄蜂"送上鱼雷、炸弹各 1 枚。

　　经历一系列攻击，"大黄蜂"早已无法行动，船体右倾，通信机能全部丧失。随着美军第 61 特混舰队逐步撤退，负责殿后的驱逐舰也开炮射击"大黄蜂"，意图将其"处分"掉。然而"大黄蜂"坚硬无比，300 余发 127 毫米炮弹、3 枚鱼雷倾泻过去也无可奈何，最终两艘美军驱逐舰只好撤退。

　　这就给日军提供了一个绝好机会：如果能把"大黄蜂"拖曳回来，重新修理武装，那无异于给自己增添一份力量，而此长彼消，美国在太平洋的航母战斗力就会进一步下降。17点20分，联合舰队司令部下令："如情况允许，立即捕捉曳航敌空母。"

　　然而战列舰"比叡""雾岛"靠近一看，"大黄蜂"已经向左舷倾斜45度，内部弹药库也已经爆炸，引发的火灾基本无法扑灭，无奈，22点左右，"卷云""秋云"两艘驱逐舰只得各发射一枚鱼雷将其击沉。

　　整理战况发现，美军丢掉航母"大黄蜂"与驱逐舰"波特"，"企业"重创；日军则无舰艇沉没，"翔鹤""瑞凤"需要大修。从这个角度看，日军似乎取得辉煌胜利，然而从飞机损失而言，美军损失72架飞机，日军却损失92架（69架击落，23架迫降水面），这对日军无疑是噩耗。

　　更重要的是，"翔鹤"飞行队长村田重治、关卫，"瑞鹤"飞行队长今宿滋一郎等骨干力量尽数战死。从珍珠港海战以来，日军一直储备了大量优秀的航空作战人才，中途岛海战也没有损失多少，然而这场"南太平洋海战"却将这些精锐的最后一部分耗尽。

　　从战争开始以来，日本海军作战战略每每都有失误，无论中途岛还是所罗门，战略都难说成功。然而正因为有无数优秀飞行员表现优异，日军才能多少减少些战略失误造成的恶果——然而以圣克鲁斯群岛海战为界，日军再难有优秀飞行员可以依仗了。

11 月 2 日，南云忠一卸任第 3 舰队指挥官，改由小泽治三郎中将接任，第 1 航空战队回国休整。由于日军作战守则依旧要求航母编队必须由两艘航母组成，尚能作战的"瑞鹤"也离开瓜岛战场，日、美两军接下来的海战，在某种意义上又重新回到了 20 世纪初叶。

圣克鲁斯群岛海战美军战舰"南达科他"反击日军九九舰爆

　　　　　　　　　　　　　　　　　　　　　太平洋战争全史

无功而返

——堀井富太郎少将之死

最后一场胜仗：约利白瓦战役

欧文斯坦利山脉之战也依然继续进行。

经历过伊苏拉瓦战役（8 月 26—31 日）、坦普尔顿山口战役（9 月 1—6 日）、"任务岭—旅山"战役（9 月 6—9 日），日军几乎已将澳军士气击溃。接下来数日之间，日军继续沿着欧文斯坦利山脉推进，抵达约利白瓦（Ioribaiwa）前沿，只要突破这一关口，莫尔兹比港前方就再也无险可守。

澳军也明白自身处境。9 月 11 日清点人数时，澳军就发现苦战多日的第 2/14、第 2/16①营只剩下两个连兵力，因而调来第 3 步兵营布置在两个连右侧，进而在 9 月 12—13 日调遣第 2/6 营来到左翼加以保护。

后方，澳军第 25 旅（第 2/31、第 2/33 步兵营）在旅长吉尼斯·伊瑟尔（Kenneth Eather）上校率领下从莫尔兹比港起程支援前线，澳军总人数达到 3000 人；相比之下，日军南海支队只有步兵第 144 联队第 2、第 3 大队追击而来，只有不到 2000 人战斗部队，主力部队仍在后方休整。自从欧文斯坦利山脉战役打响以来，澳军终于占据了人数优势。

日军之所以只有两个大队突前进攻，也是考虑到了瓜岛战事不顺利与米龙湾败绩。早在 9 月 8 日第 17 军就命令南海支队"步兵第 41 联队

① 为英联邦军队特殊的编制表示方式，其中的第五为师番号，14、16 均为营番号。也就是表示"第 2 师第 14 营""第 2 师第 16 营"的意思。

集结回科科达附近”，这就妨碍了日军进一步攻势展开。

9月14日，日军步兵第144联队第3大队从正面进攻澳军第2/14、第2/16营阵地，日军炮火猛烈，澳军只得少许后撤。与此同时，步兵第144联队第2大队迂回向西，意在包抄后路，与澳军第2/31营狭路相逢，饱受阻击。从9月15日开始，第3大队分出一部分突击队从东侧继续迂回，但澳军提前预知这一点，迅速派遣第2/33营前往东侧，协助第3营发起阻击。

日军敏锐发现澳军第3营与第2/33营结合部防御空虚，迅速突击进去。然而第3大队人数太少，无法进一步作战，只得夹在两个澳军营之间，战局一时陷入僵局。日军已经将全部预备队都投入使用，如果澳军继续坚守，日军补给可能会遇到巨大问题，战局也可能发生逆转。

但恰在此时，澳军指挥官伊瑟尔上校也已经被日军在结合部突进吓到，只好退却到伊米塔岭（Imita Ridge），第7旅旅长阿瑟·阿伦（Arthur Allen）下令不可再撤，毕竟这里距离莫尔兹比港已经仅剩不到50公里，如要再撤便无险可守。

约利白瓦战役之中，澳军阵亡49人、伤12人，第2/14、第2/16营几乎全灭；日军则阵亡40人、伤120人，日军在兵力占据劣势的情况下打了一场漂亮仗。

不过日军在欧文斯坦利山脉高歌猛进也就到此为止，随着澳军将2门25磅火炮搬到伊米塔岭附近，澳军火炮也终于得以覆盖己方阵地。日军碍于补给线增长也无法再行推进。由于米龙湾战役之后美澳盟军在重要港口布防1.2万人（相当于日军半个师团），此外美军60—80架各式飞机也掌握住新几内亚制空权，日军更加难以攻克莫尔兹比港。

9月16日，在约利白瓦战役结束当天，南海支队长堀井富太郎少将下达命令，要求当地军队在保障阵地安全的同时，在可能的情况下减少一线兵力进行食物运输。也在当天，步兵第41联队主力开始回撤科科达，步兵第144联队第2大队也联合1个山炮中队、1个工兵中队撤回艾佛吉方向，意在理顺回撤路途；9月24日，日军正式开启撤退作战。

由于不适应热带作战，日军士兵有不少人患上疟疾无法行动，药品补给也因为制空权握于盟军手中而难以为继,只在 9 月 23 日(海军飞机空投)、10 月 4 日(陆军运输船)得到过两次补给,撤军速度极为缓慢。不过由于麦克阿瑟上将也在大量更换盟军将领,澳军追击速度也延缓下来,日军才得以从容回归科科达,再图良策。

"公鸭行动":古迪纳夫岛登陆作战

不过在第 2 师团反攻之前,日军新几内亚战线米龙湾方向却又受到澳军强势反扑。

米龙湾以北有一片当特雷卡思特(D'Entrecasteaux Islands)群岛,其中最北部的岛屿叫作古迪纳夫岛(Goodenough Island),距离米龙湾105 公里、距离莫尔兹比港 298 公里。早在 1942 年 8 月 7 日,澳大利亚皇家空军第 76 飞行队 5 架 P-40 飞机就降落在古迪纳夫岛,美国陆军航空兵地勤部队也前来协助。

看到古迪纳夫岛俨然成为盟军保护米龙湾的重要据点,日本海军在8 月 24 日派遣佐世保第 5 特别陆战队(佐 5 特)353 人乘坐 7 艘登陆艇登陆岛屿,不过由于澳军占据制空权,全部 7 艘登陆艇全部遭到摧毁,陆战队员落入海中,各自逃生,大部分人游到古迪纳夫岛,美澳盟军则迅速撤退。

9 月 10 日晚上,日军派遣驱逐舰"弥生""矶风"来到古迪纳夫岛营救陆战队员,不过却遭到美军第 44 特混舰队 4 艘驱逐舰袭击,"弥生"遭到重击而沉,"矶风"逃出升天;9 月 22 日,驱逐舰"矶风""望月"再度秘密潜入古迪纳夫岛附近,不过最终只找到了 10 名陆战队员。

10 月 3 日,日本潜艇"伊 -1"来到古迪纳夫岛,卸下补给之后营救了 71 名伤员离开,并大体确认岛上还有 285 名日本陆战队员,大体分布在岛屿东北部平原地区;10 月 13 日,"伊 -1"再度来到岛上卸下补给并营救伤员。

10 月 15 日,岛上士兵得到拉包尔港方面传来的消息:美澳联军很可能在近期进攻古迪纳夫岛——的确,早在 10 月 1 日,麦克阿瑟就发布命令,要求占领古迪纳夫岛,驱逐日军部队。

按照麦克阿瑟要求,澳军制订"公鸭"行动计划,派遣阿瑟·阿诺德(Arthur Arnold)中校率领第 18 旅第 2/12 营(兵源地:昆士兰州、塔斯马尼亚岛）520 人前往古迪纳夫岛执行夺回任务。10 月 22 日 22 点与 10 月 23 日凌晨 2 点半，澳军士兵乘坐驱逐舰"斯图亚特"（HMAS Stuart，D00）、"阿伦塔"（HMAS Arunta，I30）分别从岛屿东南部的泥湾（Mud Bay）、西南部的塔雷巴湾（Taleba Bay）登陆，每人仅携带 3 天口粮开始作战。

登陆之后，澳军西南部队大举突击，很快在 5 点前后拔掉了日军一个重机枪阵地，不过 8 点左右却遭遇日军反击而被迫后撤；另一方面，东南部队受到大雨影响而行进缓慢，直到 7 点半才在古纳瓦拉河（Gunawala Creek）附近的吉利亚（Kilia）遇到第一波日军。

由于澳军从南向北行军，日军便借助有利地形，在河流北岸山丘上设下埋伏。但在澳军渡河之前并不发起攻击，直到渡河过半，日军才从山丘大放火力，澳军队形混乱不堪，阿诺德只能下令全军撤退。鉴于分兵行动不成，澳军只好要求西南部队原路返回，并在 10 月 24 日凌晨乘坐"斯图亚特"重新在"泥湾"登陆。

合兵之后澳军确实增强不少力量，从 10 月 25 日 8 点 10 分开始，阿诺德统合所有部队再度进攻吉利亚。但战事正在胶着，日军飞机却突然袭扰澳军后方，虽然登陆艇仍然健在，但登陆点澳军却遭遇不同程度的伤亡。

眼见后路被抄，阿诺德明白事不宜迟，立即派遣 1 连进入密林迂回包抄，不过同样由于地形不熟，澳军也迷失在丛林之中难寻方向，阿诺德不敢继续前进，只得僵持原地。

不过还不等阿诺德攻击过来，弹尽粮绝的日军也开始后撤，他们乘坐两艘登陆船趁夜逃到了东边一水之隔的弗格森岛（Fergusson Island），不仅如此，日本海军第 8 舰队还派遣轻巡洋舰"天龙"，将 261 名陆战队员营救上船，回归拉包尔港。阿诺德不费吹灰之力就得到了古迪纳夫岛。"公鸭"行动之中，澳军阵亡 13 人、伤 19 人，日军阵亡 20 人、伤 15 人。

古迪纳夫岛夺回之后，美澳联军进一步扩充航空基地设备，一条宽 30 米、长 1200 米的轰炸机跑道随即修成。日后日军将会从这里受到更多打击。

新几内亚节节败退

10 月 1 日，麦克阿瑟上将发布新命令，要求新几内亚盟军通过科科达路（Kokoda Track）、扎乌雷道路（Jaure Track）越过欧文斯坦利山脉，夹击布纳登陆点。

随着日本陆军南海支队逐步撤退，澳军也在调整之后收复失地。9 月 28 日，澳军收复日军主动放弃的约利白瓦（Ioribaiwa），紧接着 10 月 10 日收复米约拉（Myola），将战线重新推到了坦普尔顿山口（Templeton's Crossing）。

布阵方面，澳军由阿瑟·艾伦少将率领第 25 旅（第 2/25、第 2/33）与第 3 营，共 1882 人；相比之下，日军南海支队步兵第 41 联队全员回到了科科达（Kokoda），只有步兵第 144 联队 889 人驻守坦普尔顿山口。就兵力本身而言，如今的日、澳两军比起 1 个月前那场战役可以说是调换了位置，日军处于绝对下风。

10 月 17 日，澳军第 16 旅抵达前线支援第 25 旅，日军旋即将主力部队撤到艾奥拉河（Eora Creek）西岸，并用火炮轰击澳军阵地。不过好景不长，澳军第 2/2 步兵营在 10 月 20 日发起总攻，逼迫日军在 10 月 24 日选择继续后撤，并调来步兵第 41 联队部分兵力前来支援；10 月 27 日，第 2/3 步兵营作为生力军继续突击，日军只好全面放弃坦普尔顿山口。

澳军经历了第一次对日军全胜之后，士气大振，不过从某种程度上说，这种败退也在日军意料之中。毕竟缺少补给支援，第 17 军又将目光投向瓜岛，南海支队能做到这一点已经难能可贵。

事实上进入 10 月以后，新几内亚岛也开始了漫长的梅雨季节，科科达路（Kokoda Track）也从"干巴巴"变得"湿漉漉"，自然条件较之日本军队更让人难以忍受。部队行军最基本的补给是军靴，然而由于梅雨不断，大量士兵的军靴最多只能撑一个星期。更重要的是由于蚊虫叮咬，不少士兵已经患上疟疾，在如此潮湿的环境下行军更让澳军痛苦不堪。

可能正因为行军极为痛苦，澳军甚至都搞起了恶趣味。据说在艾佛吉（Efoji）附近的一段山路之上，有一具日军遗留的尸体躺在一副担架上，由于潮湿天气，尸体早已腐烂，一只手甚至化为白骨。而每当有澳军经过这段路，都会下意识地握一下这只白骨爪，还会说一句"兄弟你运气真好！"——似乎在这种逆境之中，提前死去已经成了一种幸运。

10月30日，澳军终于跨越科科达路最为崎岖的一段，经历短暂战斗之后占领了阿罗拉（Alola），日军斯坦利支队在短暂的抗议以后退却；11月2日，第2/31营侦察兵进入科科达，却发现日军早已离开这个据点，撤退到了科科达路之外的奥伊维（Oivi）。

11月4日，澳军第16、第25旅越过科科达，逼近奥伊维，总兵力3700人左右，不过缺少火炮支持；日军则在奥伊维聚集了步兵第41、第144联队可战之兵，总兵力2800人左右。在15门山炮与30挺重机枪助阵下，日军决定好好阻碍一下澳军脚步。

澳军模仿日军战术，先是派遣第2/2、第2/3营在正面拖住奥伊维的日军，又派遣第2/1营与第25旅部队从侧面越过奥伊维，11月6日出发进攻后方日军据点格拉里（Gorari）。11月8日，日军第144联队第2、第3大队南进阻击，同时奥伊维日军主力遭到美国飞机轰炸，只得撤回格拉里。

11月9日，澳军留下第2/25、第2/31营缠斗日军第2、第3大队，让第2/1、第2/33营从东西两侧切断日军退路，由于南、北两侧都是山，日军几乎走到了绝境。11月11日凌晨，堀井富太郎少将亲自率领突击队突围，命令全体撤军，日军只得越过库姆西河（Kumusi River）溃退向布纳登陆点。

11月13日，澳军占领外罗比（Wairopi），缴获了日军来不及撤走的火炮辎重。也随着日军全线撤退，欧文斯坦利山脉作战宣告失败，日军南海支队从7月开始的全部努力付诸东流，还顺便帮助美澳盟军加固了新几内亚防务。战役结束后，日军阵亡430人、伤400余人，澳军阵亡121人、伤225人。

但日军损失不仅如此，11月19日，在撤退过程之中，南海支队指挥部沿库姆西河来到海边，进而乘坐小船前往布纳登陆地。这时突然一阵疾风吹来，指挥官堀井富太郎少将也折入大海之中身亡。死前他向身边警卫提到："告诉其他人堀井死在这里了，天皇陛下万岁。"随着堀井富太郎去世，日军进一步混乱，11月20日前后，澳军逼近布纳登陆地。

　　与此同时，美军其他部队也在稳步推进之中。从 10 月初开始，美国陆军第 32 师各部队先后登陆莫尔兹比港：第 126 步兵团第 2 营沿着陆路向东南进发，从欧文斯坦利山脉南侧的罗鲁尼（Loruni）穿越山口，进而在 10 月 20 日抵达穆加尼河（Mugani Creek）畔的扎乌雷（Jaure）；10 月 14—18 日，第 128 步兵团从莫尔兹比港空降新几内亚岛东北沿岸的瓦尼格拉（Wanigela），进而从陆海分兵两路于 10 月 18—26 日陆续抵达彭加尼（Pongani），11 月 15 日抵达布纳登陆点附近的奥罗湾（Oro Bay）；11 月初，第 126 步兵团 1、3 营各自通过空降来到前线，11 月 15 日两营与 2 营会师于海岸边丘陵地带的波夫（Bofu），准备与第 128 步兵团一起北上突袭日军。

　　到 11 月 20 日，日军已经彻底被美、澳盟军包围，布纳登陆地即将开启决战模式。

第三章　长期作战

走向极端

——日本宏观战局研判与战略调整

"鬼畜米英"：美国反攻的预测

瓜岛与新几内亚岛惨败来得太快，日本高层不得不坐下来思考一下。

1942 年 3 月 7 日，日本大本营与政府曾就世界形势进行判断，认为美军反攻最早会在 1943 年下半年到来。但随着日本在 6 月 5 日中途岛惨败，"珍珠港战果转瞬之间化为乌有"，紧接着日军被迫取消 FS 作战，同时又与美军鏖战瓜岛。

实际上就在一木支队全灭之后，9 月 10 日，大本营政府联络恳谈会就要求高层尽快修改世界形势判断。但 9 月 22 日，参谋次长（陆军）田边盛武（たなべ・もりたけ）中将指示第 15 课长甲谷悦雄（かぶとや・えつお）中佐："目前修改形势判断还稍早，等到 10 月中旬怎么也能有点变化，战争指导方案还是按照 3 月 7 日来执行。"

但 3 月 7 日方案毕竟是一份折中产物，陆军明显不愿意在太平洋战场闹得过大，而海军生怕在太平洋战场闹得不够大，陆军为了维护军部统一便不得不迁就海军；10 月 26 日，第 2 师团攻击失败，大本营陆军部第 1 部（作战部）部长田中新一少将与第 2 课（作战课）课长服部卓四郎中佐焦急于挽回西南太平洋颓势，又将战争指导方针的修改工作往后推了一下，终于在 11 月 3 日，大本营才开始修改 3 月 7 日战争形势判断。

巧合的是，也就在 11 月 3 日，北非战场英军在蒙哥马利上将率领下，终于在阿拉曼突破了德国北非军团隆美尔元帅的防线，一举挽回之前半年多英军的颓势。由于英军战绩辉煌，德国北非军团根本无法短期之内突破埃及，也更不可能从中东地区北上支援斯大林格勒方向了。

随着情况变化，日军在这一次修改条目之时，第一项就修改了"针对美英反攻的预测"，提出"美英对日反攻已经开始，今后将逐渐激化，自昭和十八年（1943）下半年以后将逐渐达到高潮"。考虑到日后美军从1943年3月开始与日军激战于俾斯麦海、11月发动吉尔伯特群岛战役正式进入反攻阶段，日军这一份预测也基本算是准确。

针对西亚与北非战场，日本提到美、英必将努力增兵，并压制反英运动，事实上就在稍后不久的11月8日，英、美军实施"火炬计划"，13个师兵力分别从卡萨布兰卡、阿尔及尔等地实施登陆，与蒙哥马利部队对北非德军形成战略夹击；11月13日，英国第8集团军坦克部队收复托布鲁克，从开战以来，盟军第一次在太平洋、北非两大战场上成功反击。

11月17日，罗斯福总统在纽约进行演说，提到"过去两周之内捷报频传，这场战争的转折点终于到来了"；11月19日，苏军终于在斯大林格勒展开反击，欧、亚两个战场上，同盟国都在向着胜利进发。

针对美国如何空袭日本，鉴于4月18日杜立特空袭给日本高层造成恐慌，这次会议也修改了相关条文：针对可能空袭地区，除去日本本土以外，日本已经占领的巨港油田等重要地区也有可能从1943年开始受到大规模空袭；针对空袭飞机可能来自的方向，日本认为目前还只可能从中国大陆与太平洋航空母舰起飞，但随着飞机性能进步，"以阿留申、中途岛为基地直接空袭日本本土也必将实现"。

虽然直到第二次世界大战结束，世界上也没有一架轰炸机的续航能力能从中途岛往返日本本土，但随着作战续航距离达到5230公里的B-29"超级堡垒"轰炸机走向完成，美军便可以在距离日本本土相对较远的地区发动战略空袭，这也就为1944年美军发动"蛙跳"作战、直接进攻马里亚纳群岛，并以塞班岛为中心发动对日空袭打下技术基础。

针对欧洲战场，日本提出美、英很可能在欧洲组成援苏第二战线，只是目前看来实现可能性极小，事实上诺曼底登陆计划也拖到了1944年。某种意义上说，日本人并非其他人所想那样缺乏战略头脑，他们对盟军的总体战略规划事实上有一定认识。

11月7日，日本大本营会议发布修改版《世界形势判断》，针对美军未来作战能力做出预测，认为"美国进行战争的能力，至少今后两三年内由于军备和军事生产能力的飞跃提高，将日益增强。随着向战时体制的转变，必将在经济和社会上产生种种问题，但从目前情况来看，很难认为这会给美国战争能力带来重大影响"。

经过近一年战争，日本终于承认"昭和18年（1943）后期以后随着时日渐长，敌我物资国力相差将出现巨大悬殊"，日本陆军最终依然提出"帝国应在这一两年内排除万难，确立自强不败的正略战略态势"，"应付今后相继到来的美英对日反攻，随时随地消灭敌人战斗力，终将能够迫使美、英丧失作战意志，完全达到我方战争目的。"

针对这份形势判断，田中新一好好揶揄了一番："战争指导根本理念上与3月7日战争指导大纲没什么太大差别"。的确，从结论来看，日本人似乎还贯彻着轻蔑"鬼畜米英"的态度，毕竟日本陆军本来就倾向于过高评价自身与德国陆军实力，海军每次又都倾向于高估自身战果，得出这种自大结论似乎并不难理解。

但同样参与会议的甲谷悦雄却认为，"第一次（3月7日）形势判断大纲是主动攻击，这次却一下子转向被动防御"。的确，抛去军国主义式的政治正确语言，不难发现日本高层已经明显意识到日美国力差距，也开始明白时局继续下去于己不利。面对美军"随时随处"可能到来的反攻，日本陆军在瓜岛采取"孤注一掷"策略：打一下试试看，如果可以就继续，不行就撤军。

同样在11月7日《世界形势判断》里，日本大本营也针对重庆政府提出了如下预测：

"重庆政府的抗战能力虽将逐渐减弱，但由于相信美英能够取得最后胜利，仍然不会放弃继续抗战的意志；重庆政府今后将日益加强与苏联合作，努力恢复来自美、英的物资援助，同时力求促进加强英、美对日的航空作战。"

这段评述，也象征着日本高层对于重庆政府的态度逐步有所变化。

对华政略：汪精卫政府参战

1940年11月13日，日本御前会议发布《中国事变处理纲要》，将对华战略从"短期作战、消灭蒋政府"转变为"长期作战、劝降重庆"。在当时对华作战方针中，日本虽然扶持汪精卫成立伪政权，但对重庆政府一直采取暧昧态度。

这种暧昧态度虽然历经 1941 年 12 月 24 日、1942 年 3 月 7 日两次大本营政府联络会议沿袭下来，但在瓜岛战事接连失败之后，日军预料到美军在南太平洋开始反攻，不得不考虑迅速结束中国战事，以便将陆军长年投入在中国战场的 60 万精锐部队解放出来，投入对美作战之中。

既然兵力不够用，日军自然要想办法动员一切可动力量。事实上早在 1942 年 7 月，汪精卫政权"要员"周佛海就来到日本请战，9 月汪精卫又通过日本访问南京的平沼骐一郎等三位特派大使，传达了参战想法。如果真能"以华制华"，将汪精卫政权活用于后方扫荡与占领区统治，对日本而言无疑是一个利好消息。

面对汪精卫这一请求，10 月 29 日大本营政府联络会议着手审议。会议上除去永野修身大将提出了一些质疑之外，其他人大体都支持汪伪政府参战，最终形成决议："帝国容许（中国）国民政府的参战希望，应让国民政府尽快对美、英宣战，以资促进中国方面对日合作，完成大东亚战争。"

其实在日本高层眼里，汪精卫伪政府旗下军队无论数量还是素质都无法入眼，正如东条英机在会议上所说："国民政府（汪政府）即使参战，也不可能在实力上有助于帝国，反而会成为负担"，"说穿了，（汪）不见得不想在战后分一杯羹"。

话说到这个程度，足见日本高层对汪精卫伪政权军事实力有着足够认识，但东条英机随即话锋一转，提到"我认为只要是为了胜利而参战就好"，"出于统一国民思想的效果，还是同意（汪）参战为好"。

对于战争而言，汪精卫伪政府是否参战几乎没有任何意义，毕竟汪伪政府所"统治"地区事实上已经是日本军队占领区，是否参战都不阻碍盟军早晚要收复这一块土地。但从政治上来讲，局面就不那么简单了，因为汪精卫伪政府是东条英机"大东亚共荣圈"构想的一颗重要棋子。

"大东亚共荣圈"无疑是一句臭名昭著的殖民口号，但对于第二次世界大战时期的日本，这句口号事实上还有另一层用意：拉拢被欧美国家殖民的民族加入日本一方。

孙中山（前右一）与"亚细亚主义者"宫崎滔天（后左二）

头山满（左一）与蒋介石（右一）

从明治时代开始，日本就一直流行"亚细亚主义"，最初设想是追求中国、日本、朝鲜（韩国）三个东亚国家结成互助同盟，共同对抗欧美白人的殖民侵略，支持亚洲各国近代化与独立运动，孙中山的革命党也曾接受日本亚细亚主义者的支持，蒋介石更在1929年拜会过蜕变为右翼头子的"亚细亚主义者"头山满。但随着在日俄战争（1904—1905年）之中获胜，日本也不再满足于结盟，更要成为东亚盟主乃至霸主，"亚细亚主义"便出现变质，从一个以"帮助"为主的思想变成侵略思想，乃至形成"大东亚共荣圈"。

虽然现代人已经明白了"大东亚共荣圈"的虚伪本质，但对于生活在东南亚、南亚等殖民地的人来说，"大东亚共荣圈"的原型"亚细亚主义"仍有很大吸引力，乃至于在荷属东印度、缅甸、泰国、印度等地出现了大量亲日势力。客观上说，也正是因为日军侵略东南亚、南亚各国，任用当地人治理当地事务，促进欧美列强的殖民地统治体系走向瓦解，间接导致第二次世界大战之后亚洲各殖民地纷纷独立，这也成为日本右翼如今吹捧侵略战争的理论基础。

既然要宣传"大东亚共荣圈"，那么就一定要有标杆国家。在当时军国主义语言体系中，中国"合法政府"是汪精卫伪政府，如果能促进汪伪政府对盟军宣战，那么"中国"就能"名正言顺"

太平洋战争全史

地纳入"大东亚共荣圈"体系之中，日本就可以向自己国民与其他亚洲盟友宣传加入同盟国的重庆政府是"伪政府"，更有助于团结自己想团结的人。

1942 年 11 月 27 日，联络会议就参战时间发布决议"明年 1 月中旬以后，尽快抓住适当机会让国民政府参战"；12 月 10 日，日本陆军碍于国力问题正式取消了对重庆作战的"五号作战"；12 月 18 日，日本大本营政府联络会议继续商讨汪伪政府宣战的具体策略问题；12 月 21 日，御前会议召开，东条英机向昭和天皇上奏《为完成大东亚战争所需要的对华处理根本方针》，提出"根据日华合作的根本精神，专注于加强国民政府（汪政府）的政治力量，设法消除重庆抗日的根据与名义，与革新中国真正同心协力，为完成战争而迈进"。

既然是要求汪伪政府帮忙宣战，日本当然不可能再与重庆政府保持暧昧关系，在方针之中，日本明确表示"帝国不以重庆为对象进行任何劝和工作"，"在前线阻止军需物资流入敌方的同时，极力获得敌方物资"。

就在御前会议召开的前一天，12 月 20 日，汪精卫率领 5 名汪伪政府成员来到东京，并在 12 月 21 日下午与日本政府官员商讨相关情况；12 月 22 日上午，汪精卫进入皇居谒见天皇；回国之后的 1943 年 1 月 9 日，汪伪政府正式对英、美两国宣战，并与日本签署协议撤销全部租界。不久之后，意大利、维希法国等轴心国政权也相继废除在华租界，日本也大肆宣传中国"获得了真正的独立"。

既然中国这种近代以来积贫积弱的国家也能在日本"帮助"下获得"独立"，那么其他殖民地国家也自然可以——日本把宣传对象放在了"自由印度"身上。

煽风点火：日本怂恿印度战时独立的努力和结果

日本希望印度"崛起"已经不算什么新闻。

早在 1942 年 2 月 16 日，日本第 15 军刚刚攻占新加坡之后第二天，首相东条英机就在贵众两院会议上提出印度问题："印度拥有数千年历史与光辉文化，值此绝好时机，应挣脱英国暴虐统治而参加大东亚共荣圈。帝国希望印度能恢复其本来地位，成为印度人之印度，对其爱国努力将不惜援助"。

东条英机之所以在这一时期祭出"印度独立论",不仅是看到日本在东南亚战场节节胜利,也是因为当时印度独立运动如火如荼。更重要的是,随着马来亚半岛陷落,驻扎当地的 4.5 万名英印军队成为俘虏,日本陆军在印度设立的 F 机关也已经策动印度将领莫汉·辛格将军,准备成立印度国民军(Indian National Army,INA)以瓦解印度抵抗(1942 年 4 月正式成立)。

1939 年 9 月 3 日第二次世界大战全面爆发,英印总督第二代林利思戈侯爵(the Marquess of Linlithgow)约翰·霍普(John Hope)单方面宣布英属印度加入同盟国,引得印度独立运动人士出现反抗之声。9 月 14 日,印度国民大会党(国大党)工作委员会发表独立声明,一方面谴责德国侵略,另一方面也提出:如果英国为了维护民主与独立,那么必须结束对印度的殖民统治。

英国政府为了赢得印度支持,随即重申第一次世界大战时许诺的印度自治领地位,进而表示愿意继续扩大印度自治权力,但在 1939 年 10 月 23 日,国大党声明拒绝英国提议。1940 年 8 月,林利思戈侯爵向印度国大党及全印度穆斯林联盟提出"八月建议",提出扩大总督行政会议的印度人名额、任命各政治党派代表组成战时咨询委员会、战后再建立新宪法,但遭到拒绝,英印政府旋

莫汉·辛格(右)

太平洋战争全史

即逮捕国大党主要领导人。

随着太平洋局势逐步走向战争，美国在 1941 年 8 月与英国签订《大西洋宪章》，第三条之中提出"尊重所有民族选择其愿意生活于其下的政府形式之权利，希望看到曾经被武力剥夺主权及自治权的民族重新获得主权与自治权"。虽然英美盟国是针对纳粹德国提出这一主张，但东南亚殖民地政府随即看到独立曙光。

由于争议颇多，丘吉尔在 9 月 4 日与 9 日两度发布解释，提出《大西洋宪章》不适用于英帝国内部事务。应该说，英国一方面希望以"民族自决"来鼓动纳粹德国内部骚动，却没想到同样的理念也可以用来鼓动英国内部问题。11 月 18 日，印度立法会议投票表决，建议印度总督林利思戈侯爵向英国政府转达不满。

随着 1941 年 12 月太平洋战争全面爆发，印度局势也引发美国关注。1942 年 2 月 22 日，就在东条英机发表"印度独立论"之后不久，罗斯福在华盛顿诞辰纪念日发表演讲，提出"印度人不愿意为延长英国统治而战，唯一让印度人投入战争的方式就是让印度人为自己而战"。

日本提出"让印度成为印度人的印度"，美国提出"让印度人为自己而战"，两位对手对待印度的态度倒是出人意料地相似，虽然前者打出"大东亚圣战"名义，后者扯出"民族自决"大旗，但两方最终目的都是让印度为己所用。

在美国施压之下，丘吉尔在 3 月 5 日派出掌玺大臣斯坦福德·克里普斯（Stanford Cripps）前往印度谈判，3 月 22 日抵达后，克里普斯提出愿意建立印度联邦，给予自治领地位并建立宪法，不愿加入宪法的省与土邦可以选择自行制定宪法，只是大部分许诺都需要等到英国打赢第二次世界大战以后才能实现。

针对这一提议，印度政界意见分为三派，以圣雄甘地为主的和平派不愿意打破"非暴力"口号，也不希望加入战争；贾瓦哈拉尔·尼赫鲁（Jawaharlal Nehru）却选择与克里普斯继续谈判；另外穆斯林领袖穆罕默德·真纳（Muhammad Ali Jinnah）虽然愿意支持英国，但并不愿意立即获得自治权，因为一旦英属印度建立了统一自治政府，拥有人数优势的印度教、锡克教徒无疑将会压倒穆斯林，组建独立巴基斯坦的理想也会更加艰难。

但在谈判过程中，克里普斯并没有充分认识到印度宗教对立，致力于让尼赫鲁、真纳两人达成妥协，允许英国继续保留兵力，这自然让印度各界认为克里普斯缺乏真诚。加之英印总督林利思戈侯爵认为克里普斯到来会给他本人的统治带来麻烦，因而暗中阻挠，整个谈判非常不顺。4月2日，印度国大党拒绝英国提案；4月10日，英印会议以失败告终，11日国大党与穆斯林联盟联名拒绝英国方案。

4月6日，在日军怒涛般进攻缅甸及安达曼群岛过程中，东条英机继续向印度喊话："当印度的英国势力即将遭到摧毁，我再度希望印度领导人乃至印度4亿民众……为粉碎英国多年统治，真正实现印度人的印度而奋勇前进。"

或许也是受到了东条英机影响，也或许是英国统治者实在难以让人信服，甘地发表文章，提出"印度与英国真正的安全，就在于英国按时有序撤离印度"，继而喊出著名口号"让英国撤出印度，把印度留给上帝"。

为了进一步争取印度，日本在4月11日大本营内阁联络会议上提出联合德国、意大利法西斯政府发表一份针对印度与阿拉伯国家的联合声明，并提出"克里普斯计划让危机进一步增大。如今印度与阿拉伯是要成为英帝国'走狗'，为走向灭亡的英帝国效劳到底，还是起而将宿敌英帝国主义赶出印度……实在是印度与阿拉伯民众必须做出决断之机。英帝国是日德意共同敌人，三国将坚决为打倒英帝国主义而奋勇前进"。

5月3日，日本驻德大使大岛浩与德国外交部长冯·里宾特洛甫举行会谈，但德国方面并不热心，毕竟以纳粹德国语言体系容纳日本本就已是难事，如果

圣雄甘地

穆罕默德·真纳

太平洋战争全史

要再容纳印度仍需要多费时日，里宾特洛甫只好选择延期处理。日方见德国没有兴趣，便只得继续自身行动。

随着英印谈判破裂，6 月 10 日，信德省（Sindh）发生穆斯林反英暴动；6 月 15 日，印度独立大会在日军占领下的泰国曼谷召开，宣布"印度人一体且不可分"，并"执行国大党精神"；7 月 12 日，印度国大党工作委员会忽略尼赫鲁等人反对，决定发起"退出印度"（Quit India）行动；7 月 30 日，英国印度事务大臣艾默里表示不接受"退出印度"行动，并威胁逮捕国大党领袖；8 月 7 日，印度国大党全印委员会通过"退出印度"决议，紧接着全印度穆斯林联盟、印度教大斋会（Hindu Mahasabha）、印度共产党等各大政治派别与部分土邦宣布支持。

8 月 8 日晚上，圣雄甘地在孟买（Bombay）发表"行动，否则死亡"（Do or Die）演讲，号召全体印度人发动非暴力抗争。不过英印政府旋即逮捕甘地与其他国大党领导人，继而引发孟买、阿拉哈巴德等城市发生暴乱。从 8 月 9 日到 9 月 21 日，参与"退出印度"行动的人群袭击了 550 多所邮局、250 座火车站，毁掉了 70 多所警察局、85 家各级政府机构，2500 多条通信线遭到剪断，逼迫英印政府派遣 57 个英国

"退出印度"行动

营兵力前往各大城市镇压；也是从 8 月 9 日到 1942 年底，超过 1000 名印度行动者被杀，3200 多人受伤，超过 10 万人遭到逮捕。

由于"退出印度"行动影响剧烈，英印政府不得不囚禁圣雄甘地、尼赫鲁等政治人物，使得印度国内独立运动人士彻底失去了主心骨。美国颇为担心，罗斯福在 10 月 27 日宣布《大西洋宪章》适用于全球，并派遣外交官菲尔普斯前往印度斡旋；日本自然也不落人后，旋即祭出博哈利·鲍斯（Rash Behari Bose）成立了"印度独立联盟"（Indian Independence League）。

博哈利·鲍斯出身孟加拉地区，后来加入国大党，因 1912 年 12 月 12 日主谋刺杀英印总督未遂而被迫逃出印度。随后鲍斯在日本右翼分子头山满安排下旅居东京，甚至与日本女子结婚生子，过着惬意生活。不过，随着太平洋战火燃起，日本也不愿放弃印度国内动乱之机，一方面安排印度部队俘虏组建新军，另一方面也联系博哈利·鲍斯、艾亚攀－皮丽莱·奈尔（Aiyappan-Pillai Madhavan Nair）等独立运动流亡者组建政府，准备抢夺印度独立话语权。到 9 月 1 日，印度国民军超过 4 万人，其中甘地、尼赫鲁等印度国大党领导人名字甚至用来为联队冠名。

但日本算盘也不完全如意。指挥官莫汉·辛格有着亲英倾向，虽然 6 月 15 日曼谷会议明确提出印度国民军要隶属印度独立联盟管辖，但辛格这位前英印军人很难真正听从英印政府的颠覆者——博哈利·鲍斯等人管辖，印度国民军逐渐成为辛格"私兵"。但由于辛格本人之前也只是一名陆军上尉，缺乏大兵团管理经验，大规模的印度国民军训练难以开展，部分军官更是大多在训练情报人员的陆军中野学校加以训练，难以在短时间内形成一股作战力量。

到 1942 年底，由于日军拒绝将一处印度军队设施转交给印度独立联盟，印度国民军在 11 月拒绝派遣军队前往缅甸，虽然博哈利·鲍斯试图平息事态，并让日军改变思路，改派 900 名印度军人前往缅甸，但依旧遭到拒绝，最终莫汉·辛格遭到逮捕并流放到新加坡乌敏岛，印度国民军只得停摆——这也是所谓"第一次印度国民军"。

印度国民军之所以未能按照日本要求迅速形成有生力量，一方面有选才任能方面的困境，但另一方面也是因为莫汉·辛格等旧英印军人能够认识到日本的扩张野心。更重要的是，日本与宣传种族主义的纳粹德国站在一起，也就不免让印度怀疑日本是真心支持自身独立，还是要利用印度独立运动代替英国而成为另一个宗主国。

同床异梦：日、德战时互动

其实就在 1942 年 11 月 7 日战争指导方针决策之中，日本针对"德国的战争指导"也有一番修改，其中提出"德国对苏联的态度将从以往打歼灭战的指导思想之中摆脱出来，转向基本以目前态势为基础的持久战。"

第二次世界大战是一场正义与邪恶之争，在正邪争斗过程中，两大阵营内部也会存在互为掣肘的情况，比如在同盟国内，美国就一直批判英国对待印度的殖民主义态度；而在轴心国内，德国与日本也在 1942 年出现了摩擦。

从理论上讲，日本与德国都需要反击英、美，这是双方结盟的基础，但在另一个方向上，苏联并不是日本与德国的共同敌人。虽然苏、德双方在 1941 年开战，但日本与苏联却旋即签订了《苏日中立条约》。究其原因，用服部卓四郎的评述最为精练："德国开辟两个正面战场，（希望日本牵制苏联）理所当然，但日本正在将主要军事力量投入对美、英战争，希望尽量避免刺激苏联也是理所当然。"

所以对于日本而言，最好的方法就是苏德媾和。虽然日本在 1942 年 3 月 7 日《世界形势判断》里提出"现在形势下不斡旋苏德媾和"，4 月 8 日日本驻德大使大岛浩在会见希特勒以后明确提出"德、苏不可能单独媾和"，但日本还是有人提出反对意见。

1942 年 5 月 1 日，原驻苏联武官山冈道武陆军大佐回到东京，旋即向大本营提交报告："要么通过苏、德媾和将苏联拉入轴心国阵营，要么通过日、德、苏战争彻底摧毁苏联，二者必选其一，否则苏联对日本将是战争最大也是最后的致命之症"。这句话极为精确，苏联在 1945 年 8 月 9 日参战，让梦想着由苏联帮助日本抗击美军的日本政客彻底失去信心，最终无条件投降。

由于这份报告，日本陆军实际上连日讨论过如何斡旋德、苏媾和问题，但由于 6 月中途岛战役失败，瓜岛战役随即打响，日军只好放弃对苏媾和，这也推动"二选一"的日本走向另一种可能性：对苏开战。恰

好在 7 月 20 日，大岛浩继续发来电报，德国外长冯·里宾特洛甫正式提出希望日本尽早对苏开战。

7 月 25 日，日本大本营政府联络会议提出《答复德国之根本态度》政府案，明确提出"帝国对北方问题坚持既定方针，一面做完全准备，一面尽量避免对苏战争"。紧接着发布回电："目前德苏战场上，德军取得惊人战果，为帝国不胜庆贺……但帝国在目前形势下，对苏联采取积极方针势将使得帝国力量过度分散。"很明显，前有 1939 年诺门罕战役这个惨痛教训，日本这个"帝国"确实不愿意也难以再承受新的压力。

既然不能对苏开战，日本就只能再度回到苏德媾和之路。不过由于距离太远，日、德之间在开战后从未实现飞机直飞，自然不可能像英、美两国一样随时可以交流意见。

8 月 10 日，日本驻德大使与三国同盟军事委员分别发来电报，其中大岛浩电文是"里宾特洛甫提到：德意未来将占领整个高加索地区"，但陆军武官坂西一良少将、海军武官野村直邦中将电文却是"约德尔提到：德军只占领北高加索地区"，紧接着，8 月 13 日，坂西一良、野村直邦发来情报"德方提出要设置独立于德国驻日大使馆以外的德军武官府"。

里宾特洛甫代表德国外交部，约德尔代表德国统帅部，很明显这两股势力之间也存在一定的信息交换不畅现象。当然，德国方面之所以出现情报误判，主要是斯大林格勒战役过于复杂所致，德军在 6 月 28 日发起战役之后，迅速扫平了伏尔加河与顿河之间的平原地区，德军统帅部也撤走了霍特第 4 装甲集团军转向北部，这就让德国外交部认为斯大林格勒已是囊中之物；但随着 7 月中旬斯大林格勒战役进入白热化，保卢斯第 6 集团军陷入苦战，德军统帅部对前景采取谨慎态度也很容易理解。但由于日本军部自身就是通过架空政府而掌控权势，自然很注重别国的类似趋势。

事实上，到 9 月 28 日，里宾特洛甫又提出一项匪夷所思的建议：首先是希望大战在 1944 年结束，继而要求日德双方合作打通印度洋联络渠道，最后希望日本能够在 1943 年春天对苏联开战——然而无论任何一条都严重脱离实际。

不过里宾特洛甫的一番建议还是有一定实效，那就是给日本大本营提供一个机会设立专门联络使。

10 月 3 日，大本营政府联络会议针对《关于派遣赴德意联络使案》作出决议，提出"联络使任务是向驻德意的帝国大使及陆海军武官阐明对世界形势的判断，特别是阐明以帝国为中心的东亚形势、开战经过以及后来帝国实际情况，并研究关于加强三国以后战争指导上相互协助的途径等问题"。

不过日、德双方随后均在军事层面上遭遇重大打击，首先是 10 月底日本在瓜岛派遣第 2 师团发动总攻击失败，紧接着德军在斯大林格勒巷战之中难以前进，又在 11 月下旬受到苏军反攻，战事胶着。直到德军在 1943 年 2 月 2 日从斯大林格勒撤退、日军在 2 月 7 日完成瓜岛撤退的"K 计划"之后，双方才重新想起联络使问题。

经过一番遴选，日本陆军决定派遣冈本清福少将、甲谷悦雄中佐，海军决定派遣小野田舍次郎大佐，外务省派遣书记官与谢野秀前往德国，预定于 3 月出发。2 月 20 日大本营政府联络会议发布训令，要求 4 位特使妥善向德国说明情况，并尽可能促成苏德媾和。

对德国方面而言，斯大林格勒会战刚刚结束，苏德战场后继无援，2 月 24 日向日本提出邀请，希望日本对苏尽快开战。当然，日本继续拒绝德国请求，并在 2 月 26 日发布补充训令，要求联络使进一步说明日本现阶段情况。

联络使团于 3 月 10 日出发，由陆路经西伯利亚、中亚等地区，4

月 13 日抵达柏林。据日本方面记载，该使节团已确实达到目的，说明了情况，但从实际效果来看，日德在 1942 年以后的合作依旧乏善可陈，不但远不及英、美两国紧密，甚至比不上美、苏合作。

更有趣的是，由于 1943 年苏德战事紧密，冈本清福一行人无法回归本土，只能留在德国境内搜集情报。其中冈本清福后通过关系前往苏伊士居住，最终在 1945 年 8 月 15 日日本投降当天举枪自尽——这也都是后话了。

很明显，在 1942 年 10 月底这个时点上，日本无法通过自身力量遏制美军，也无法从汪精卫伪政府获得支援、解放侵华日军，更不可能阻止有生力量夺取印度，甚至连盟友德国都陷在斯大林格勒泥潭里。那么在瓜岛泥潭里，随着日军第 2 师团两次夜袭失败，日军也不免走向撤军——只是撤军以前仍然需要打几仗。

夜战败北

——第三次所罗门海战与隆加夜战

日美战术调整

从日本大本营角度来看，1942 年 10 月 26 日陆海两军报告颇为矛盾。

从陆军方面看，10 月 26 日第 2 师团冲锋失败，补给耗尽，无法继续作战；但海军方面，10 月 26 日第 3 舰队又在"南太平洋海战"之中"大获全胜"，某种程度上又有可能重获制海权。

虽然日军几乎把战前精锐飞行员损失殆尽，但这对短期作战影响不大，因而 10 月 27 日作战会议上，大本营认为只要适当给第 17 军增加兵力，夺取隆加机场并非不可能。10 月 28 日，大本营下达命令，将正在前往关岛的独立混成第 21 旅团（山县栗花生少将）转运至拉包尔港，编入第 17 军；之前已经编入第 17 军的第 51 师团（中野英光中将）尽快从华南战场出发。

为了完成"夺取瓜岛"战略目标，日军首先在 11 月 1 日更换了拉包尔航空队（第 11 航空舰队）司令塚原二四三中将，这位饱受登革热摧残的将领回到后方，准备病愈以后担任新设第 18 军指挥官。草鹿任一中将则率领第 21、第 26 航空战队组成空中力量，之前损失三分之一飞机的第 25 航空战队回到国内休整。

1942年11月第11航空战队空中力量

第11航空战队 指挥官：草鹿任一中将	下属航空队	主要机型
	851航空队	九七大艇
第21航空战队 指挥官：市丸利之助少将	第751航空队	一式陆攻
	第252、253航空队	零战
第26航空战队 指挥官：山县正乡中将	第856航空队	九九舰爆
	第705、707、703航空队	一式陆攻
	第204航空队	零战
	第582航空队	九九舰爆

　　不过美军也不会坐等日军增援。10月底，亨德森机场增设第3条跑道（战斗机第二跑道）并增加飞机部队；11月4日与12日，海军陆战8团与陆军第182步兵营相继抵达瓜岛增援。由于正面日军已经没有威胁，范德格里夫派遣陆战5团前去清扫马塔尼考河日军步兵第4联队阵地，并从图拉吉岛调来3个营作为生力军以备后面的战役。

　　11月1日，在强大火力与空中力量支援下，陆战5团1营在轻型坦克引导下迅速穿越马塔尼考河来到西岸，直到克鲁兹海角东南部5公里左右距离才停下；2日，陆战5团2营也冲向日军，最终日军步4联队又丧失300名士兵，并丢掉了全部12门反坦克炮。

　　11月2—3日夜间，日军悄悄将步230联队300人与2门山炮运达克利登陆点，也就是准备从机场东侧发起进攻，范德格里夫特虽然立即派遣陆战7团2营前往应对，但也立刻意识到日军有可能让第38师团从克利登陆点上岸。因而美军旋即决定不再追击西侧日军，11月4日西线美军全部撤回马塔尼考河东岸，着手进攻东侧日军。

　　11月5日，拉包尔航空队派遣27架一式陆攻、24架零战飞往瓜岛助战，炸毁数架美军SBD、F4F攻击机。第17军也旋即下达命令，将第38师团步兵第228联队（并定七大佐）乘坐第8舰队10艘"东京快车"送上瓜岛，配置在步16联队左翼，保证之前败退的第2师团重新安定下来。

就在美军注意力东移过程中，第 17 军命令第 38 师团余部（近 1.5 万人）带上第 51 师团所有重炮装备，于 11 月按期来到瓜岛。经与联合舰队商讨，日本陆军决定将登陆时间确定为 11 月 13 日，海军以第 8 舰队第 2 水雷战队护送"佐渡丸"等 11 艘运输船担任运输任务（11 月 10 日 9 点出发）——这就意味着日本海军需要在 11 月 12 日以前彻底压制隆加机场。

11 月 9 日 16 点 10 分，第 2 舰队统辖第 3 舰队可用之兵组成"挺进舰队"，在阿部弘毅中将率领下驶出特鲁克岛。

一场以战列舰为主力的海战，又要重现于二战之中。

第三次所罗门海战第一次夜战日军前线作战序列

挺进舰队	阿部弘毅（中将）
第 11 战队	（战列舰）比叡、雾岛
第 10 战队	（轻巡洋舰）长良 （驱逐舰）晓、雷、电、天津风、雪风、照月、村雨、五月雨、夕立、春雨
第 4 水雷战队	朝云（轻巡洋舰） （驱逐舰）时雨、白露、夕暮

第三次所罗门海战第一次夜战

11 月 12 日 3 点半，挺进舰队与第 2 舰队其他舰艇分离，独自开往瓜岛方向；13 点半，从肖特兰岛出发的第 4 水雷战队也与挺进舰队合流。然而问题在于，第 11 战队与第 4 水雷战队事前从未有过联合训练，也未事先商讨作战计划，急急忙忙就出海远航，多少给这次作战计划添加了一丝不安定因素。

17 点左右，挺进舰队渡过埃斯佩兰斯海峡北口，继续向西南行动，准备绕过萨沃岛，进入瓜岛海域；但 20 点左右，暴风骤雨突然袭击日军舰队，日军第 11 战队立刻从 26 节降速至 18 节；之后在瓜岛附近担任侦察任务的日本航空部队发来电报，提出瓜岛天气不知何时会得以恢复，挺进舰队便在21点50分下令，全军在15分钟之后掉头回返。

然而由于配合问题，第4水雷战队没有收到"15分钟之后"这个信息，便在22点整一起回转，这就使得本应在最前方组成反潜阵型的第4水雷战队反而向后回转，与第11战队之间的距离逐渐缩短。

吊诡的是，22点15分左右，日军航空部队又发来电报，提到瓜岛海域已经烟消云散，天气不错，可以进攻。阿部弘毅便只好在22点30分下令再次掉头。

两次转向之后，日军队形有些混乱：11月12日22点40分日军突入瓜岛海域之时，第4水雷战队并没有事先进入瓜岛担任反潜任务，反而是落在了第11战队主力战舰"比叡"之后——缺乏配合的恶果逐步显现出来。

不过更麻烦的是，黑夜之中，阿部弘毅并没有意识到队形已乱，仍然让自己的舰队开往瓜岛。

美军方面，珍珠港OP-20-G情报小组破译了日军作战密码，将日军作战计划原原本本告知前线。哈尔西则急忙将战列舰"南达科他"编入第64特混舰队，并新组建第67特混舰队。

恰在11月12日，美军也在向瓜岛运输人员与物资，很快有侦察机报告日本舰队接近瓜岛。美军迅速让运输船队后退，转而由第67特混舰队朝着日军方向行进，同时"企业"也带上修理舰"维斯特"（USS Vestal，AR-4）驶向战场。

拉包尔航空队当然也发现了美军第67特混舰队的动向，派遣19架一式陆攻携带九一式航空鱼雷进攻美军，不过早在日军"挺进舰队"深入瓜岛海域之前，19架飞机就已经折损过半，最终只有2架成功返航。而美军损失也只有重巡洋舰"旧金山"后部射击指挥所中了一弹，且没有任何影响。

第三次所罗门海战第一次夜战美军前线作战序列

第67特混舰队第4大队	丹尼尔·卡拉汉（少将）
重巡洋舰	旧金山（USS San Francisco, CA-38）、波特兰（USS Portland, CA-33）
轻巡洋舰	亚特兰大（USS Atlanta, CL-51）、朱诺（USS Juneau, CL-52）、海伦娜（USS Helena, CL-50）
驱逐舰	库欣（USS Cushing, DD-376）、拉菲（USS Laffey, DD-459）、斯特雷特（USS Sterett DD-407）、奥巴农（USS O'Bannon DD-450）、阿伦·沃德（USS Aaron Ward, DD-483）、巴顿（USS Barton, DD-599）、蒙森（USS Monssen, DD-436）、弗莱彻（USS Fletcher, DD-445）

第4水雷战队也并非完全没用，起码"夕立""春雨"还是在第11战队右前方担任巡逻任务。23点15分，日本海军发现瓜岛上日本陆军燃起的篝火；23点30分，挺进舰队通过萨沃岛南方水域，让"比叡""雾岛"两舰进入炮击航道。

23点25分，美军轻巡洋舰"海伦娜"雷达也发现日军舰艇，不过由于美军无线电话频道突然被挤满，卡拉汉不敢贸然开战；直到23点37分，卡拉汉命令全队右转，占领"T"字战法之中的横位。

但悲剧在于，23点42分，前方巡逻的驱逐舰"夕立""春雨"就发来情报：前方6000米左右有美军舰队正在接近，"夕立"也很快按照"T"字战法规定，带领"春雨"向左转舵，压住美军前进之路。

然而日、美两军距离太近，美军首位驱逐舰"库欣"担心与日军相撞，便也向左转舵（日军的右方），后续数艘美军驱逐舰也随之转向。然而由于转向过快，有4艘美军驱逐舰未能跟上，队列一片混乱，后方的巡洋舰"亚特兰大"也不得不向左急转。

身处远方的第16特混舰队金凯德少将很为气愤，立刻质问"亚特兰大"为什么要变更航向，"亚特兰大"如实回答"避免与己方驱逐舰相撞"。这段对话本身没什么问题，但由于金凯德是打了远程无线电话，而美军无线电话又可以让各舰舰长听到，于是大家都担心自己会撞上前面的舰艇，各自调整方向，队列进一步混乱起来，一条单纵队拆作三截，松散无比。

就在美军忙于调整队列时，日军"夕立"却又搞了一次大回转，突入美军队列中部，趁乱发射鱼雷。23 点 51 分，"比叡"打开探照灯寻找"雾岛"，却没想到找到了"亚特兰大"，双方互相开始射击。

虽然拥有两艘装甲巨舰，但日军这一次主要任务是炸岛，所以"比叡""雾岛"主炮弹药以三式燃烧弹为主，对舰体很难造成伤害。不过有利有弊，燃烧弹却对舰组成员带来巨大杀伤力：击中"亚特兰大"舰桥以后，舰长诺曼－斯科特少将与幕僚全员战死；击中"旧金山"以后，更是直接烧死了卡拉汉少将与全体幕僚。

不过日军在乱战之中也受到损伤。"比叡"舰上设施遭到重创，舵机室进水导致无法转向，舰上设施起火，脱队漂流，之后 11 月 13 日早上被美军飞机轰炸，导致舰体倾斜，最终只能自沉了事。从太平洋战争开始以来，这还是日本第一次损失战列舰，"雾岛"只好带领其他舰艇回归特鲁克岛。

除"比叡"之外，日军还损失了驱逐舰"晓""夕立"。不过，美军方面也损失不少，轻巡洋舰"亚特兰大"、驱逐舰"库欣""拉菲""巴顿""蒙森"沉没，逃出战场的轻巡洋舰"朱诺"还被巡航的日军伊 26 潜艇击沉。

虽然第一次夜战受到美军阻碍，但日军仍然在 11 月 13 日夜间派遣重巡洋舰"铃谷""摩耶"来到瓜岛，针对两条飞行跑道各自发射了 504 发、485 发炮弹，造成美军"仙人掌航空队"1 架 SBD、17 架 F4F 无法使用，另还有 32 架飞机受损。

看到两艘重巡洋舰都收到如此效果，联合舰队再度派遣战列舰"雾岛"为中心编成第二次炸岛部队，由近藤信竹中将领衔南下。

第三次所罗门海战第二次夜战

第三次所罗门海战第二次夜战日军作战序列

第2舰队	近藤信竹（中将）
炮击队	（战列舰）雾岛
第4战队	（重巡洋舰）爱宕（旗舰）、高雄
第10战队	（轻巡洋舰）长良 （驱逐舰）电、五月雨
第3水雷战队	（轻巡洋舰）川内 （驱逐舰）白雪、初雪、浦波、敷波、绫波
第4水雷战队	（轻巡洋舰）朝云
第61驱逐队	（驱逐舰）照月

11 月 14 日晚上，第 2 舰队从萨沃岛东北方向进入瓜岛海域。正如日军所料，哈尔西早已下令严防死守亨德森机场，第 64 特混舰队也提前一步来到铁底湾——然而日军侦察机却把第 64 特混舰队看成了"巡洋舰 2、驱逐舰 4"。

近藤信竹听闻情况，并没有把部队缩在一起。他先是在 20 点 31 分分出第 3 水雷战队，又在 21 点 7 分分出第 10 战队与数艘驱逐舰，分别从两个方向出击骚扰可能存在的美军，而战列舰"雾岛"则与第 4 战队、第 4 水雷战队、第 61 驱逐队一起朝着瓜岛进发。相比战术特点单一的南云忠一而言，近藤信竹由于一直在指挥最熟悉的水面舰艇，反而有着更强的战术机动能力。

第三次所罗门海战第二次夜战美军作战序列

第64特混舰队	威利斯·李（少将）
战列舰	华盛顿(USS Washinton, BB-56)、南达科他（USS South Dakota, BB-57）
驱逐舰	沃尔克(USS Walke, DD-416)、格温(USS Gwin, DD-433)、贝纳姆(USS Benham, DD-397)、普雷斯顿(USS Preston, DD-379)

21点刚过，美军舰队围着萨沃岛进行逆时针巡逻，就在萨沃岛东侧由南向西转向之时，"华盛顿"雷达传来信息：日军距离美军舰队尾部18海里——这便是日军第3水雷战队。21点17分，美军"南达科他"立刻发射照明弹，各舰随即打开炮门，第3水雷战队不得不掉头退避。

然而"绫波"在转向时分也对5海里以外的美军舰队发射炮弹，区区数弹，美军驱逐舰"沃尔克""贝纳姆"舰桥就燃起大火，之后"绫波"又向两舰所在海域发射6枚鱼雷，搞得这两艘倒霉的美军驱逐舰沉没。不过，"绫波"本身也受到炮击，无法继续航行。

第10战队发现第3水雷战队已经陷入激战，便迅速航行过来，美军剩余的两艘驱逐舰猝不及防，"普雷斯顿"沉没、"格温"也损伤严重。美军只剩下两艘战列舰，21点46分，李下令两舰进一步西进参与战斗。

日军主力部队也高速南下，重巡洋舰"爱宕"打开探照灯，一口气发射8枚鱼雷，然而日军鱼雷的起爆装置过度敏感，刚刚碰到首舰"南达科他"的舰首就全部自爆，未能造成伤害。

21点53分，近藤信竹下令"爱宕""高雄"配合战列舰"雾岛"，全体进攻"南达科他"。其中"雾岛"第一炮就炸毁"南达科他"射击指挥系统，搞得这艘巨舰无法转移炮口，只能用中部副炮应战。不过"南达科他"比较幸运，"雾岛"发射了117发炮弹，最终只有2发命中；"高雄"发射的炮弹大部分是哑弹；各驱逐舰发射的34枚鱼雷也无一命中。

不过"南达科他"还是无法承受重压，22点15分撤离战场。日军由于兴奋过度，便没有注意到后方还存在一艘战列舰"华盛顿"。

"华盛顿"悄悄靠近，迅速用雷达瞄准射击"雾岛"，同样也是第一炮就命中。从22点到22点7分，"华盛顿"向着"雾岛"发射了75枚主炮炮弹与107发副炮炮弹。

"雾岛"满身伤痕，前部电信室毁坏，舵机故障，3座主炮炮塔损坏，舰桥也燃起熊熊大火，最终于11月15日1点25分自沉，250名船员阵亡。"华盛顿"眼见击中"雾岛"，便不再恋战，早早逃出"爱宕""高雄"的鱼雷攻击。

除丧失"雾岛"以外，日军11艘运输船有6艘在途中遭到美军飞机炸毁，1艘受伤而被迫返回。11月15日2点，4艘运输船抵达塔萨法隆加泊地，一边卸下2000名士兵与少量轻型火炮与弹药粮食，一边继续遭受美军飞机攻击，最终全部4艘运输船都葬身瓜岛。

第3次所罗门海战结束之后，美军进一步修整亨德森机场，除去旧有两条跑道以外，机场又开设了一条新战斗机跑道，各式飞机也重新补充至124架。日军用"比叡""雾岛"沉没换来的些许优势转瞬即逝。

隆加夜战

对于第3次所罗门海战，美国陆地部队并未过多关注，他们只是继续进攻东侧日军。日军3000人士兵突破重围前往马塔尼考河日军防线，最终在11月20日只有700人成功抵达。

随着日军步230联队威胁消失，加之第3次所罗门海战胜利消息传来，美军再度将精力放在西侧，6个美军步兵营来到马塔尼考河东岸，与日军步228联队对峙起来。11月18日，美军陆战8团配合陆军第164、182步兵营对马塔尼考河日军发动清扫战，不过由于日军巧妙躲避美军炮火，战役一直进展不顺，到11月23日美军暂停进攻。

瓜岛最负盛名的一点，莫过于"饿岛"之称。时至11月，距离第一批设营队登陆已经过去4个多月，岛上兵力也已有29117人之巨（11月20日第17军报告）。由于补给线一直无法捋顺，岛上士兵不仅面临弹药短缺，更面临饥饿威胁，能够作战的兵力不过只有4个大队。

既然1943年1月之前没有下一步进攻计划，那日军现阶段主要任务，就是不让瓜岛日军死光，千思百想，终于想出补给最后一招——"饭桶"。

所谓"饭桶"，便是将鼓形桶刷干净，再放上一半左右的大米，密闭；运输时候将"饭桶"用钢索绑在驱逐舰甲板上；等到了停泊地点，驱逐舰将所有"饭桶"扔入海中，岛上陆军再用钢索把桶拉过来——每艘驱逐舰可以装200—240个"饭桶"，虽然对比3万人马依然显得杯水车薪，但聊胜于无。

海军在瓜岛海域经历了航母、战列舰攻击失败，陆军在瓜岛陆地则经历了小部队、大兵团作战失败，日军把能想到的所有战术都想了个遍，却依然无法夺取瓜岛，整个军略处于混乱状态。与其搞进一步行动，倒不如先用各种方法维持现状，再图良策——"饭桶"运输正是这种战略下的不得已之举。

计划当然还是由第 2 水雷战队执行。11 月 29 日 22 点半，田中赖三少将率领 5 艘运输驱逐舰（"亲潮""黑潮""阳炎""江风""凉风"）配合 3 艘护卫驱逐舰（"高波""卷波""长波"）从肖特兰岛出发。舰队先是正直向东，抵达萨沃岛北方 150 海里距离时一齐南下，11 月 30 日夜间顺利越过伊莎贝尔岛，各舰相隔 600 米，呈单纵阵突入萨沃岛西部海域。

20 点，"高波"增速进入瓜岛海域探路，舰队准备从萨沃岛南部水道插入预定登陆地点——还是塔萨法隆加海角。

然而美军并非全无准备。早在 11 月 24 日，美军就判断日军会继续增援瓜岛；也就在 11 月 29 日 21 点，莱特少将率领 4 艘重巡洋舰为主力的 9 艘舰艇出发，也在 11 月 30 日晚间抵达瓜岛附近，又与担任运输任务的两艘美军驱逐舰合流，一起驶向塔萨法隆加海角附近的隆加海岸。

隆加夜战美军战斗序列

第67特混舰队	卡尔顿·莱特（少将）
重巡洋舰	明尼阿波利斯（USS Minneapolis, CA-36）、新奥尔良（USS New Orleans, CA-32）、彭萨科拉（USS Pensacola, CA-24）、北安普顿（USS Northampton, CA-26）
轻巡洋舰	火奴鲁鲁（USS Honolulu, CL-48）
前卫驱逐舰	弗莱彻（USS Fletcher, DD-445）、德雷顿（USS Drayton, DD-366）、莫里（USS Murray, DD-397）、巴金斯（USS, DD—）
后卫驱逐舰（运输护卫）	兰姆森（USS Lamson, DD-367）、拉德纳（USS Lardner, DD-487）

21 点 6 分，美军旗舰"明尼阿波利斯"雷达发现日军舰队，同时日军"高波"也用肉眼发现美军。双方几乎是同时下达作战命令，美军

发射照明弹，日军则要求"停止登陆，全军突击"。

"高波"身处美军最前方，意识到情况危急，便迅速发射全部鱼雷，但舰体遭遇大量炮火攻击而无法航行，之后身中鱼雷，引爆弹药库而沉没。

看到"高波"受损，后面的"亲潮""黑潮""阳炎""卷波"开始低速突进，在美军阵前接连发射鱼雷，然后掉头离去。这段时间内，美军向日军各舰发射20多枚鱼雷，却无一发命中。

美军重巡洋舰突入战场，旋即炮击日军。但还没等日军受损，旗舰"明尼阿波利斯"就在第9次齐射时分遭遇2枚鱼雷命中，前甲板第1炮塔底部进水；紧跟其后的"新奥尔良"左舷前部命中1枚鱼雷，一时无法行进；再后面的"彭萨科拉"为了躲开前面友军而向左掉头，结果舰桥正下方命中1枚鱼雷，机械室进水，3个炮塔燃起大火。3艘重巡洋舰勉强来到图拉吉岛，最后拖曳回本土修理。

然而还不算完，最后跟来的重巡洋舰"北安普顿"遭到2枚鱼雷命中，机械室被撕开一个大口子，舰体燃起大火、左倾沉没。

隆加夜战是瓜岛争夺之中最后一场大规模海战，第2水雷战队以损失1艘驱逐舰换取美军1艘重巡洋舰沉没。战役本身取得胜利，日军也在之后的12月3日顺利完成第一次"饭桶"运输。虽然实际能够捞到陆地上的只有其中不到三分之一，但起码也维持住了一条补给线。

大量军史作家认为，隆加夜战即便赢了，也不过是拖延时间。然而问题在于，这场夜战的本来目的就是拖延时间，借以在所罗门群岛中部找到合适地点修建机场。12月15日，日军在科伦班哥罗岛南部开工修建机场，距离隆加机场只有短短340公里。

悲剧的是，日本不仅需要面对瓜岛美军，更需要对新几内亚美军加以回应。

布纳荆棘
——美澳盟军全面击溃日本南海支队

日本军队重新配置

第三次所罗门海战失败消息传来，紧接着南海支队长堀井富太郎死难消息传来，日本大本营可谓一片震惊。

自从日俄战争以来，日本海军或许在航母方面不尽如人意，然而在着重培养的战列舰方面，日本自认为不逊于任何国家，夜战更是日本"海军传统"。然而第三次所罗门海战中，美军正是用战列舰"华盛顿"击沉了日本引以为傲的两艘"金刚"级高速战舰，无疑对日本海军是一个重大打击。

面临海军不给力，日本陆军这回动了真格，参谋本部作战部长田中新一在作战会议上提出，如果日军失去瓜岛，美军一定会迅速转入正式反攻，这对"确立日本的自给自足体制"会有极坏的影响，无论如何也必须投入所有可战之力，夺回瓜岛。

11 月 16 日，大本营陆军部在拉包尔设立第 8 方面军（指挥官：今村均中将），统辖新几内亚与所罗门两方面作战，等于是将之前第 17 军任务转由一个方面军来管辖，而第 17 军（第 2、38、51 师团，川口、一木支队残部）则专心于瓜岛战事，新几内亚作战则交由新设第 18 军（指挥官：塚原二四三中将）处理。

11 月 19 日，新任指挥官今村均例行来到皇居觐见裕仁天皇，天皇极为忧虑："南太平洋方面敌军反抗关系国家兴亡，你要迅速救援苦战之师，挽回颓势。今村，拜托了！"后来的 12 月 12 日，天皇率领统帅部全体成员来到伊势神宫参拜祈福。从某种意义上说，连天皇也已经明白：如今南太平洋方面局势很不乐观。

11 月 16 日发布的命令里，大本营将日本陆军航空队第 12 飞行团编入第 8 方面军。11 月 27 日，日军以第 12 飞行团组建了第 6 飞行师团（指挥官：板花义一中将），整体派往拉包尔。

从结果来看，两项举动早在瓜岛战役开战时就应该实行。从 1942 年年初闪击马来亚与菲律宾、电击兰印开始，日军制胜关键就是陆军航空兵。陆军第 6 飞行师团（110 架飞机）配合海军第 11 航空战队（135 架飞机），便可以形成 240 架各式飞机组成的空中力量。虽然日军还需要同时覆盖新几内亚与瓜岛两个方向，但对于"仙人掌航空队"也依然是一个强劲对手。

日军想法很简单：既然美军如今占据优势，就先派飞机前往战场，稳固海军在拉包尔、布纳等机场，构筑陆军在莱城、萨拉莫阿等机场，互相配合，将战事延长到 12 月；等到第 8 方面军设营队在所罗门群岛构筑新航空基地，再在 1943 年 1 月重新补充兵员，再行反攻。

只是日本人自己也没有想到，他们如此重视新几内亚岛与瓜岛之间的战略联动关系，最终却是因为新几内亚败绩而造成大本营从瓜岛撤军。

美澳盟军布纳前哨战

11 月 18 日左右，新几内亚日军南海支队主力——步兵第 41 联队撤退到最初的布纳登陆点附近，而澳军第 7 师从西面、美军第 32 师第 126 步兵团从正南、第 32 师第 128 步兵团从东南沿海各自对日军布纳登陆点形成了三面包围形势，总兵力扩充到近 2 万人。

之所以要夺取布纳，一大重要原因便是因为布纳有着两条飞机跑道，只要能够彻底夺取，日军在新几内亚岛就再也无法与盟军争夺制空权。

不过作战并不像美军想象那么顺利，一方面进攻布纳的第 128 步兵团只有 2 门山地榴弹炮，另一方面美军本身也并非精锐部队。

美军第 32 步兵师番号曾在第一次世界大战中使用过，并参与过第二次马恩河战役（1918 年 7—8 月），不过 1924 年就宣布解散转为国民警备队（National Guard），直到 1940 年 10 月才重新组建，下辖第 126、127、128 步兵团。由于第 32 师士兵基本来自密歇根（Michigen）与威斯康星（Wisconsin）两个中部工业州，对于作战并不十分热衷，加之出身为民兵，人员训练与实战经验仍然欠缺很多。

三天下来，美军不仅移动缓慢，指令发布也非常业余，好在日军并未给予充分反击。哈丁随即将第128步兵团分为东部、西部两个支队，并分派西部支队潜入密林进行迂回作战。

这一时期，日军南海支队丧失了支队长堀井富太郎少将，指挥系统多少有些混乱。另外日军严重缺乏补给，士气低落。本来布纳登陆点在海岸线能够连成一片，到11月21日就缩回到了三个孤立的点——布纳（Buna）、萨纳南达（Sanananda）、哥纳（Gona），此外巴萨布阿（Basbua）还留有一些非战斗人员修筑道路。

11月21日，麦克阿瑟上将下达命令给新几内亚第32步兵师长——埃德温·哈丁（Edwin Harding）少将："夺取布纳，不计代价（at all cost）。"

很明显，好不容易得到了西南太平洋指挥权，麦克阿瑟主导的新几内亚战役就必须有所动静，如果让尼米兹在瓜岛占了先机，未来作战主导权就不好再争了。但由于身处澳大利亚和煦海风之中，麦克阿瑟其实对于前线事务缺乏了解，尤其是美军前线将士情况。

随着日军据点遭到包围，南海支队也发动决死突袭，阻击美澳盟军。由于欧文斯坦利山脉阻碍了补给进行，盟军也再难以推进。布纳战线从11月22日开始就僵持起来。与此同时，萨纳南达附近由于存在大

阿尔伯特·沃尔德伦（中间）

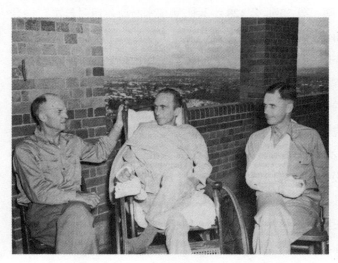

量丛林，澳军在从11月21日开始的一个星期里也没有任何进展，从11月28日开始，日军针对新几内亚岛实行"鼠运输"，派遣4艘驱逐舰（"夕云""卷云""风云""白露"）前往岛屿，但在附近遭到美军B-17轰炸机空袭而只得作罢；12月2日，又派4艘驱逐舰（"朝潮""荒潮""矶波""电"）突入哥纳，将独立混成第21旅团425人与山县栗花生少将送上岛屿，不过运输物资却全部遭到损毁；12月8日，日军出动6艘驱逐舰（"风云""夕云""朝潮""荒潮""矶波""电"）继续运输，再度遭到美军空袭而只得回返。

面对日军增援力量高涨，面对盟军攻势逐渐停止，麦克阿瑟上将又一次坐不住了，他不再直接给师长下令，而是告知第32步兵师上级领导——美国陆军第1军团长罗伯特·艾克尔伯格（Robert Eichelberger）："撤掉所有不打仗的军官。可以换掉所有团级、营级军官，如果需要，甚至可以让中士当营长、让下士当连长，只要他们想打仗就行——我要你拿下布纳，要不然提头来见（not come back alive）！"

12月1日，艾克尔伯格来到布纳前线，同时麦克阿瑟上将终于离开澳大利亚，来到莫尔兹比港指挥战斗。随着美军高层下达死命令，12月2日，艾克尔伯格更换哈丁，并让炮兵指挥官阿尔伯特·沃尔德伦（Albert Waldron）充任新指挥官，并要求全军在休整两天之后继续对日军发起总攻。

新几内亚战线：布纳守备队全灭

12月5日，布纳战线重启，在澳大利亚皇家空军P-40轰炸机支持下，第128步兵团西部支队终于取得进展，4个连兵力攻击了布纳村（Buna Village），日军情况不妙。

12月8日，美军飞机大规模轰炸日军据点，澳军第25旅攻克了巴萨布阿，临时道路构筑队长山本恒一（やまもと·こういち）少佐与500多名非战斗人员全部战死；12月9日，哥纳日军遭到澳军清剿。

日军在布纳登陆点的三块地盘本来是互为犄角之势，但随着哥纳先行陷落，另外两个据点也难以保全。12月11日，美军第32师第127步兵团第3营支援部队抵达前线加入东部支队，准备对布纳阵地发起突袭；12月14日凌晨，日军南海支队与独立混成第21旅团两个指挥部率先撤出布纳村，盟军则等到早上第127步兵团进驻才发现日军已经逃走。

指挥部撤出之后不久，12月18日，澳军第18旅与第2/6坦克团7辆M3斯图亚特轻型坦克出动，配合美军第126步兵团第1营、第128步兵团东部支队从正面攻击布纳机场新跑道（New Strip）。不过由于日军拼死抵抗，仅在18日当天，澳军第2/9营就丧失了11名军官，2辆轻型坦克遭到摧毁，1辆坦克遭遇重创无法作战，只剩下4辆坦克还能使用，战局再度陷入僵持。

当然，澳军还是有办法。从12月19日开始，澳军第2/9营除留下3连与美军第128步兵团第3营一起拖住日军之外，将主力部队派往海边，沿海路来到恩代亚德雷海角（Cape Endaiadere），并继续向西迂回到新跑道后面，继续向着西梅米河（Simemi River）突进，意在对新跑道日军形成包围。

日军闻讯立即放弃新跑道，转而回到旧跑道（Old Strip）固守。澳军第2/9营、美军第128步兵团第3营、澳军第2/10营、美军第128步兵团第1营、美军第126步兵团第1营从北到南一线排开，压缩日军防线。12月21日，澳军第2/10营从日军防御薄弱地区撕开一条口子，于23日与增援的美军第128步兵团第1营共同进攻旧跑道。

不过日军抵抗仍然顽强，盟军各部队便分散开来，以美军第126步兵团第1营拖在中心，其余部队向两翼纵深压去，形成陆军经典的坎尼合围阵型。日军随即溃败，向着西北方向逃去。恰好这时，美军第128步兵团第2营（西部支队）从西侧挡住了日军退路，双方在12月28日将日军共同引到了布纳日军政府所在地（Buna Mission）。12月29日，盟军5辆新坦克增援战场，澳军第2/12营与美军第127步兵团也从东西两侧各自加入追击阵型。

1943年1月1日，新几内亚盟军对布纳日军发起总攻。到1月2日上午，日本陆军步兵第144联队长山本重省大佐、海军横须贺第5特别陆战队（横5特）司令安田义达大佐与全体日军几乎全部战死。

当然由于日军决死突击，盟军也遭遇了"史上最棘手之战"（Toughest Fighting in the World），澳军第2/12营在2天战斗中就阵亡了12名军官与179名士兵。

如此一来，日军在布纳登陆点就只剩下中间的萨纳南达地区。1月12日开始，澳军第2/9、第2/12营各自加强1个连兵力，在3辆坦克引导下绕路从西侧进攻萨纳南达，美军第127步兵团从东侧进攻吉卢瓦（Giruwa），美军第163步兵团从内陆西南方向加以进攻。不过，由于日军埋伏地雷，加之坦克性能在热带也存在问题，很快3辆坦克全部报废，盟军只能继续打起步兵战。

早在1月12日，处于内陆抵抗的步兵第144联队就放弃阵地向着库姆西河上游撤退；1月14日，第18军下令全员向萨纳南达海岸撤退。不过还在撤退令执行过程中，美澳盟军就继续从三个方向袭来。日军由南海支队继任支队长小田健作少将率领部队抵抗，1月17日，横山与助大佐率领独立工兵第15联队带着伤员来到海岸，紧接着1月19日山县栗花生少将率领独立混成第21旅团抵达海岸，乘坐8艘小艇逃出升天。

1月20日，小田健作终于带着所剩不多的兵力抵达海岸，但由于友军将小艇用光了，这位继任支队长只能望洋兴叹，骂了一句"山县背叛了我"就举枪自尽了。1月21日，美军第127步兵团占领吉卢瓦，1

美军俘虏日军士兵

月 22 日，澳军第 2/9 营占领萨纳南达，俘虏了 70 多名重伤病日本士兵。

整个布纳登陆地战役可谓惨烈，美军参战人员一共 13645 人，其中 671 阵亡、116 人非战斗死亡、2172 人受伤、7920 人生病，减员总数竟然达到 10879 人。澳军方面也有 1204 人死亡，66 人失踪，2201 人受伤，热带病患者就更多了。应该说，密林地形与热带气候不仅给日军带来伤病减员，对盟军影响也甚为严重，麦克阿瑟上将执意发起这次突袭虽然达到了战略目的，但从军事角度讲如果能再缓和一些，盟军伤亡也不会这么离谱。

不妨对比一下瓜岛，整个瓜岛战役之中，美军投入超过 6 万人，其中死亡约 1600 人；然而在巴布亚新几内亚地区，盟军投入 3.3 万人，就有 3095 人死亡。计算一下不难发现，盟军在瓜岛的死亡比例是 1∶37，新几内亚却是 1∶11，如果说瓜岛是日军的"饿岛"、新几内亚岛恐怕也是盟军的"死岛"。

1950 年，艾克尔伯格在《荆棘之路向东京》（Our Jungle Road to Tokyo）中提到："夺取布纳是建立在死亡、受伤、疾病、绝望与苦难的代价之上。只要有人在那里战斗过，无论如何也不可能遗忘。"

日军恐怕也有相同感触，这一场旷日持久的战役之中，日军阵亡人数超过 2 万人，还丢掉了两位少将与数位中层军官的性命，结果却并未取得任何成果。

巴布亚人帮助盟军伤员

应该说，日本海军先是在新几内亚，后是在瓜岛草率开辟战场，终于在这一时期带来恶劣影响，乃至于影响到了日本在外南洋地区的战略部署。

其实早在 1942 年 11 月 18 日，大本营就下达命令，要求日本陆军占领马当、威瓦克等港口，以为日后进攻莫尔兹比港带来方便。然而，由于瓜岛战场持续要求兵员补充，日本陆军被迫将精锐部队投入瓜岛，新几内亚战线溃败也就不足为奇了。

12 月 16 日，就在布纳登陆点持续受到美军轰炸之时，第 18 军派遣步兵第 11 联队第 3 大队前往威瓦克，步兵第 21 联队第 3 大队与步兵 42 联队第 2 大队前往马当，两支部队均顺利登陆并建立机场。

由于这段时间里，美国陆军正在将瓜岛海军陆战队替换下来，大量海军部队用于护航，对日军登陆新几内亚并没有过多限制。12 月 21 日，随着布纳登陆点被美军夺取，日本陆军终于明白新几内亚才是重点地区，于是重新制订计划：确保莱城（Lae）、萨拉莫阿（Salamua）以西的部分重点区域，加强防御态势。12 月 28 日，日军第 51 师团步兵第 102 联队与 1 个炮兵大队集结起来，准备登陆莱城、萨拉莫阿。

为了掩护这次登陆计划，陆军第 6 飞行师团派遣大部队掩护第 18 军，并于 12 月 26 日抵达拉包尔港，这就使得第 8 方面军无力配合海军第 11 航空战队支援瓜岛战事，瓜岛局势进一步恶化。

日本海军还是想自己单干。同一时期，日本海军在新佐治亚岛修建的孟达机场启用，海军第 252 航空队也派遣两个飞行中队（24 架零战）在 12 月 23 日出发，准备进驻机场。不过问题在于，孟达机场距离瓜岛只有 170 海里，美军自然也不会放过这个据点，也在当日派遣 9 架 P39、4 架 P38、4 架 F4F 在新佐治亚岛上空盘旋，在日军飞机着陆之时加以偷袭。

接下来 6 天里，美军又针对新佐治亚机场展开空袭，新赶来的一式陆攻飞行中队受损严重，不得不在 12 月 29 日撤退回拉包尔港休整。

不仅孟达机场难以使用，正在修建的科伦班哥罗岛机场也因为美军空袭而迟迟无法竣工。前有美军围追堵截，后有新几内亚战线需要支援，瓜岛日本陆军又欠缺补给，陆海军空中力量又都不足以保证运输顺利进行——日本人终于明白，随着新几内亚岛局势恶化，瓜岛再怎么努力也是一片死棋了。

暮气昭昭
——日军全面撤出瓜岛战场

大本营内部争吵与田中新一"左迁"

　　虽然决策艰难，但日军从瓜岛撤退实属理所应当，因为无论日本陆军还是日本海军，都没有同时维持两线作战的能力，撤退是必然选择——只不过这种逻辑如果推导开来，日本国力本身就不足以支持太平洋战争，日本的国家制度也无法与美国开放的市场制度相抗衡，以这种绝对正确的必然性来解读所有历史事件，历史便也不必再读了。

　　事实上，第8方面军在当时与第8舰队、第11航空战队均商讨过如何作战。如果想掌握制空权，第8方面军就必须派出更多飞机；如果想单纯以炮制炮，那么日本又已经丧失了战列舰"比叡""雾岛"，证明日军难以通过战列舰完成任务。既然制海权、制空权都无法保证，整个瓜岛战役在战术层面已经没有胜利希望，只能靠"万一之侥幸"才能赢得战役。

　　日本大本营当然也意识到自身作战能力达到临界点。因而当大本营陆军部提出将未来海上运力投入所罗门作战之时，主管军需工作的陆军省便大为光火，双方围绕船舶征用问题再度纠缠起来。

　　开战之初，日本陆海军征用了400万吨船舶以便运输军队和军事物资，为了不影响国家工业生产，企画院要求陆海军各自解除一定征用。以1941年11月数据计算，日本可用全部运输船舶为670万吨，企画院计算维持民用经济需要300万吨，中间30万吨缺口需要尽快补足。

　　大本营陆军部虽然短暂满足企画院要求，但7月又加征20万吨船舶，带动海军征用船舶也有所增加。10月22日，企画院再度削减陆军

13万、海军9万吨船舶，然而到了10月26日第2师团反攻隆加机场失败，日军自然需要更大规模作战，解除征用命令又化为乌有。到了11月16日，陆军、海军两方面更是各自提出加征37万、25万吨船舶，总计62万吨，用于支援瓜岛作战。

企画院自然不能忍受，表示"现阶段重点在于迅速提高国力与战斗力，不能因征用船舶而导致国力迅速下降"。也从这一阶段开始，日本陆军省这一军政部门倾向于从瓜岛撤回全部军队。

的确，在陆军军需部门看来，瓜岛战役本身就是海军一意孤行挑动起来的。如果不是海军贸然在瓜岛修建机场，美军很可能都不会重视这个弹丸之地；如果瓜岛战役没有打响，日本陆军很可能已经夺取莫尔兹比港——同时，如果不是海军贸然实行中途岛战役，南太平洋战略优势也不会白白丧失，在没有制海权、制空权的前提下，让陆军在瓜岛白白饿死，自然会引得陆军官僚不满。

11月20日，为了协调多方关系，东条英机和稀泥：第1批船只（11月21日）14.5万吨船舶拨付给陆军、3万吨拨付给海军，第2批船只（12月5日）9.5万吨全部拨付给陆军。由于较之大本营要求还是少了很多，为了维护企画院总裁、同时也是"统制派"后辈铃木贞一在政治体系中的地位，东条英机亲自发表训话："如果满足统帅部全部要求，（1943年钢材生产）就将降到200万吨，将给战争进行带来严重后果。"

参谋本部申请船舶不足，便思考另一个方法：提出1943年1—3月瓜岛战事可能新损耗16.5万吨船舶，需要征用新船予以填补。很明显，参谋本部也算一计不成又生一计，哪怕巧立名目也要获得船舶。然而12月5日，内阁会议决定只填补8.5万吨，同时要求1943年4月以后陆军进一步解除18万吨征用量。

当天晚上，田中新一一边喝酒一边在参谋本部等待消息，20点左右陆军省军务局长佐藤贤了来到参谋本部，告知内阁会议决定，田中新一大为光火，两人立刻吵闹起来。毕竟就在11月中旬，田中新一刚刚主导制订了夺回瓜岛的作战计划，如果这一时期减少征用船舶，必然会给1943年1月"瓜岛总攻"计划带来影响，乃至于会让高层决定取消瓜岛战役。

佐藤贤了与其前任武藤章类似，在战前都倡导"日美交涉"，因而在战争爆发以后也致力于控制战争规模。瓜岛战役不仅拖延了陆军进攻莫尔兹比港，更让后方担负了沉重压力，佐藤贤了自然不愿意继续替田中新一扛着这口大锅。

更何况佐藤贤了本人也不是什么好脾气，早在1938年众议院议员、陆军军人宫胁长吉在众议院公开指责陆军之时，当时的军务课国内班长佐藤贤了中佐就不顾对方曾经是自己在陆军士官学校的教官，高声斥责"闭嘴！长吉"；现在他连升两级成为军务局长，田中新一也只不过是陆军士官学校高他两级的前辈，自然更不放在眼里。

两人不但吵架，还动起手来，最后参谋次长田边盛武中将拦住佐藤贤了，大本营第15课长甲谷悦雄中佐按住田中新一，两人才算安静下来。

听闻田中新一之举，东条英机也不再和稀泥，而是咬死了总吨位不松口。12月6日晚上，田边盛武来到首相官邸与东条英机交换意见，然而田中新一也强行跟来，恰好佐藤贤了也在场，参谋本部的恳求也变成了陆军军人之间又一轮争吵，最终散会之时，田中新一指着东条英机骂道："你个傻瓜！"

12月7日，田中新一自己也意识到问题，连忙向顶头上司——参谋总长杉山元提交辞呈。杉山元可算陆军吉祥物，自然要与掌握实权的东条英机商量。东条首相余愤未消，要求将田中新一处以15日禁闭思过，然后贬去南方军司令部，多少出了一口气。12月10日，日本政府大本营联络会议召开，东条提案获得通过。

针对田中新一"大闹天宫"之举，不少人认为这是主战派的又一次暴走。然而当时的陆军省军务局军事课长西浦进（にしうら·すすむ）大佐却在战后提到："不止我一个人认为，这是（田中新一）为了逃避难局而演戏。无论谁都能确信，田中中将的态度不是有思考、有责任的将帅、幕僚的应有态度。实际上杉山（元）参谋总长、田边（盛武）参谋次长也非常不满，（田中新一）缺乏打开难局的决心，却只是任由事态退役牵着鼻子走。"

虽然田中新一无数次主张积极作战，但在国力限制之下，他发现理念越发难以坚持，瓜岛战役也无法再有什么作为。与其想方设法制订一个很可能不成功的战略，倒不如好好闹上一场"东条首相骂倒"，不仅可以在陆军官僚体系内全身而退，也能在史书上留下一个"猛将"印象。

随着这位激进的作战部长离开，日军瓜岛军事行动也进入倒计时。

12月31日，日本大本营会议针对东南太平洋作战提出两条指导方针：（1）所罗门战场，停止瓜岛夺回作战，于1943年1—2月之间撤退部队；（2）新几内亚战场，巩固莱城等据点，攻占欧文斯坦利山脉以北的新几内亚东北部重要地区，准备进攻莫尔兹比港——日军终于将目光从瓜岛全部转移到新几内亚岛。

1943年1月4日，日本发布大海令第23号，标志着日军正式决定撤出瓜岛战场。而在1月2日、10日、14日，日本又实行了三次驱逐舰"饭桶"运输，给瓜岛已经接近饿死的士兵重新补充粮食，为日后执行撤退的"K号作战"做准备；1月25日与27日，拉包尔基地航空部队进攻隆加机场，与美军第339陆军航空队、第112海军航空队作战，击落7架飞机，自身损失11架飞机。

美军1月攻势与伦内尔岛海战

相比日军而言，美军日子自然是越过越好。

早在1942年12月，美军便决定针对瓜岛日军发动总攻击。巧的是，他们也把攻击时间选在了1943年1月。12月9日，范德格里夫特少将将瓜岛指挥权交给亚历山大·帕奇（Alexander Patch）少将，率领战功卓著的海军陆战1师撤出瓜岛，瓜岛美军更新为海军陆战2师与陆军第25步兵师。

12月17日开始，帕奇少将派遣陆军第132步兵团进攻地形崎岖的奥斯汀山，不过日军守备严密，美军也正处于部队交接期、各兵种之间缺乏配合，一时竟也拿不下来。直到12月24日，美国陆军才突进到奥斯汀山最为坚固的"岐阜要塞"，这里由日本步兵第124联队第2大队、步兵第228联队第2大队500余人驻守，由于守军大部分为岐阜县人而得名。

熟知日本战国便会明白，"岐阜"之名不仅是一个单纯的县名，更象征着日本战国时代名将织田信长对于天下之野望。瓜岛得以发现之年与织田信长上洛（为日本方面进入京都的意思）是同一年，如今瓜岛日军最后据点又以织田信长提出的"岐山凤鸣之城"而命名，不得不说是历史的奇遇。12 月 25 日圣诞节当天，美军第 132 步兵团进攻岐阜要塞，不过防守日军似乎是得了织田信长庇佑，硬是将战线僵持下去。

1943 年 1 月 1 日，岐阜要塞日军每人吞下两块干面包与一粒水果糖，一来庆祝新年，二来是为吞下最后口粮搞一个仪式。断粮之后的日本军队在 1 月 2 日反击美军第 132 步兵团。1 月 4 日，美军被迫撤退，伤亡超过 400 人，日军可谓是回光返照。

不过也就到此为止了，与疲惫不堪的日军不同，美军陆战部队已经增加到 50666 人，指挥官帕奇少将手下拥有海军陆战第 2 师、第 23 步兵师、第 25 步兵师以及第 147 独立团，重武器方面拥有 167 门各式火炮与榴弹炮，口径从 75 毫米到 155 毫米不等。

1 月 10 日，第 25 步兵团开始推进战线，穿插到奥斯汀山西侧平原地区，以切断岐阜日军后撤之路；1 月 12 日，陆战 2 师 6 团沿着海岸推进，切断日军从海岸线撤军之路，同时第 35 步兵团进攻岐阜日军正后方的日军步兵第 124 联队第 3 大队，将岐阜要塞围了个水泄不通。

1 月 15 日开始，第 35 步兵团 2 营从正面突击岐阜要塞，不过遭到击退；1 月 17 日，美军动用全部火炮进行炮火准备，但依然遭到日军反击；1 月 22 日，美军 1 辆轻型坦克带着美军步兵最终攻克岐阜要塞，到 1 月 23 日清晨，美军彻底占领奥斯汀山。

应该说，到这一时期为止，瓜岛日军已经彻底走到了绝境，他们只能在马塔尼考河西侧、奥斯汀山西北侧找到一片丛林暂时休息，等待救援。而为了尽快打通道路援救岛上日军，日本海军也发起了最后的努力。

1 月 29 日，美军以第 18 特混舰队护航 4 艘运输船，用于更替岛上作战兵力。吉芬少将的主要任务，是在 1 月 30 日 19 点与瓜岛南侧 4 艘美军驱逐舰会合，继而沿着所罗门中央航路北上，护送运输船在隆加海角登陆。

这支舰队很快被日军侦察机发现，然而日军却没有发现，既阻碍第 18 特混舰队身后 50—400 海里海域之中，还漂浮着美军"企业""萨拉托加"两艘正规航母，还有以航母为基础，3 艘战列舰、12 艘巡洋舰、25 艘驱逐舰组成的作战编队。

伦内尔岛海战美军作战主要舰艇

第18特混舰队	罗伯特·吉芬（少将）
轻型航母	切南戈（USS Chenango, CVE-28）、舒瓦尼（USS Suwannee, CVE-27）
重巡洋舰	路易斯维尔（USS Louisville, CA-28）、威奇塔（USS Wichita, CA-45）、芝加哥（USS Chicago, CA-29）
轻巡洋舰	克利夫兰（USS Cleveland, CL-55）、哥伦比亚（USS Columbia, CL-56）、蒙特皮利尔（USS Montpelier, CL-57）

听闻美军来袭，日军立刻从肖特兰岛、布卡岛、拉包尔港三地各派出一架一式陆攻作为侦察机，均与第18特混舰队接触上。于是1月29日中午，日军701、705航空队从拉包尔港各自派出16架一式陆攻携带鱼雷飞向美军。

美军方面，第18特混舰队行军速度少许慢了些，吉芬命令2艘轻型航母与2艘驱逐舰在后面慢行，本队提速至24节，在伦内尔岛北方50海里处转向西北，前往瓜岛南部海域。

根据当时美军情报，瓜岛附近海域均存在日本潜艇，所以吉芬特别注意反潜工作，本队的3艘重巡洋舰与3艘轻巡洋舰各自组成单纵队，间隔2500码，平行前进，6艘驱逐舰在前方形成半圆形反潜阵型。然而这种阵型却对防空不甚有利，某种意义上也显示出美军轻视防空工作，随着黄昏来临，吉芬甚至将护航飞机也全部收回。

就在17点19分，日军705航空队从第18特混舰队后方突袭而来，不过这支队伍并没有展开攻击，而是冲着美军编队投下目标灯与曳光弹，为后续航空队到来做准备；17点40分，701航空队到达战场，旋即向美军巡洋舰编队投放鱼雷。一连串鱼雷攻击让重巡洋舰"芝加哥"中弹6枚，向右倾斜，舰尾下沉。吉芬不敢前进，于是让旗舰"威奇塔"拖曳"芝加哥"，沿着原路南下回返。

不过日军攻击还未结束。1月30日10点15分，751航空队派遣11架一式陆攻前往攻击；14点6分，航空队在伦内尔岛北部10海里为止发现美军，继续发起鱼雷进攻。虽然日军有7架飞机遭到击落，但也有4枚鱼雷命中"芝加哥"，这艘重巡洋舰也迎来沉没。

随着伦内尔岛海战成功，日军也随即展开撤退计划。

"K号作战"之"转进"

根据"K号作战"规划，联合舰队首先派遣第2舰队前往瓜岛北部700海里位置，掩护驱逐舰部队高速行进。

为了扰乱美军判断，日军又派遣巡洋舰"利根"、潜艇"伊8"、802航空队等部队前往瓜岛东部海域，伪造进攻态势。与此同时，日军陆军航空兵也前往轰炸澳大利亚达尔文港，牵制澳军。一连串佯动之后，瓜岛日军终于迎来曙光。

其实当时撤军非常麻烦。驱逐舰运输人数毕竟有限，但瓜岛残存的1.5万名士兵不是有伤就是得了疟疾，还深受饥饿困扰，先后顺序很难把握，要是铺开了撤军很有可能引起混乱。于是1月31日深夜，当20艘驱逐舰抵达瓜岛之时，日军便假意号召士兵进行"万岁冲锋"，自愿参与者自然是符合日本军人对于"武士道"的要求，因而也有幸成为第一波撤退之人。

从2月1日到7日，日军连续3次执行撤退作战，通过驱逐舰与航空部队的配合，日军大部队撤离瓜岛。虽然中间不乏美军飞机空袭，然而由于日军伪装工作成功，美军一直以为日军在向瓜岛增兵，直到2月8日美军进入日军阵地，俘虏1000余名日本士兵，才知道大部队早已扬长而去。

值得一提的是，美军之所以没有大规模阻碍日军，主要因素是大本营通信参谋伊藤春树（いとうはるき）少佐假扮美军，用美军电报习惯给亨德森机场发送"发现日军航母2、战舰2、驱逐舰10"的假电报，仙人掌航空队自然不敢轻易起飞，而就在美军高层明白问题之后，日军却已经成功撤完士兵。

2月8日，美军第161步兵团各部在塔萨法隆加海角附近会合，他们虽然发动钳形攻势，但由于日军早就走完了，战利品也只有俘获少数几个日军狙击手，收获一些武器装备——"瓜达尔卡纳尔岛上有组织的抵抗已经宣告结束"——帕奇向上司哈尔西少将发送这一消息，哈尔西也不无风趣地回电："我派出一个傻瓜到瓜达尔卡纳尔当裁缝，真没想到他这么快就扒下敌人短裤，感谢！"

虽然"K号作战"成功撤走海军832人、陆军12298人，然而对比日军累次投入的3.3万人马，最终回归日军怀抱的只有不到一半。另外一半之中，战死约8200人，非战斗减员约11000人。由于数月之间缺乏粮食与药品，不少伤员难得医治而亡，更有大量健康士兵活活饿死。

"K号作战"日军撤退情况

日期	驱逐舰	计划撤退士兵	损失	实际撤退士兵
2月1日	20艘	第38师团，第17军司令部与直辖部队一部，海军陆战队，伤员，患者	驱逐舰"卷波"无法航行，"卷云"沉没	海军250人，陆军5164人
2月4日	20艘	第2师团，第17军剩余直辖部队大部	驱逐舰"舞风"无法航行，零战1架坠落	海军519人，陆军4458人
2月7日	18艘	第38师团殿后部队	驱逐舰"矶风"受损	海军63人，陆军2576人

"所罗门群岛瓜达尔卡纳尔岛的作战部队自去年8月以来，将轮番登陆的优势敌军压迫到该岛一角，激战奋斗，妥善击退敌船力，目前目的已经达成，于2月上旬撤出该岛，转进他处。"

"挺进到布纳附近的部队以寡敌众，击溃了敌军执拗的反击，如今任务已经完成，于1月下旬从阵地撤出，转进他处。"

1943年2月9日19时，在两句别扭的"转进"之后，日军灰溜溜离开了瓜岛与新几内亚布纳地区——但他们并不甘于失败，很快又在新几内亚岛展开新的作战计划，当然，也将迎来新的失败。

你死我活：日本第4次形势判断与卡萨布兰卡会议

1943年2月27日，也就是瓜岛撤退作战结束当月月底，日本针对世界形势又进行了一次判断。如果将1941年11月15日决议作为第1次判断，那么1942年3月7日便是第2次，11月7日是第3次，如今便到了第4次判断。

由于受到瓜岛战败与德军惨败斯大林格勒战役影响，日本将欧洲方面盟军动态从"攻势"调整为"守势"、德意军队从"攻势"调整为"守势",太平洋方面则认为美英军队会在年内开启西南太平洋、阿留申群岛、缅甸夺回作战,至于英美与德意媾和则依然没有指望。

虽然日本对于形势判断基本准确,但数据本身却没有修缮,比如第3次判断的德国生产能力是实际能力的一半,美国实际生产能力则是预测能力的一倍。这种失误导致日本依然坚持第3次判断结果:"今后针对美英国家对日反攻应随时随地歼灭敌军战力。"

另外,第3次判断中关于"美国进行战争的能力,至少今后两三年内由于军备和军事生产能力的飞跃提高,将日益增强"的判断,在第4次判断之中也尽数删除。

这看似是一次判断倒退,但实际上这一举动也与1943年1月24日刚刚结束的卡萨布兰卡会议有关。

1943年1月6日,罗斯福在新年第一份国情咨文里提出:"我断定希特勒与东条将很难向德国与日本人民解释,为什么'腐朽无能的民主制度'却能生产出更多武器、弹药、装备还有斗士。"这番话虽然有着鼓舞成分,但也预示着盟军军备与兵员的"飞跃提高"已经是板上钉钉了。

1月8日,罗斯福来到迈阿密,对外宣称休假,实际上却与助手霍普金斯一起乘坐飞机飞往非洲北部的卡萨布兰卡,准备与丘吉尔会面。

随着北非战局逐渐有利于盟军,英美与苏联围绕下一阶段作战计划事实上又存在新的争执:英美考虑到大西洋遍布德国潜艇,自然是希望苏联能够进一步拖住希特勒脚步,但同时也担心苏联会不会与德国停战,因而开始探讨能否通过北非战局而进攻意大利;另一方面,苏联希望英、美能够迅速开辟欧洲第二战场,否则苏德战场压力就会过大。

罗斯福与丘吉尔本想拉上斯大林一起在卡萨布兰卡开会,然而斯大林却意识到英、美不可能在1943年从法国开辟欧洲第二战场,加之斯大林格勒会战处于尾声,斯大林也不愿意离开苏联。于是1月14日,英、美首脑相聚于卡萨布兰卡。

英、美战略最大分歧就在于侧重点。面对希特勒咄咄逼人的"狼群"战术，英国更希望保障大西洋补给线安全，这就需要美国海军提供力量支持；另外，英美盟军刚刚夺取北非，只要突尼斯一经夺取，就更容易在意大利西西里岛发动反击，进一步扩大地中海制海权；相比之下，英军在印缅战场不愿投入太多，更希望把缅甸交给中国盟军，而凭借英帕尔山路天险将日军挡在印度以东。

但针对英国最希望的"进攻意大利"思维，美国陆军马歇尔上将与海军金上将创纪录地联起手来，共同反对。

马歇尔之所以反对进攻意大利，主要是因为即便能够瓦解意大利这个丘吉尔所谓"柔软腹部"，德国依然可以凭借意大利复杂的地形将战火阻隔在阿尔卑斯山以南，所谓"任何转移总战略或是节外生枝的举动都讲劳而无功"，不如直接从法国登陆，沿着德国 1939 年进攻法军的路线倒推回去；至于反对进攻意大利，则是因为美国海军主要在所罗门群岛作战，而且刚刚赢得瓜岛战役胜利，应该乘胜追击，将日本势力彻底赶出西南太平洋。

丘吉尔与英国官僚在会议之前就担心美国海军不支持大西洋行动，到这时自然更加反对美国海军反击马绍尔群岛与加罗琳群岛的计划，但马歇尔却表示如果英国不同意美国反击太平洋战线，那么"美国将迫不得已从欧洲战场撤出"。经过一番扯皮，美国海军原则上同意继续帮助英国扫清大西洋航线，英国则同意向中国重庆政府提供支持；之后，美国同意丘吉尔进攻意大利的缩小版计划，丘吉尔也在原则上谅解了美国海军在 1943 年太平洋战场的反击。

最终在 1 月 18 日晚上，英、美签订一份协议，其中为 1943 年盟军战略划定优先级：

1. 大西洋：击败德国潜艇；

2. 苏德：为苏联继续提供物资；

3. 第二战场：英国为 1944 年登陆法国做准备；

4. 德国：增加对德国本土轰炸；

5. 北非：进攻西西里岛；

6. 太平洋：收服阿留申群岛，进攻加罗林群岛与马绍尔群岛的日军基地；

7. 印缅：英军反击缅甸。

　　相比于后来几次盟军首脑会议,卡萨布兰卡会议效率很低,总体上也乏善可陈,双方参谋人员经常被迫退出谈判席,以让英、美高官的矛盾不至于太损伤感情。但即便如此,最后达成7条优先级协议依然让英、美两国消弭矛盾,回归联合,并且取得战略一致,这较之对手德、意、日实在是不知道强到哪里去了。

　　1月24日,就在会议闭幕之后,罗斯福接受媒体采访时首次祭出"无条件投降"(Unconditional Surrender)概念,提出在彻底摧毁德、意、日法西斯军队之前,不会停止战争。2月12日,罗斯福又在广播之中进行补充声明"我们对轴心国一般百姓并无恶意,但我们一定要给其邪恶、野蛮的领导人以惩罚"。

　　从当时国际形势来看,罗斯福最初意思并不一定是要消灭德国与日本两个国家,而是给盟友苏联一个"战斗到底"的态度,以免苏联在极端情况下倒向轴心国。但罗斯福或许也没有想到,他这番讲话彻底改变了战争性质,这场世界性战争不再是19世纪类型的非零和博弈类战争,而是你死我活的零和博弈类战争。

　　既然是零和博弈,日本无论强弱,除去"随时随地歼灭敌军战力",也没有其他办法可用了。

第四章　攻势极限

反跳轰炸
——南太平洋战区的航空兵力量对比和"81号作战"的惨败

瓜达尔卡纳岛漫长的拉锯战虽然最终以日本陆、海军的全线崩溃、狼狈撤退而落幕，但是这一战略挫败却并未改变日本陆、海军在辽阔的南太平洋战区保持所谓"攻势"的决心。甚至在瓜岛的战事进展极为不顺的情况下，日本陆军第8方面军司令今村均仍不断将地面部队投送向另一个泥潭——新几内亚东部地区。

据说在今村均接任第8方面军司令一职的当天（1942年11月16日），东条英机亲自安排这位同学兼亲信觐见"天皇"，裕仁在发表了"来自东南太平洋方面敌之反攻，关系国家兴亡，须迅速援救苦战之军，挽回战局"的谕示之外，还特意叮嘱："今村努力干，全靠你了。"

日本陆军第8方面军司令今村均

天皇的当面勉励，令率部横扫爪哇之后一度饱受同僚非议的今村均干劲十足。其于11月20日乘飞机离开横滨之后，首先抵达特鲁克与海军联合舰队司令山本五十六建立联系。在11月

22 日抵达拉包尔后，更是马不停蹄地部署了第 8 方面军所属第 17 军全力夺回瓜岛，同时组建第 18 军投身新几内亚战场，确保关键战略节点——布纳港（Buna）的同时，在新几内亚东部建立起更为稳固的战线。

今村均的决定看似鲁莽，但却也代表了东条英机政府对整个战局的悲观预计。在瓜岛战役开始之后，东条英机便极度关注南太平洋的战局发展，对局势的担忧使得他在不断派出亲信参谋前往拉包尔等地掌控情况的同时，频繁展开各种会议，以期在陆军内部达成一致。其中在 11 月 4 日于首相官邸举行的"恳谈会"中，时任陆军参谋本部作战部长的田中新一直言不讳地向东条英机表示："如不能确保新几内亚东部，拉包尔也保不住。拉包尔一旦丧失，着持久态势也将崩溃。"

田中新一的这番话，东条英机自知不是危言耸听。毕竟拉包尔不过是孤悬南太平洋的新不列颠岛东部的一个港口城市，毫无战略纵深可言。如果日本陆军真的放弃新几内亚东部，那么拉包尔一线的防御早晚会在美国陆、海两军航空兵的打击下崩溃。

当然作为日本方的战争操盘手，东条英机的视野要比田中新一更为辽阔一些。借着"恳谈会"中田中新一等人大谈"航空制胜论"的高调，东条英机有意强调说："以航空作战为重点虽可，但来年的飞机生产，恐怕超不过 8000 架。130 万吨的希望更达不到。国力是有限度的，如果重视空中势力则必须调整地面兵力。"东条英机的这番话无疑是在告诉田中新一等人，在战机和军舰等技术装备大量损失，且补充困难的前提下，与其和拥有强大军工生产的美英盟军比拼战斗机数量，不如调动尚算完整的地面部队，与对手决胜陆上。

首相府邸召开的"恳谈会"结束之后，11 月 7 日东条英机更进一步在向"天皇"裕仁的密奏中说明了自己对未来战事的判断和对策："美国自南太平洋方面对日反攻，规模最大且最易实施……美国可能利用澳大利亚及其周围岛屿以及连接美澳间的一系列岛屿基地，使陆海空大兵力展开，企图从该方面夺回我南方占领地域及攻占南洋群岛，或空袭破坏我重要资源地带，并且极易威胁我在西太平洋的制海权……必须预料在该方面，围绕争夺战略要点，日美之间将发展为决战……为此，发挥陆海军之综合威力，确保所罗门群岛及东部新几内亚全域，乃陆海军统帅部间完全一致之判断。"

为了贯彻东条英机固守"新几内亚东部—所罗门群岛"一线的战略理念。11月18日第18军方面以"鼠运输"的方式从拉包尔向新几内亚增派了第114联队补充兵、第38师团第229联队第3大队在内的1500人，3天之后又以类似的方式将"南海支队"补充兵约800人送往了布纳侧后的巴萨布。

有鉴于上述两支部队均平安地于布纳附近登陆，11月26日第18军司令安达二十三决议向新几内亚方面增派成建制野战部队——独立混成第21旅团。按照常理来说，日本陆军一个独立混成旅团的兵力在5500—7000人，无法搭乘驱逐舰编队以"鼠运输"的方式跨海机动。但这个由昔日"印度支那派遣军"改编而成的独立混成第21旅团却是个异类。由于其仅下辖1个步兵联队（步兵第170联队），因此整个旅团满员兵力也不过1100余人。且在11月16日从帕劳群岛开赴拉包尔的途中，遭遇美国海军潜艇"海豹"号（USS Seal, SS-183）的伏击：228名士兵带着联队旗与运输船队旗舰"波士顿丸"一同沉入了海底。因此第一批增援布纳的日本陆军实际上仅为2个大队、850余人。

但独立混成第21旅团的运气实在太差，当其所搭乘的4艘驱逐舰（"白露""卷云""夕云""风云"）于11月29日白天通过丹皮尔海

日本海军拥有强大作战攻击力的驱逐舰沦为武装运兵船，还频频在行动中遭遇损失（图中为"卷云"号）

太平洋战争全史

峡①遭到美军 B-17 型轰炸机群的攻击。驱逐舰编队之中的"白露"号遭遇重创、"卷云"号被近失弹所伤，运输行动被迫取消。2 天之后独立混成第 21 旅团搭乘日本海军新调来 4 艘驱逐舰（"朝潮""荒潮""矶波""电"）再度出发，虽然成功在夜色掩护下抵达了预定卸载地点巴萨布，但却由于美军战机的袭扰，不得不在改造更北的库牟希河口一线登陆。却由于美军战机的追踪，最终日本海军驱逐舰也仅将运送兵力的一半送上了岸：旅团长山县栗花生以下 425 人。

此后日本海军方面于 12 月 8 日、12 月 15 日先后两次试图组织"鼠运输"。但均由于美军航空兵的空中封锁而作罢。由于后继乏力，仅有 1 个步兵大队规模的独立混成第 21 旅团根本无力在美澳联军的侧后打开局面，12 月 8 日先前抵达巴萨布的第 114 联队补充兵等部队也在美澳联军的围攻之下，与此同时，困守布纳的日本陆军各部队亦弹尽粮绝。可以说，此时日军在新几内亚东部以救援布纳为目标的军事行动已经失败了。

但是今村均的意图从来就是救出被围困的日军部队。在布纳失守已成定局的情况下，12 月 12 日，第 8 方面军司令部向第 18 军下达了抢占新几内亚中部威瓦克、马丹以及在新几内亚岛西段的吐鲁布一线修筑机场的命令。在海军方面"东新几内亚护卫队"的协助之下，第 18 军相

已经明显落后于时代的日本海军"天龙"号轻型巡洋舰

---

① 丹尼尔海峡——位于温博伊岛和新不列颠岛之间，连接北面的俾斯麦海和南面的所罗门海，长 50 公里，宽 24 公里。

关地面部队虽然成功抵达指定位置。但在 12 月 18 日夜的运输过程中，日本海军轻型巡洋舰"天龙"号遭遇美军潜艇"长鳍金枪鱼"号 (USS Albacore, SS-218) 的伏击。"天龙"号舰身中部被两枚鱼雷击中，2 个小时后沉没于南纬 5 度 11 分、东经 145 度 57 分的海域。

作为一艘 1919 年下水的轻型巡洋舰，"天龙"号的性能虽然已经远远落后于时代。但在日本海军主力舰大多集中于瓜岛一线之际，"天龙"号在新几内亚东北依旧堪称"主力舰"，一度被作为日本海军第 18 战队的旗舰，指挥着第 8、第 10 驱逐舰队总计 9 艘驱逐舰。因此"天龙"号被击沉之后，日本海军颇为心疼，一方面于 12 月 24 日宣布解散第 18 战队、将责任人——第 18 战队司令松山光治就地免职、调任馆山炮术学校校长去了。另一方面则以瓜岛战事需要，减少了水面舰艇在新几内亚东部海域的行动，仅以潜艇向布纳一线运送补给。

对于海军方面表现出来的"情绪"，东条英机等陆军高层自然不能等闲视之。在暂停中国大陆方面所拟订的"五号作战"计划，从朝鲜和中国华北先后抽调出第 20 师团和第 41 师团用于新几内亚东部战场之后。又从"关东军"方面抽调大批精锐飞行员，于拉包尔一线编组成第 6 飞行师团，配合海军航空兵与美澳联军争夺战场的制空权。

从 12 月 18 日开始，第 6 飞行师团所属第 11 飞行战斗队的 57 架一式"隼"型战斗机陆续抵达拉包尔。作为日本陆军最为新锐的战斗机，一式"隼"拥有着与日本海军"零"式战斗机相当的战斗力，自太平洋战争爆发以来亦有着辉煌的战绩。而第 11 飞行战斗队又是参加过诺门坎战役的所谓"闪电部队"。因此第 8 方面军对其的到来，一度抱以厚望。认为只要海、陆两军航空兵部队可以精诚合作，将美澳联军的飞机赶出新几内亚的天空绝非难事。

不过对于第 6 飞行师团的到来，日本海军方面却并没有太多的欣喜。在瓜岛方向损兵折将，在新几内亚东部战场又屡屡拿美军 B-17、B-24 型轰炸机没有办法的日本海军飞行员之中流传着这样的笑话："'零'式战斗机 20 毫米机炮都打不下来，13 毫米机炮（一式'隼'型战斗机的主要武器）就能打下来吗？"

奚落归奚落，新几内亚东部战局的发展很快便令日本海、陆两军不得不并肩作战：1 月 2 日日本陆军在布纳方面的守军在美澳联军的长期围攻之下，最终全军覆没。尽管美澳联军对日本陆军在布纳战场上的顽强心有余悸，感慨："那些'狗杂种'一直打到最后一口气，他们一直战斗到你的刺刀穿透他们的胸膛时为止"，并悲观地预测"在我们面前会有几百个布纳"。但日本陆军却无意在布纳周边与美澳联军继续纠缠。

此时在布纳以西的吉尔哇地区，仍驻守着日本陆军独立混成第21旅团及"南海支队"的残部。这些本就兵力有限的部队又遭受了饥饿和恶劣环境的削弱，且长期处在美澳联军的地面炮火和空中打击之下，早已不堪一战。但是要让他们撤出战斗，日本陆军还需要在吉尔哇以西的莱城（Lae）构筑新的防线。

比邻佛思湾的莱城，是昔日英国殖民者在新几内亚东北部的政治、经济、文化中枢，有相对完整建筑群和城市补给系统可以依托。况且日本军队于1942年7月登陆新几内亚之后，莱城便长期处于日本海军的控制之下，部署有1200余人的"第7根据地队"。鉴于上述有利条件，1942年12月21日第8方面军便向第18军下达了"确保莱城，加强该方面的战略态势以便以后作战"的命令。28日更将刚刚从中国广东调来的第51师团编入第18军的指挥序列，明确要求第18军"先以一部在莱城附近登陆"。

今村均的一再督促，令安达二十三不敢怠慢，火速以第51师团已经抵达拉包尔的第102联队交给已经空壳化的"第51步

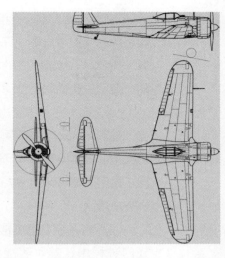

日本陆军一式"隼"型战斗机的三视图

兵团"司令冈部通少将指挥，以"冈部支队"的名义向莱城急进。而为了护送这支生力军，日本海军方面调集了 5 艘运输船，并配备了"浦风""谷风""浜风""矶风""舞风"5 艘驱逐舰担任护航任务。日本陆、海军的此番联合行动，代号为"第 18 号作战"。

1943 年 1 月 5 日夜，"冈部支队"从拉包尔出发。翌日清晨便遭遇美国陆军第 43、第 90 轰炸机联军的 6 架 B-17、6 架 B-24 型轰炸机群的攻击。日本陆军第 6 飞行师团和海军第 528 航空队全力护航。虽然取得了击落美军 2 架 B-17 轰炸机的战绩，但亦有 2 架一式"隼"型战斗机被击落。

好不容易将运输船队送抵了莱城港附近。在部队登陆和装备卸载的过程中，美军轰战机群再度来袭。一场连绵两天的海空鏖战之后，第 6 飞行师团虽然又陆续击落 6 架美军战机。但运输船队之中"日龙丸"被炸沉、"妙高丸"被迫抢滩搁浅。好在"冈部支队"的兵员和装备损失不大。因此日本陆军还是认定"第 18 号作战"取得了圆满成功。

随着"冈部支队"在莱城一线站稳了脚跟，1 月 13 日第 8 方面军司令向第 18 军下达了从吉尔哇一线撤退的命令。按照预定计划，驻守吉尔哇北部的独立混成第 21 旅团将从海上撤离，而"南海支队"残部则在新到任的指挥官小田健作少将的带领下从陆路向莱城撤退，"冈部支队"则在库牟希河口一线接应。

但是海军方面却认为吉尔哇一线已经处于美澳航空兵的重点打击范畴，拒绝派出舰艇协助陆军撤退。与此同时，1 月 16 日美澳联军对吉尔哇展开了新一轮的进攻，独立混成第 21 旅团与"南海支队"之间的战线被撕裂。日本陆军在该地区所控制的海岸线也仅剩下不足 2 公里。在这样的情况下，独立混成第 21 旅团率先脱离战斗，以"南海支队"全面覆没为代价，成功突围至库牟希河口。

根据独立混成第 21 旅团方面的说法，"南海支队"是在突围无望的情况下，小田健作少将自愿断后的，独立混成第 21 旅团感其悲壮，将重伤员送上舟艇，然后凡能站起步行的人员于 20 日晚毅然突破敌阵的。而"南海支队"方面却认为独立混成第 21 旅团根本没有向己方通报情况，才最终导致小田健作少将等人最终在孤立无援的情况下饮弹自戕的。但无论如何，随着日本陆军从吉尔哇的撤离，布纳一线的战斗以日本陆军的彻底失败而告终。

事后，日本陆军总参谋部总结布纳之战，认为：自昭和17年（1942年）7月"南海支队"首战，在布纳地区踏上第一步以来，恰好经过半年，结果是日军丧失了布纳地区的地盘。参加该方面作战的总兵力，陆军约15000名，海军约2900名（其中约2000名，至11月中旬布纳地区战斗开始前，曾调去其他方面），由于这些部队的努力，莫尔兹比曾一度在望，但终于不得不放弃布纳地区。究其原因，使人痛彻感到我海空尤其是航空力量的劣势。

可惜的是航空力量方面的劣势，并未真正引起日本陆军方面的重视。1月28日以莱城为主要据点的"冈部支队"奉命对瓦乌一线发动进攻，试图趁此机会夺取当地的机场，并打通翻越奥因斯坦列山脉威胁新几内亚南岸的战略通道。作为刚刚抵达战场的生力军，"冈部支队"成功渗透到了美澳联军的防线附近，打了对手一个措手不及。但却错误地将一片平原地带误认为是4公里之外的机场，白白错失了战机。随后

吉尔哇战役后踏着泥泞展开追击的澳大利亚士兵，脸上洋溢着胜利的笑容

几天里美澳联军不断通过空运的方式向瓦乌增兵，令后继乏力的"冈部支队"最终不得不知难而退。

第18军方面认为"冈部支队"未能夺取瓦乌是缘于兵力不足，因此决议继续向新几内亚东部增兵：将第51师团主力配备于莱城地区；将第20师团配备于马丹；将第41师团配备于威瓦克，在首先强化战略态势后，再派第20师团进抵莱城，与第51师团一起充当进攻矛头。

值得一提的是日本陆军所谓的强化战略态势，不仅仅指的在马丹和威瓦克一线构筑地面防御工事，而要求第20和第41师团投入当地的机场建设之中，把修建机场的任务交给野战部队，这在日本陆军历史上尚属首次，更有浪费兵力之嫌。但参谋本部妙笔生花，这件蠢事随即变成了：这两个兵团的官兵深体航空优先的意义，放下枪炮，提起锹镐，向热带大地开始了挑战。

一边是放着两个师团的兵力修理地球，一边却又不得不冒险通过海运向莱城继续增兵。正是在如此荒唐的逻辑之下，1943年3月1日第18军将6400名战斗人员（含400名海军陆战队员）送上了8艘运输船和8艘驱逐舰，浩浩荡荡地由拉包尔开赴莱城。开始了代号为"81号作战"的死亡之旅。

应该说"81号作战"开始之前，第18军方面便已经预估到了遭遇美澳联军空袭的可能。特意安排了第6飞行师团和海军各航空兵飞行中队200余架战机展开接力护航。但是当3月2日船队抵达莱城附近海域之时，还是遭到了美国陆军第5航空队毁灭性的打击，不仅8艘运输船全军覆没，担任护航任务及运送第51师团司令部人员的8艘驱逐舰之中亦有5艘被击沉。船上6912名日本陆、海军人员，仅有3248人获救。也就是说超过半数以上的战斗人员和所有重型武器、弹药粮秣悉数葬送于海底。

消息传到日本本土，随即引起了一片哗然。甚至连"天皇"裕仁都亲自"垂问"。要求日本陆、海两军迅速查明原因、拿出对策。但事实上"81号作战"早在展开之前便遭到了"南方军"的反对。对于参谋本部草率地认为"用200架战斗机掩护，可无问题"，"南方军"参谋次长稻田正纯当面反驳称："由于我方连续进行掩护，以致在同时能使用的机数显著减少，相反敌机却是群集而来。"

当然造成"81号作战"悲剧的原因并非那么简单。早在2月中旬，美国陆军第5航空队司令乔治·丘吉尔·肯尼中将（George Chiurchill Kenney，1889—1977）便根据新几内亚战局的发展和日本海军船舶的调拨情况，判断日本陆军近期将进一步向莱城方面增兵。2月19日，美澳联军无线电情报部门报告，通过破译的日军通信确认拉包尔方面将有一支船队在3月初起航。综合各方面的情报，乔治·丘吉尔·肯尼中将决议调动美澳联军航空兵主力对这支船队发动大规模空袭。

麦克阿瑟的心腹爱将——乔治·丘吉尔·肯尼

此时美澳联军在新几内亚战场可以调动的各类战机超过400架。但大多为美国陆军的B-17、B-24、B-25型轰战机以及A-20型攻击机，设计之初均以对地攻击为主。澳大利亚皇家空军所装备的英制"英俊战士"（Beaufighter）VI型和"波弗特"（Beaufort）MK I型鱼雷轰炸机，虽然拥有一定的对舰攻击能力，但数量有限，且训练不足。

因此为了能够给日本运输船队以重创，美澳联军航空兵于1943年2月下旬开始，在莫尔兹比港外展开了针对低空轰炸训练。尽管在训练过程中美澳联军航空兵有2架战机低空投弹时被自己投下的炸弹所炸伤，1架战机由于未能及时拉起，而撞到了作为靶舰的搁浅废船"普鲁特"号的桅杆之上。但是训练还是取得了巨大的效果，美澳联军发现低空投下的炸弹，不仅命中率更高，且由于离开轰炸机弹舱所携带的动能，有一定的概率会在水上跳跃滑行，产生类似于鱼雷的直线攻击效果。美澳方面称这种情况为"跳弹攻击"（Skip bombing），而日本人则称之为"反跳爆击"。

值得一提的是，一些史料之中想当然地将美澳联军的这一战术发明，归功于1943年5月16—17日英国皇家空军第 617 轰炸机中队对德国鲁尔水坝的"跳弹攻击",这一说法不仅在时间线上无法成立,更忽视了双方在攻击目标上的差异。事实上英国皇家空军对鲁尔水坝的轰炸,采用的是特制的球形炸弹。而美澳联军则只是利用了普通炸弹的物理惯性。

就在美澳联军航空兵密集地展开低空轰炸训练的同时,盟军气象部门预测 3 月初整个新几内亚北部都将笼罩在恶劣天气中,肯尼判断日军可能利用这有利时机向莱城增兵,随即强化了对新几内亚北部和新不列颠群岛的空中侦察。果然 3 月 1 日早晨,一架隶属美国陆军航空兵第 90 轰炸机大队第 321 中队的 B-24 型轰炸机发现日军船队的踪迹。虽然此后由于恶劣天气的影响,目标一度丢失,但是 3 月 2 日上午 8 点,美国陆军航空兵还是再次锁定了对手。

40 架 B-17 型轰炸机分成两个攻击波次率先出动。尽管由于恶劣的气象条件和日本海军航空兵护航战机的干扰,美澳联军在这一轮打击中并未采用低空轰炸的模式,仅是在 2000 米以上的高空投下炸弹。但仍击沉了日军运输船"旭盛丸",搭乘"旭盛丸"的 1500 余名日本陆军官兵落水之后,其中 950 人被日本海军驱逐舰"朝云"号和"雪风"号救起。鉴于其中有一些急需救治的伤员,"朝云"号和"雪风"号脱离编队先行赶往莱城。

3 月 2 日午后,又有 8 架美军 B-17 型轰炸机对日军运输船队展开攻击。但仅仅炸伤了由海军运煤船改造而成的运输舰"野岛"号而已。而随着夜幕逐渐降临,日本运输船队的危险期似乎已经逐渐过去。毕竟再有一夜的航行,船队便可以抵达莱城,而前方已经传来了"朝云"号和"雪风"号成功抵达,此前"旭盛丸"落水的士兵已经安全上岸的

美国陆军航空兵 1942 年的主力轰炸机型:B-17

消息。

3月3日上午时分，日本海军航空兵的"零"式战斗机如期抵达船队上空执行护航任务。昨天脱离编队的"朝云"号和"雪风"号业已返回。负责指挥本次运输任务的日本海军"第3水雷战队司令官"木村昌福随即命令剩余的7艘运输船组成"左四右三"的平行纵列。8艘驱逐舰则按照左翼"时津风""荒潮""雪风"；右翼"浦波""朝潮""朝云"；"白雪""敷波"居中的阵型加速向莱城方向驶去。

上午7点30分，日军运输船队抵达莱城附近海域之时，遭到了几架澳大利亚空军"波弗特"型鱼雷攻击机的袭扰，但并未给日方造成实质性的损伤。但就在木村昌福认为即将顺利抵达莱城之际，一场空前的钢铁风暴却正在这片俾斯麦海的上空积蓄着力量。按照乔治·丘吉尔·肯尼中将的统一部署，几乎所有新几内亚地区的美澳联军战机均在3月3日上午升空，并按照预定计划向俾斯麦海上空集结。

9点30分，第一批美军空袭机群在狩猎岬（cape ward hunt）上空集结完毕。30分钟过后，第一攻击波次的13架B-17型轰炸机在16架P-38型双发重型战斗机的掩护下，向日军船队发动了进攻。尽管这轮攻击依旧是精确度无法保障的高空轰炸，并未对日本舰艇造成实际的伤害，但是为了躲避高空落下的炸弹，日本海军的战术编队被彻底打乱，成为紧随其后从低空扑来的美澳联军航空兵翼刀下的鱼肉。

首批从低空展开突袭的是13架澳大利亚皇家空军的"英俊战士"型鱼雷攻击机。不过，鉴于澳大利亚空军在鱼雷攻击领域训练不足、攻击效果欠佳，因此美澳联军要求这些"英俊战士"使用机头部所安装的4门20毫米机关炮和机翼上共有6挺7.62毫米机枪，对日军舰艇展开抵近射击。

凭借着速度上的优势，"英俊战士"迅速掠过日本船队外围的驱逐舰，随即以密集炮火横扫脆弱的运输船。一名搭乘"英俊战士"的美军观察员生动地描绘了当时的情景："我们快速将敌军的驱逐舰抛在了身后，但他们持续用自己各种口径的高炮向我们射击，小口径速射炮的呼呼声和大口径高炮的咣咣声不绝于耳，可以看到曳光弹组成的火线在我们的飞机周围放射着。一艘运输船被纳入了飞机的视野，它伪装得很好，并有前后桅杆。起初它看上去很模糊，但随着飞机的高速接近越来越清晰。机首机炮开火的巨大震动犹如雷鸣一般，震得你双脚发麻，同时可以清楚地看到机枪曳光弹组成的火线投射在船身上。经过短暂的沉寂后，橙色的火球忽然从船身上各处喷涌而出。"

尽管澳大利亚皇家空军的"英俊战士"用密集的机载枪炮压制了日方运输船队的防空火力，并大量杀伤了其有生力量。但这些小口径的武器并不能真正给这些舰船造成结构性的伤害。因此在"英俊战士"的机群掠过日方舰队上空之后，美国陆军航空兵第90攻击机中队的25架B-25型轰炸机进入战场。其中未进行改装和低空轰炸训练的13架仍采用高空水平轰炸的模式，从2000米以上的空域倾斜炸弹，而剩下的12架则贴着海平面向目标扑来。

此时日本海军编队指挥官木村昌福在早先的澳大利亚皇家空军的密集扫射中负伤，左腿、右肩、右腹部均被子弹贯穿，在旗舰"白雪"号驱逐舰打出"指挥官，重伤"旗语的情况下，整个编队失去了统一的指挥。面对低空袭来的B-25机群，日本海军错误地将其视为鱼雷攻击机，随即调转船头笔直驶向机群来袭的方向。

日本海军的这一举动从结果来看堪称"插标卖首"。因为当舰艇与来袭敌机保持直线航行的情况下，的确可以有效地规避鱼雷的攻击，但是来袭的B-25型轰炸机前部安装有10挺12.7毫米机枪，可以轻松地

密集扫射目标的"英俊战士"

从头到尾对舰艇上层甲板建筑展开扫射。与此同时，从弹舱跃出的炸弹也可以借助着惯性在海平面上跳跃着撞上日军船舰的艏部。

转瞬之间，日本舰队之中的 7 艘运输船和“时津风”“白雪”“荒潮”3 艘驱逐舰先后中弹。其中运输舰“建武丸”“爱洋丸”，驱逐舰“白雪”当场沉没。“荒潮”则舵机受损，直接撞上了运输船“野岛”号。被转运到驱逐舰“敷波”号上的木村昌福带伤了解了一下情况后发现整个编队剩余 5 艘驱逐舰中，“浦波”“敷波”“朝潮”3 舰也中弹负

第 8 驱逐舰队司令佐藤康夫大佐所乘坐的“朝潮”号与他前去救援的“野岛”号—2

第 8 驱逐舰队司令佐藤康夫大佐所乘坐的“朝潮”号与他前去救援的“野岛”号—1

伤，只有"朝云""雪风"2舰战力相对完整。

考虑到美澳联军随时可能发动下一轮空袭。木村昌福于10点35分下达了"中止救助作业，全舰队向北方避退"的命令。但是乘坐着"朝潮"号驱逐舰的第8驱逐舰队司令佐藤康夫大佐却因为与"野岛"号舰长松本龟太郎私交甚笃，而打出了"我与'野岛'号舰长有过约定，我要去救援他"的旗语。

佐藤康夫大佐的决定表面上看似乎颇讲义气，但实则却是为了一己之私而白白拿一艘战舰上的全体官兵的生命去冒险。就在佐藤康夫大佐救起了好友松本龟太郎及一干"野岛"号及"荒潮"号的舰员之后，大批美澳联军战机再度杀到。此前便已经失去了动力的"神爱丸""太明丸""帝洋丸"和"野岛"号4艘运输船沦为"活靶子"，被迅速击沉。美澳联军战机随即对正试图全速逃离战场的"朝潮"号展开围攻。孤立无援的"朝潮"号拼死抵抗，却仍无力回天。在"朝潮"号舰长吉井五郎中佐、"荒潮"舰长久保木英雄中佐先后战死的情况下，佐藤康夫大佐下达了"全员弃舰"的命令。

不过，就在大部分船员离开已濒临沉没的"朝潮"号之际，佐藤康夫却拒绝了松本龟太郎等人劝其离舰的要求，在与好友握手话别之后，选择了将自己绑在"朝潮"号的舰桥之上与舰同沉。此举既是佐藤康夫对"朝潮"号战死者的愧疚，同时也保全了其名声。

"朝潮"号沉没标志着这场被美日方面称之为"俾斯麦海海战"的海空交锋的最终落幕。美澳联军以有1架B-17型轰炸机和3架P-38型战斗机被击落的代价，轻松地摧毁了一整支日方运输舰队。此战固然是乔治·丘吉尔·肯尼中将所倡导的"低空轰炸"和"跳弹攻击"战术的巨大成功，事后统计低空突击的美军B-25型轰炸机群共投弹37枚，其中17枚命中目标。此后打扫战场和攻击"朝潮"号的A-20机群投弹20枚，命中11枚。与之相比高空轰炸的B-17型机群仅报告命中5发，还未能证实。

除此之外，美国陆军航空兵在此战之中所表现出的战场侦察能力和进攻组织能力也同样令日军望尘莫及。事实上当美澳联军轰炸机群抵达日军运输舰队上空之际，正值两波日本海军护航机群交替之际，因此在战场上空日本海军航空兵集中了41架"零"式战斗机。但却被护航的

美军 P-38 型战斗机群死死地咬住，始终无法给己方舰队以有效的保护。

夜幕降临之后，美日两军各自出动水面舰艇重返战场。一度脱离战场的木村昌福指挥着"浦波""敷波""朝云""雪风"以及赶来支援的"初雪"号 5 艘驱逐舰重新回到了战场，救起了包括松本龟太郎在内的诸多幸存者。在得知佐藤康夫最终战死的事迹之后，日本海军方面追任其为海军中将。而借助着佐藤康夫的友谊而侥幸保全性命的木村昌福此后则出任了横须贺镇守府一职，平安地活到了战争结束。

仍在海面上漂浮的"荒潮"号在确认已无修复可能的情况下，打开海底阀而沉没。而严重受损的"时津风"则命运更为多舛，3 月 4 日白天日本海军航空兵组织了 9 架九九式轰战机对其进行"爆击处分"，但并未将其炸沉。直到 3 月 4 日下午，这艘顽强的战舰才被澳大利亚皇家空军所击沉。

3 月 3 日晚上，美国海军也出动 10 艘以米尔恩湾为基地的 PT 鱼雷艇。但是由于水面遍布日军舰船的碎片，当天晚上美国海军未能对日本驱逐舰队造成威胁，仅有 PT-143 和 PT-150 两艇用鱼雷击沉了同样苟延残喘的日本海军运输舰"大井川丸"。但在随后的几天时间里，美国海军的 PT 鱼雷艇群持续在战场附近的海域巡逻，配合美澳联军航空兵搜索这一带海面上漂浮的日军幸存者，然后毫不留情地对其展开屠戮。此举或许有违人道，但正如澳大利亚历史学者艾伦·史蒂芬斯借着一位澳大利亚飞行员之口所说的那样："在海中每射杀一名日本人，都意味着地面上我们的陆军战友要少面对一个敌人。"

"81号作战"的失败令日本陆、海军不得不正视在新几内亚地区重组攻势的困难性。日本陆军参谋本部认为："到6月时，东南（新几内亚及所罗门群岛）方面的敌空军兵力将达到700架，尤以B-17、B-24为主体的大型飞机的威力令人可怕。地面兵力则是，敌在东南方面新近编成了第6军，暗示正在做发动大规模攻势的准备。对瓦乌地区正在通过空运增加兵力，2月上旬其兵力已经达到3000人。另外，布纳和奥鲁湾间的公路及奥鲁湾的装卸设施也已修建完成。看来，敌军正在积极准备从陆海两个正面进行反攻的迹象十分明显……然而日军的航空兵力，陆海军各机种合在一起总共有300架左右，飞机的补充还不足以填补损耗，再加上缺少基地和修理能力不足以及情报、通信设施不完善等，发挥持续的战斗力是困难的。"

　　在这样的情况之下，作为第8方面军的直属领导，"南方军"司令部认为没有必要继续在新几内亚投入兵力，"南方军"参谋次长稻田正纯向参谋本部提出："不要拘泥于东南方面，可采取弃子战术，由现有兵力负责该方面。在此期间，以巩固后方为宜。"应该说"南方军"的这一思路代表了大多数日本陆海军高层的共识。但在当时的政治氛围之下，没有人愿意承担放弃整个"东南方面"前沿阵地，特别是拉包尔这一战略支撑点的相关责任。

　　在一番权衡之后，3月25日日军"大本营"方面重新制定了《东南方面作战陆海军中央协定》，提出："陆海军真正成为一体，将两军的主要作战首先转向新几内亚方面，确立在该方面的作战根据地。此间，在所罗门群岛及俾斯麦群岛方面加强防御，以确保现在占领的要地，随时击败来犯之敌"的战略目标。

　　针对此前战斗中美澳联军所展现出的空中优势，这份《中央协定》要求：陆海军尽各种手段，迅速增强航空兵力，同时谋求维持并增强战斗力，借以划时期地加强航空作战，万无一失地完成全面作战。具体的兵力部署为：陆军第8方面军司令官指挥的约170架飞机，至9月可增至270架。陆军东南方面舰队司令长官指挥的约240架飞机，至5月约可增至340架，并根据情况增加转用航空母舰的舰载机编队。由此可见，日本陆海军方面非但没有将"东南方面"的据点作为弃子的觉悟，相反还准备向这个方向投入更多的有生力量，甚至发动更大规模但却毫无胜算的航空攻势。

伊号作战
—— 美国陆、海军的纷争和日本海军航空兵的"政绩反击"

    在日本陆、海军通过签署《中央协定》的方式来调节"东南方面"战事的同时，他们的美国同行也同样忙于消弭分歧。围攻布纳和"俾斯麦海海战"的胜利，令麦克阿瑟一扫昔日从巴丹落荒而逃的窘境。他向华盛顿提出要求，要求美国政府再向他提供 5 个步兵师，1800 架各型战机和包括航空母舰在内的海军力量。以帮助他夺取整个新几内亚，随后与从瓜岛出击席卷整个所罗门群岛的美国海军会师于拉包尔城下。

    麦克阿瑟的这一计划，表现上看颇具可行性。但 1943 年 1 月 14 日，美英两国首脑刚刚在北非的卡萨布兰卡召开峰会。英国首相丘吉尔从政治角度考虑，反对美国将过多的兵力投送于太平洋战场，这位老谋深算的不列颠政客，认为苏德投入数百万大军于斯大林格勒的血腥鏖战即将分出胜负。此战之后胜券在握的斯大林势必展开更大规模的反攻。英、美有必要在德国一败涂地之前在西欧建立起自己的势力范围，但同时又不应过分削弱德国。因此最好的办法是先在地中海开辟第二战场，打垮轴心国成员——意大利的同时，逐步向巴尔干半岛和中欧渗透。

    以罗斯福的老辣，自然不难看懂丘吉尔这番蝇营狗苟背后暗藏着战后重建英国在欧洲霸权的野心，但却也不得不承认丘吉尔从地中海一线入手打开局面，的确有利于继续削弱苏、德，扩张英、美利益的绝佳途径。不过，站在美国国家利益的角度，罗斯福虽然表面支持丘吉尔的主张，同时却也以国家领导人不便干涉具体军事事务为由，不断放任美国参谋长联席会议的成员在会议中与英国人针锋相对，摩擦不断。

尽管最终美国人基本全盘接受了丘吉尔的战略计划，但马歇尔与欧内斯特·约瑟夫·金对阵英国总参谋长艾伦·弗朗西斯·布鲁克（当时的英国海军总参谋长达德利·庞德身体情况欠佳未能参加会议）的那些争吵并非是毫无意义的。英国人制订的战略计划表面上获得了尊重，但实则却失去了在欧洲、北非乃至亚洲各地的战术主导权。无论是英国本土的驻军还是澳大利亚这样的殖民地军队，事实上都将在艾森豪威尔、麦克阿瑟这样的美国将领的指挥之下展开行动。当然美国也必须尊重双方达成的既定战略，同意 1943 年不在法国沿海以及太平洋地区发动太过激进的攻势。

因此，对于麦克阿瑟在新几内亚大展拳脚的计划，马歇尔无法给予支持。但为了照顾这个"将门虎子"的情绪，这位美国陆军总参谋长还是派出了作战部副部长魏德迈当面向麦克阿瑟做出了说明。可惜麦克阿瑟根本没有理解领导的一片苦心。魏德迈抵达澳大利亚之后，麦克阿瑟拿出美国海军南太平洋战区司令哈尔西正从瓜岛派遣部队在拉塞尔群岛建造机场的情报，宣称马歇尔的决定被"海军小集团"所利用，是欧内斯特·约瑟夫·金夺取战争主导权的阴谋。

麦克阿瑟的"少爷脾气"，马歇尔早有领教，但却也觉得海军方面在所罗门群岛的"偷跑"有失公允。于是在这位总参谋长的推动之下，3 月 12 日参谋长联席会议召集麦克阿瑟和尼米兹、哈尔西在华盛顿展开协调会议。有趣的是这些将领同时都以"军务繁忙"为由，而拒绝亲自出席，只是派出代表陈述自己的意见。如此一来，马歇尔和欧内斯特·约瑟夫·金这两位幕后大佬便只能走到了台前。

面对麦克阿瑟的心腹参谋长理查德·萨瑟兰，欧内斯特·约瑟夫·金毫不留情地表示海军无法向麦克阿瑟提供更多的战舰。但会谈即将陷入僵局之时，总统罗斯福却突然出面进行了干涉。他明确指示马歇尔将准备送往北非战场的陆军航空兵战机优先调拨给麦克阿瑟。同时，修正了两个战区的战略目标，罗斯福要求麦克阿瑟将拉包尔从 1943 年攻占目标中去掉；但同意其向新几内亚北部的莱城、马丹等地推进。而哈尔西在所罗门群岛北上只限于"到达布干维尔岛的南部"。

在如此有倾向性的决定之下，美国陆、海军最终达成颇为有趣的妥协："太平洋舰队司令部对盟军舰艇的活动享有最后的支配权，但是受

1943 年的美国参谋长联席会议成员，从左往右依次为：美国陆军航空兵司令，亨利·哈利·阿诺德；总统军事顾问，威廉·丹尼尔·莱希；海军作战部长，欧内斯特·约瑟夫·金；陆军参谋长，乔治·卡特利特·马歇尔

支配的只是尚未奉派去执行麦克阿瑟将军下达作战任务的部队"。如此宛如文字游戏一般的说辞，只能说明美国陆、海军之间在主攻方向上的分歧。以麦克阿瑟为首的美国陆军希望从澳大利亚一路向北，通过新几内亚、新不列颠岛，然后一步跨到菲律宾，最终将星条旗重新插回马尼拉。而美国海军则认为逐岛争夺不过是浪费时间和士兵鲜血。美国海军将避开新几内亚和菲律宾群岛的地面战争夺，直接从中太平洋撕开一道缺口，然后直趋日本本土。

而对罗斯福总统来说，美国陆、海军的计划都并非不可取。但和丘吉尔一样，身为政治家的罗斯福有着他自己的"战争时间表"。在罗斯福看来麦克阿瑟急于重返菲律宾的心情可以理解，也同样代表着美国在东南亚的国家形象和政治承诺。但过早拔除日军在拉包尔的据点，将导致澳大利亚和新西兰等英联邦国家不再依赖于美国的保护。而海军方面从中太平洋直趋日本本土的计划，虽然从军事角度来看可谓捷径，但是如果日本迅速战败，其在整个东南亚的殖民体系也将陷入崩溃。届时美国需要投入更多的时间和精力才能在当地重建秩序。

在罗斯福的鼓励之下，麦克阿瑟放手从美国海军手中抽调更多的舰艇和战机加入其所指挥的西南太平洋战区。欧内斯特·约瑟夫·金和尼米兹对此颇为不满，但除了利用烦琐的程序来延缓美国海军的调入麦克阿瑟手中之外，却也没有更好的办法。

美国陆、海军围绕着资源和战区分配权的争夺，并没有影响新几内亚和所罗门方向力量对比的进一步失衡。鉴于3月下旬美国陆军进一步向瓜岛和莫尔兹比基地增派重型轰炸机，澳航空兵对拉包尔一线的空袭力度日益加大的情况，刚刚在"俾斯麦海海战"中遭遇重挫的日本海军决定先发制人。在美军完成对布纳、拉塞尔群岛等前线机场的修缮之前，发动一场大规模的航空攻势。

4月3日，整个瓜岛战役期间始终盘桓于"大和""武藏"两艘旗舰之上的联合舰队司令山本五十六，突然带着全套的参谋班底，由特鲁克搭乘专机飞抵拉包尔。开始部署所谓"伊（い）号作战"的相关事宜。按照山本五十六的计划，日本海军将集中所有精锐航空兵力，从以拉包尔为中心的新不列颠群岛及所罗门群岛航空基地群出击，先行扫荡美军在瓜岛的海空据点，随后再转往新几内亚方向，对莫尔兹比一线进行轰炸。上述两个阶段的航空攻势，被日本海军联合舰队称之为"X作战"和"Y作战"。

此时日本海军在该地区的主要航空兵力为草鹿任一所指挥的"第11航空舰队"（下属第21、第26航空战队）。作为昔日的炮术专家，草鹿任一在瓜岛战役中对海军航空兵指挥可谓是非议颇多。但是山本五十六却没有替换草鹿任一的意思，依旧对其委以重任。只是针对海军陆基航空兵战力不足的情况，又调来了第3舰队的舰载航空兵第1、第2航空战队。但即便如此，日本海军航空兵可以使用的一线航空兵也仅有350架（第11航空舰队陆基战机190架、第3舰队舰载机160架）。

对此曾参与过"偷袭珍珠港"行动的渊田美津雄感慨道："从飞机数量来讲，既赶不上开战初期参加珍珠港战役的南云部队，也赶不上在菲律宾、马来亚作战的陆基航空兵——塚原部队。然而这却是开战一年半以来，在优先保证航空机的口号下，日本海军反复苦求才得以装备起来的名副其实的第一线航空兵的主力。"

4月7日，因为天气原因而延缓了2天才发动的"X作战"终于打响了。当天日本海军第3舰队出动舰载战斗机110架、舰载轰炸机70架、陆基战斗机47架，组成总计227架战机的庞大攻击机群直扑瓜岛附近海域。根据此前的侦察，日本海军判断在瓜岛附近的萨沃岛海域，集结着一支由2艘巡洋舰、6艘驱逐舰、2艘大型运输船组成的美军舰队。

日本海军航空兵进入战场之后，随即遭到了总计76架的美军F-4F、P-39型战斗机的拦截。应该说单纯从双方投入战场的战机数量而言，日军占据着明显的优势，但空战的结果却令人大跌眼镜。日本海军航空兵12架零式战斗机、11架九九式舰载轰炸机被击落。而美军方面仅损失了9架战机。之所以会形成这样的局面，除了中途岛海战以来，日本海军航空兵飞行员的素质每况愈下之外，更为重要的是在日军发动进攻之前，美国方面已经通过战术侦察，预判了对方发动进攻的时间和路线。在调集大批战机于萨沃岛附近空域埋伏之下，当地海、空基地内的战舰和轰炸机也均进行了疏散。

如果不是不走运的美军驱逐舰"亚伦·沃德"号（USS Aaron Ward, DD-483），因为要护送坦克登陆舰LST-449号走慢了一步，日本海军的"X作战"可能根本拿不出像样的战绩。面对蜂拥奔向自己的日军战机，"亚伦·沃德"号以全部火力进行抵挡，但最终还是被击沉于萨沃岛附近海域。但它的牺牲并非全无价值，至少它掩护了坦克登陆舰LST-449号成功逃脱，而在那艘船上有一位刚刚从巴拿马调来的美国海军中尉，他的名字叫约翰·费茨杰拉德·肯尼迪，也就是17年后的那位美国总统。

尽管日本海军航空兵在"X作战"中实际仅击沉了美军1艘驱逐舰、1艘护卫舰、1艘扫雷艇和1艘油船，但为了提振士气，在此后发表的战报之中，海军方面还是宣称："对26艘敌舰船断然进行了攻击，击沉击伤其大半。"考虑到"X作战"已经"圆满成功"，山本五十六下令中止对瓜岛方面的空袭，转向新几内亚方向。

4月11日，日本海军航空兵正式发动"Y作战"。当天，日本海军第3舰队出动舰载战斗机、舰载轰炸机总计94架，对新几内亚东北部的奥罗湾、哈贝湾展开攻击。但是这一行动同样被美军方面预先侦知。在大批战舰都提前疏散的情况下，日本海军航空兵在美国陆军50架P-38型和P-40型战斗机的拦截之下，仅仅击沉1艘扫雷艇、击伤1艘

美军驱逐舰"亚伦·沃德"号（USS Aaron Ward, DD-483）

日本海军的主力远程轰炸机——一式陆基攻击机

货轮。而为了这点可怜的战绩，日本海军还损失了2架零式战斗机和4架九九式舰载轰炸机。

"Y作战"出师不利，令山本五十六不得不调整战略，将目标由海上转向陆地。4月12日，日本海军出动168架战机对莫尔兹比的美军达尔文机场展开攻击。由于预先了解到新几内亚上空云层较厚，因此尽管一度遭到美军44架战机的拦截。但日本海军的"一式"陆基攻击机还是成功地在美军战机悉数疏散之前将炸弹丢在了美国人的停机坪上。但即便如此，此次行动也谈不上成功。因为日本海军以损失9架"一式"陆基攻击机为代价，仅换取了击落美军战斗机6架，在地面击毁其重型轰炸机4架的战绩，堪堪算是打了个平手。

针对美军每每都能抢在己方战机凌空之前完成疏散的尴尬局面，山本五十六决定同时对美军达尔文机场和海军基地米尔恩湾展开空袭。其中对达尔文机场的轰炸主要由陆基航空兵完成，称为"Y1作战"，而对米尔恩湾的空袭则交由舰载机部队实施，称为"Y2作战"。可惜的是两路出击并不能令美军产生顾此失彼的错愕。相反由于分兵，日本海军航空兵在两个战场之上都显得力有不逮。"Y1作战"的参战部队，面对美军的拦截直接打

太平洋战争全史

了退堂鼓。而"Y2作战"也只取得了击沉1艘美军货轮的"安慰奖"。

　　眼见继续打下去也难以取得大的突破，且各参战部队均已十分疲劳，山本五十六于4月16日宣布"伊（い）号作战"取得"击沉巡洋舰1艘，驱逐舰2艘，各种运输舰船18艘，重创各种运输舰船8艘。击落敌机约100架，击毁15架以上"的巨大成功，鉴于作战目标已经达到，故而"伊（い）号作战"圆满完成，各基地航空部队执行原有任务，而舰载航空兵则返回特鲁克归建。

　　山本五十六的这套说辞只能骗骗后方的官僚，在渊田美津雄等参战的日本海军将佐眼中"伊（い）号作战"以49架各型战机的代价取得根本拿不上台面的成绩，基本就是一场败仗。而战斗中暴露出来的飞行员战术素养低劣等问题，更有待进一步强化训练来解决。

　　有趣的是，此前一再提倡"陆海一体化"的日本陆军，在海军发动"伊（い）号作战"期间，却没有派出一人一机参战。对此连"天皇"裕仁都感到无法理解，特意在参谋总长杉山元上奏战报时"垂询"："据说海军将在所罗门、莫尔兹比方面进行大规模航空作战，陆军将如何对待？"可惜这番要求陆、海军应该协同作战的暗示，换来的不过是陆军方面的装聋作哑。当然海军方面的"伊（い）号作战"对陆军并非全无帮助，第8方面军利用美澳联军忙于防御日本海军的攻势，无暇封锁

山本五十六（中）及与其关系复杂的参谋长宇垣缠（左侧持圆规者）

俾斯麦海之际，将步兵第 66 联队及第 51 师团在拉包尔的残留部队运抵莱城，同时将独立混成第 21 旅团及南海支队残部撤出了新几内亚战场。加上日本陆军从马丹向莱城延伸的军用公路，日本陆军在新几内亚依托莱城一线长期固守的态势基本完成。

当然山本五十六发动"伊（い）号作战"的目的，并不是配合陆军完善对新几内亚的防御。在这位老于世故的海军官僚眼中，"俾斯麦海海战"规模虽然不大，但却在日本政界引发了极其恶劣的影响，自己身为联合舰队司令，如果不发动一场航空攻势以示报复，那么加上此前中途岛海战和瓜岛战役的失败，自己本就摇摇欲坠的官位极有可能不保。而也正是因为"伊（い）号作战"本就是一场"政绩攻势"，所以在作战结束之后，山本五十六还一度滞留在拉包尔，并在参谋长宇垣缠的鼓动下，踏上了前往所罗门群岛视察的不归路。

围猎孔雀
——山本五十六之死和阿图岛战役

    有关山本五十六前往所罗门群岛视察的动机，各种版本的传记中给出的答案可谓五花八门，比较常见的说法有两种，一是山本五十六关心部署在所罗门群岛的日本海军陆基航空兵的生活情况，故而亲自前往考察；二是山本五十六对自己在瓜岛之役中不作为而深感愧疚，试图前去慰问退守当地的日本陆军第 17 军的将士。

    客观地说这两种说法均不无道理，"伊（い）号作战"期间山本五十六便格外关心前线航空兵的生活起居，多次在拉包尔接见航空兵代表、嘘寒问暖。另一方面山本五十六在瓜岛战役期间便多次与陆军互动，无论是"不惜拿出'大和'号殊死一拼"，还是"海军准备沉没几万吨战舰以保障陆军胜利"之类的宽慰之语都不胜枚举。在抵达拉包尔之后，山本五十六也与陆军第 8 方面军司令今村均保持着不错的关系。在"伊（い）号作战"结束之后，面对美军可能在所罗门群岛发起的反击，日本海军的确更需要陆军方面的支持。

    但仔细分析却不难看出上述目的均不能构成山本五十六以身犯险的理由。这位联合舰队司令此刻真正需要的不过是维护自己所谓"神将"的光环而已。恰如渊田美津雄所说："在中途岛和瓜岛尽管吃了败仗，但联合舰队官兵对山本长官的信赖丝毫未发生动摇。"正是为了保持这份下属对自己"近乎无限信仰的"崇拜之情，山本五十六也精心地塑造着自己近乎完美的形象，即便是在热带的特鲁克和拉包尔，山本五十六也拒绝穿上草绿色的热带作战服，而是始终穿着一尘不染的白色军服。其追随者甚至将其的"仪表堂堂"形容为联合舰队的象征。

    正所谓"上有所好，下必甚焉"，在山本五十六的引领之下，其身边的亲近将佐不无处处表现出所谓"神勇之姿"。"伊（い）号作战"开始之时，第2航空战队的司令角田觉治便亲自登上战机，引导机群向南进入前进基地。而山本五十六亦亲自送行，以壮行色。当时正值一场暴雨过后，拉包尔的道路和机场之上满是由火山灰而形成的泥泞。日本海军航空兵的飞行员看到驱车20公里赶来的山本五十六无不欢呼雀跃。身处现场的渊田美津雄事后回忆称：当战机离开地面之时，身处飞行指挥所的山本五十六因为身着白色军服而显得格外醒目。此情此景与山本五十六在柱岛和特鲁克迎送舰队时别无二致，但是飞行员出征前接受联合舰队司令的亲自送行却还是破天荒的头一次。

山本五十六送别飞行员固然是为了给爱将角田觉治一个面子，但同时也与中途岛战役之后日本水面舰艇编队作用日益衰弱、航空兵成为战场主宰的大环境有关。正是基于对航空兵部队的看重，"伊（い）号作战"终止之后，山本五十六随即马不停蹄地对参战各部队的指挥官进行了训示，虽然只是一些"今后战局不容乐观，海上战争的胜负首先取决于航空战成败"之类的套话，但是山本五十六还是由此又收割了一波政

身着白色军服的山本五十六送别海军航空兵飞行员，这也是他人生所留下的最后一张照片

治声望。

正是基于这些训示的成功，山本五十六萌生了深入一线的念头。但是这一提议随即便遭到第3舰队司令小泽治三郎和第2航空战队指挥官角田觉治的反对。作为"伊（い）号作战"的前线指挥官，小泽和角田都深知日本海军航空兵在所罗门群岛的前线机场均处于美军的空中打击范围之内，山本五十六此行无论是在空中还是地面都没有绝对的安全。而曾经身受山本五十六器重的参谋黑岛龟人则干脆表示至少要派遣50架战机护航才能成行，对此宇垣缠直接表示黑岛这是得了登革热说的胡话。

调动50架战斗机为长官出行护航，显然与山本五十六的"神将"身份不相符。更何况"伊（い）号作战"刚刚结束，日本海军也很难迅速集结起如此庞大的战斗机群。因此山本五十六最终的行程是与参谋长宇垣缠各自带领一部分参谋人员，分别搭乘两架一式陆上攻击机于4月18日上午6点5分从拉包尔出发，在6架零式战斗机的护航下，前往陆军第17军司令部所在地——布干维尔岛。

山本五十六并非真的铤而走险，或许他看来最大的安全保障是时间和距离。布干维尔岛位于所罗门群岛的最北端，距离拉包尔仅380公里，一式陆上攻击机仅需不到2个小时便能抵达，而美军战机从瓜岛出发则需要飞行724公里。也就是说美军除非能够先于山本五十六的座机出发，才能恰好在布干维尔岛附近海域拦截到他。而这一点在山本五十六看来完全是不可能的。

曾在中途岛吃过一次亏的山本五十六显然并没有吸取教训，事实上通过监听和破译日本海军的通信，美国情报系统基本对其的一举一动都了如指掌。不过在具体是谁发现了山本五十六的行踪并最终敲定将其击杀的问题上，却有着多个不同版本的答案。一些美国史学家的著作之中，是共和党人、海军部长弗兰克·诺克斯率先了解了山本五十六将去布干维尔岛视察的消息，并经过罗斯福首肯之后，授意尼米兹发动攻击。

而英国海战史专家约翰·科斯特洛则认为，是美国海军太平洋舰队情报参谋埃德温·托马斯·莱顿中校（Edwin Thomas Layton，1903—1984）于4月14日破译了日本海军从旗舰"武藏"号上发给陆军第17

军司令部的密码电报，并将山本五十六的完整行程告知了尼米兹。尼米兹随即通知爱将哈尔西"如果你所指挥的部队有打下山本和他的幕僚的能力，那就特授权你制订预备计划"。当然与此同时尼米兹还向总统罗斯福和海军部长弗兰克·诺克斯进行了请示，甚至还询问了随军主教这一暗杀行动的道德和信仰风险。

尼米兹在为猎杀山本五十六的行动争取一路绿灯的同时，哈尔西迅速在瓜岛的亨德森机场调集了 18 架 P-38 型战斗机。按照破译电报中的时间节点，美军战机于 4 月 18 日 5 点 25 分从瓜岛出发，来自三支不同部队精选出来的三个飞行员被告知他们即将拦截一名"敌方重要的高级军官"，但并未得知具体姓名。

7 点 33 分，在 2 架 P-38 型战斗机因为机械故障而被迫退出行动之后，美军猎杀机群终于在布干维尔岛上空发现了山本五十六所在的机群。此时距离山本五十六的座机降落仅有不足 15 分钟的航程。凭借着数量和战机性能上的双重优势，美军战机迅速将山本五十六的护航机群驱散。失去了保护的两架一式陆上攻击机只能努力降低高度以求躲避打击。

猎杀山本五十六的画作

由于无法判断哪一架才是山本五十六的座机，因此美军出动 8 架 P-38 型战斗机对两架"一式"陆上攻击机都展开了猛烈的攻击，不久后这两架飞机便先后被击中起火。其中编号为 T1-323 的一架坠毁在布干维尔岛北部的雨林之中，另一架则在海面上迫降后不久沉入海底。事后证实编号为 T1-323"一式"陆上攻击机为山本五十六的座机，而宇垣缠则较为幸运地利用其座机在水面迫降的短暂间隙游入海中逃生。

山本五十六座机坠毁的地点在日本陆军第 6 师团所部第 23 联队的防区之内。联队长浜之上俊秋大佐随即派出部队前去搜救，但由于种种因素，4 月 18 日当天日本陆军搜救队并未发现坠机地点。直到第二天才最终在密林之中发现山本五十六座机的残骸和遗体。据说山本五十六死后仍坐在座椅上，只是头部微微低下，犹如陷入沉思。虽然一半的身体已经严重烧伤，但依旧用戴着白色手套的双手挂着他的日本刀。

基于这一神乎其神的死状描写，因此日本方面曾有学者杜撰说山本五十六在坠机之后并未马上死去，而是在等待陆军搜救的过程中有感于对时局的绝望，最终选择了自行了断。但这一说法显然是与事后日本海军方面的尸检情况相悖。根据海军少佐军医田渊义三郎于 4 月 20 日写的尸检记录，山本的伤势如下："左肩胛骨的中央部，有一个食指肚儿大小的子弹射入孔。子弹的走向是右前上方；左下颌角有一个小手指肚大小的子弹射入孔，出口在右眼外眼角，像拇指压痕一样大小……显然系因损伤主要内脏器官而致命。"

但问题是一般受到这样创伤的人是很难保持如山本五十六遗体那样的姿势的，因此便出现了一种很有趣的说法：飞机坠毁后，山本五十六的心腹军医长高田六郎少将尚有意识，他唯恐自己长官的遗骸烧焦，才把他从机舱里拖了出来，并让他手握军刀，保持威严的姿态。但不久，高田自己也断气了。当然还有一种可能，就是山本五十六遗体的姿态本就是为了映衬其"神将"身份而杜撰的。

山本五十六的死讯直到 1943 年 5 月 21 日才由日本政府以"大本营发表"的名义对外公布。之所以会有长达一个月的隐匿期，倒未必是日本政府有意进行隐瞒，而是因为处理这位联合舰队司令的身后事需要时间。4 月 21 日，山本五十六及其他 20 名遇难者的遗体在布干维尔岛进行火化。次日由幸免于难的参谋长宇垣缠护送返回拉包尔。随后由

山本五十六座机坠毁现场的还原图

专人乘水上飞机从拉包尔送往停泊在特鲁克岛的联合舰队的旗舰"武藏"号。

事实上，山本五十六座机坠毁的当晚，特鲁克方面的日本海军联合舰队司令部得到了相关消息，尽管有关山本五十六"无事脱出"和"坠机后用手枪自杀"等各种传闻四起，但黑岛龟人等山本五十六昔日的心腹幕僚均已认定其凶多吉少，并不得不开始为各自的前途打算。而由谁接任联合舰队司令一职，显然是所有人都迫切希望知道的答案。

4月20日，在确认山本五十六死讯的当天下午，日本海军军令部总长永野修身便紧急进宫上奏"天皇"。与此同时，海军大臣岛田繁太郎则晋见伏见宫博恭王商量对策。双方如此的动作，显然是在为争夺"联合舰队司令"一职进行布局。不过在事件未见分晓之前，海军省和军令部方面都同意为了不动摇人心，先将此事封起来，对内使用"海军甲事件"的代码来处理这件事。

按照日本海军的组织架构，海军的人事安排应该由海军大臣负责，但是号称"海军三巨头"之一的永野修身此刻的权威，显然远在东条英机的心腹岛田繁太郎之上。4月21日，永野修身通过天皇亲自任命的模式，将自己的心腹——横须贺镇守府司令古贺峰一大将扶上了马。而在

太平洋战争全史

古贺峰一从本土动身抵达前线的这段时间里，根据日本海军的《军令承行令》的相关规定，联合舰队的日常事务由第二舰队司令长官近藤信竹中将暂时代理。

4月25日，古贺峰一抵达特鲁克，随即入驻联合舰队旗舰"武藏"号。由于古贺峰一和山本五十六的军衔均为大将，因此当"武藏"号上重新升起大将旗之时，很多不明就里的日本海军官兵还认为是山本五十六结束了拉包尔之行、重回旗舰。但事实上那个属于山本五十六的时代已经一去不复返了。

接替山本五十六出任联合舰队司令的古贺峰一

古贺峰一有着日本海军高级将领的传统优势。他资历过人：海军兵学校第34期毕业，吊床号14号，海军大学15期的第四名毕业。仅凭这些便足以碾压海军兵学校第35期毕业的近藤信竹、第36期毕业的南云忠一、第37期毕业的井上成美等人。他履历完整，先后担任过舰政本部监督官、"伦敦海军条约"海军省首席副官、军令部次长、第2舰队司令、中国方面舰队司令等职。但古贺峰一并没有山本五十六那样的开拓精神和"神将"的光环。更重要的是古贺峰一并没有在海军中长期培养一支自己嫡系的幕僚团队。

当然如果山本五十六是正常卸任或因病去职，那么古贺峰一仍可以接手前任完整的指挥体系，迅速上手。可偏偏"海军甲事件"中罹难并非只有山本五十六一个，不仅原有的司令部幕僚之中半数战死，甚至连参谋长宇垣缠亦身负重伤。古贺峰一几乎要从头开始。古贺峰一虽然迅速调集曾任军令部第一部长的福留繁中将任参谋长、原第二舰队参谋柳泽藏之助大佐任首席参谋、小泽部队的参谋内藤雄中佐任航空参谋，完成了指挥系统的重建。但这些人员到岗，并正式接手工作显然也同样需要时间。

在距离"海军甲事件"过去20天之后，古贺峰一才于 5 月 8 日首次在"南洋方面战备会议"上与各舰队、战队、航空战队、根据地和守备队指挥官见面。而这段漫长的时间里，他的对手显然不会错失日本海军指挥系统瘫痪的良机。4 月 27 日，日本海军于北太平洋的最前哨——阿留申群岛核心阵地阿图岛发来急电："本日清晨起，我部连续遭到敌巡洋舰与驱逐舰炮击……"

作为昔日山本五十六试图在中途岛附近海域全歼美国海军航母战斗群计划的一部分，1942 年 6 月 8 日，日本陆军第 7 师团独立步兵第 301 大队为主组建的"北海支队"配合海军陆战队先后攻占了美属阿留申群岛西段的阿图岛和基斯卡岛。但这一步起初只是为了牵制美军的闲棋，此后却成为山本五十六时代日本陆、海军最大的政治包袱。毕竟阿图岛和基斯卡岛虽然远离美洲大陆，但却是如假包换的美国领土。因此从 1942 年夏到 1943 年春，日本陆、海军均不遗余力地向上述地区运送兵员和补给。

但是阿留申群岛距离日本本土数千公里之遥，却处于美国海军航空兵和潜艇的打击半径之内。就在日军于阿图岛和基斯卡岛成功登陆后不久，美国海军的 PBY 型水上飞机便不断飞来抵近侦察和实施轰炸。1942 年 7 月 5 日，美国海军潜艇"大口黑鲈"号（USS Growler, SS-215）和"北鲸"号（USS Triton, SS-201）更在这一海域成功伏击，令护送水上飞机母舰"千代田"号、特别运输船"阿根廷丸"①的日本海军第 18 驱逐舰队损失惨重："朝潮"级驱逐舰"霰"号、"初雪"级驱逐舰"子日"号被鱼雷击沉，"朝潮"级驱逐舰"霞"号、"阳炎".级驱逐舰"不知火"号严重受损。

但是尽管付出了如此巨大的代价，日本陆、海军还是没有撤离阿留申群岛的计划。相反还进一步向阿图岛和基斯卡岛增兵，1942 年 10 月 30 日，长期部署在占守岛的北千岛群岛第 89 要塞步兵队抵达阿图岛。但在运输这支守备部队的过程之中，日本海军护航编队遭遇美国陆军航空兵 B-26 型轰炸机的空袭，"吹雪"级驱逐舰"胧"号被击沉，"初春"级驱逐舰"初春"号严重受损。此后由于美军远程轰炸机、水面舰艇和潜艇部队在阿留申群岛的活动加剧，日本海军暂

──────────

① "阿根廷丸"被日本海军征用前为三井客轮公司南美航行的豪华客轮。

缓了对阿图、基斯卡两岛的海运力度。岛上的守备部队已经形同弃子。

1943 年 1 月鉴于美军大批登陆舰艇从旧金山出发向阿留申群岛移动，日本陆、海军才重新重视其阿图、基斯卡两岛的防御问题。经过一番权衡和博弈之后，日本陆、海军达成协议，决议在海军"以航空和海上兵力切断敌军的补给和增援，并扰乱敌人后方，事前摧毁敌人的进攻企图"的前提下"以阿图、基斯卡两岛为核心，组成基地群，以守备队确保之，所需兵力、资材须尽速补送"。

美国海军查尔斯·霍雷肖·麦克莫里斯少将

依照上述约定，1943 年 3 月 10 日，日本海军第 5 舰队全力护送第 21 "イ" 号运输船队（水上飞机母舰"君川丸"、运输船"栗田丸""崎户丸"），成功抵达阿图、基斯卡两岛。但是当 3 月 26 日拂晓，日本海军第 5 舰队再度护送第 21 "ロ" 号运输船队（运输船"浅香丸""崎户丸""三兴丸"）抵达阿图岛以西 290 公里的科曼多尔群岛时，却与查尔斯·霍雷肖·麦克莫里斯少将（Charles "Soc" Horatio McMorris，1890—1954）所指挥的美国海军第 8 巡洋舰任务群不期而遇。

单纯从兵力上来看，日本海军以 2 艘重型巡洋舰（"那智""摩耶"）、2 艘轻型巡洋舰（"多摩""阿武隈"）、5 艘驱逐舰（"若叶""初霜""雷""电""薄云"）对阵美军 1 艘重型巡洋舰（"盐湖城"号，USS Salt Lake City, CA-25）、1 艘轻型巡洋舰（"里士满"号，USS Richmond, CL-9）、4 艘驱逐舰（"贝利""科格伦""莫纳汉""戴尔"），占据着明显的优势。

但是在阵型上，由于美军舰队出现在日本舰队的左舷侧后，令日本海军被迫转向迎战，而由于是长途奔袭，日方驱逐舰编队出于节省燃料的考虑，均未展开全速。最终形成了位于编队最前方的"那智""摩耶""多摩"3艘巡洋舰完成转向之后率先与敌接触，而"阿武隈"号巡洋舰带领5艘驱逐舰远远落在后面的尴尬局面。

但"那智"号毕竟是曾经在"爪哇海海战"中打垮过"ABDA联合舰队"的功勋老舰，"摩耶"号在"南下作战"中亦颇多斩获。而美军方面主力战舰"盐湖城"号则此前由于在瓜岛附近海域混战中负伤，刚刚完成了长达4个月的修理，安装了最新型的舰载雷达，因此在双方展开的炮战之中，一度打得势均力敌、难分难解。

8点50分，"盐湖城"号的一发203毫米穿甲弹击中"那智"号后部舰桥。随后另外两发先后命中"那智"号主桅杆和飞行甲板下方的鱼雷舱。为了防止受损发电机起火，"那智"号的损管人员被迫切断了全舰的电路系统，"那智"号暂时退出了战斗。但与此同时，"盐湖城"号也被"摩耶"号的炮火击中舰身中部侦察机弹射器。

9点30分，恢复电力的"那智"号重新加入战团。猛烈的炮火迅速击毁了"盐湖城"号的尾舵，经维修后也仅能勉强左右转动10度，再也无法进行规避航行。8分钟后，又一发203毫米炮弹命中了"盐湖

炮击中的"盐湖城"号，注意其舰身中部的侦察机弹射装置

城"号的主甲板,从舰首水线以下部位穿出,造成燃油泄漏,航速进一步下降,操纵困难。11点整,麦克莫里斯只能下令舰队撤退。但"盐湖城"号的舰尾轮机舱很快又挨了两发炮弹,造成舰体大量进水。舰体向舰尾纵向倾斜5度,只能挣扎着继续向前航行。由于舰尾进水,"盐湖城"号航速锐减到不足20节,落在了整个舰队的后方。麦克莫里斯随即命令所有驱逐舰赶回向日军舰队发射鱼雷,阻止其靠近"盐湖城"号。不过,"盐湖城"号很快恢复航速,鱼雷攻击的命令被撤销了,但美军驱逐舰的突击还是使孤军深入的日本巡洋舰编队被迫停下了脚步。

就在局面转危为安之际,11点50分,"盐湖城"号上的维修人员为了将后倾的舰体恢复水平状态,为舰体前部注水,不想误使主锅炉舱进水,导致全舰丧失动力,成为1.7公里外日本海军的"活靶子"。幸好此时美军4艘驱逐舰交替施放烟雾,为"盐湖城"号提供掩护。随后"贝利""科格伦""莫纳汉"更迎着日军炮火展开突击,为友舰吸引火力。最终支撑到"盐湖城"号的主锅炉恢复工作,驱动着战舰以8节的航速缓慢脱离战场。

在控制了战场之后,日本第5舰队司令细萱戊子郎中将却发出了停止追击的命令。此举在后世饱受诟病。但站在当事人的角度来看,这一决定却无可厚非。一方面日本海军的3艘主力巡洋舰经过了长达4个小时的炮战,弹药储备已然告罄。而日方驱逐舰队受燃料有限的影响,长时间无法参战,此时更不可能发动有效的追击。另一方面细萱戊子郎对整个战场环境也无法进行全面的了解,考虑到战场之外可能还有其他的美军舰队或陆基航空兵正在赶来,见好就收无疑是当时最为完美的选择。

"科曼多尔群岛海战"不仅是第二次世界大战中唯一一次在北极范围内极昼条件下进行的海战,更是太平洋战争中少有的在没有航空兵、潜艇参与,岸炮支援的情况下,单纯依靠水面战舰在远距离利用舰炮和鱼雷进行的角逐。日本海军虽然获得了战术上的胜利,但是由于燃料和炮弹的限制,却使其长期视为"撒手锏"的驱逐舰队无法有效地展开鱼雷攻击,而主力巡洋舰消耗了大量炮弹之后,也因为没有海上补给的措施而无法继续作战。鉴于全舰队已经无法再进行海战,细萱戊子郎最终决定终止向阿图岛的航行,全舰队返回北海道的札幌母港。

第21"口"号运输船队的返航,使得原定编制有11000人的阿图、基斯卡两岛担任守备部队,无法达到满员状态。在美军收复阿留申群岛的脚步逐渐逼近的同时,原定增援前线的陆军部队却还有5700人在国内待命。因此后世有一些日本学者认为"科曼多尔群岛海战"后细萱戊子郎的错误决定,最终导致阿图、基斯卡两岛守军陷入兵力不足的窘境,事实上日本海军也在"科曼多尔群岛海战"以作战不力的名义将细萱戊子郎赶出了现役。

　　但即便第21"口"号运输船队成功抵达了阿图岛,在缺乏海军和航空兵的支援之下,阿图、基斯卡两岛的守备部队即便齐装满员,最终在美军海空火力的联合绞杀之下,也注定难逃覆灭的命运。因此从某种意义上来讲,恰恰是细萱戊子郎的决定,避免了很多不必要的牺牲。

　　4月26日,日本大本营情报系统确认,美军于1943年2月24日开始在阿留申群岛东部岛屿阿姆奇特卡上构筑的前线基地已经正式启用。同时敌航空侦察和潜艇巡逻在阿图、基斯卡两岛附近海域大为增加。所有这些迹象都表明,美军的反攻就在眼前。日本大本营判断,此时美国

阿图岛上日本陆军守备部队

陆军在阿留申东部已经集结了 2 个到 3 个师兵力，美国海军亦有当地部署了一支包括 2 艘至 3 艘航母在内的海上战斗群。同时还能得到阿拉斯加方面各类陆基战机的支援。而日军在阿图岛的兵力包括医院、船舶部队、海军部队的文职人员在内，4 月 17 日前后仅有 2576 人（其中海军基地部队等 129 人）。基斯卡岛情况略好，陆、海两军合计约有 6000人，但其中 3210 人（包括文职人员）为海军部队。

在没有外援的情况下，阿图、基斯卡两岛显然是守不住的。新任日本海军第 5 舰队司令河濑四郎中将不敢怠慢，在向联合舰队司令部求援的同时，于 4 月 28 日亲率第 5 舰队主力从本州岛东北部的大凑军港出发，至位于千岛群岛北端的泊地待命。

得到河濑四郎的报告之后，古贺峰一面临着两难的选择。一方面他并不愿在上任伊始便承担丢失阿图、基斯卡两岛的政治责任，但另一方面他又担心美军在阿留申群岛的攻势不过是牵制日本海军的伴动，不敢贸然将联合舰队主力调离特鲁克。果然美军航空兵虽然在 5 月 2 日大举空袭了基斯卡岛，但却迟迟没有更进一步的动作。似乎也印证了古贺峰一的想法。

终于出于有备无患的考虑，5 月 8 日，古贺峰一命战列舰"大和"号指挥第 5 战队（重型巡洋舰"妙高""羽黑"）及 4 艘驱逐舰，护送此前由本土运送陆军新型三式"飞燕"战斗机前往拉包尔的改装航空母舰"冲鹰""云鹰"先行返回日本本土。

5 月 12 日黎明，美军战机大举空袭阿图岛，并散发劝降书。日本陆、海军方面才同时意识到问题的严重性，但此时为时已晚，当天上午10 时 30 分，美国陆军第 7 步兵师在庞大水面舰艇的火力掩护下正式在阿图岛的南北两线同时登陆。

此时阿图岛上的日本陆军部队的正式番号为：北海守备队第二地区队。主要兵力配备为步兵、炮兵、高射炮各 1 个大队和通信兵 1 个中队。指挥官山崎保代大佐虽然是 4 月 18 日刚刚乘坐日本海军的"伊 31"号潜艇刚刚从札幌赶来，但却显然对阿图岛的防御要点早已成竹在胸。山崎保代认为阿图岛上日本陆军不仅守军有限更兼火力薄弱，根本无力拒敌于水际滩头。于是他到任之后，随即改变原有布防。将守备队主力放置于易守难攻的的北岸霍鲁茨湾和齐恰果夫湾地区，而对南岸的马萨卡湾地区则只做海滩警戒配置,主要的兵力和武器均部署于内陆的高地地区。

山崎保代的这一针对性部署很快便起到了效果。美国陆军第7步兵师主力从马萨卡湾正面登陆之后,很快为日军在纵深丘陵地带所构筑的防线所阻击,举步维艰。而在北线的齐恰果夫湾,美军登陆部队也遭到山崎保代所部的顽强抵抗,整整一个星期寸步难行。

此时的战场局势可以说对日军颇为有利,长年笼罩阿图岛的浓雾令美军的火力优势无从施展,遍布全岛的冻土苔原也令美国陆军的装甲车辆动弹不得。在登陆部队进展缓慢的情况下,由美国海军少将托马斯·金凯德(Thomas Cassin Kinkaid,1888—1972)指挥的支援舰队被钉死在阿图岛附近海域,事实上处于被动挨打的状态。

5月13日。停泊于基斯卡岛的日本海军潜艇"伊—31"号率先出击。对游弋于霍尔茨湾附近的美军战列舰"宾夕法尼亚"号(USS

在缺乏远程炮火和重型武器支援的情况下,美国陆军第7步兵师在阿图岛的战斗也只能依赖迫击炮等轻武器进行

太平洋战争全史

Pennsylvania, BB-38）发动偷袭。可惜潜艇部队在日本海军内部长期不受重视，"伊-31"号的行动虽然果敢，但却效果不佳。其所发射的2枚鱼雷不仅未能命中目标，还白白暴露了自己的位置。随即便被美军驱逐舰"爱德华兹"号（USS Edwards, DD-619）和"弗雷泽"号（USS Frazier, DD-607）联手击沉。

由于"伊31"号在走投无路之际主动浮出水面，以甲板炮与美军驱逐舰"爱德华兹"号展开对射。因此阿图岛守备部队目睹了这艘友军潜艇的英勇表现，并随即在向大本营的电报之中宣称："伊-31"号在沉没之前，成功地重创了敌战列舰、巡洋舰和驱逐舰各一艘。

这份有违常理的报告令一度打算放弃阿图岛的日本海军方面重拾信心。5月17日，联合舰队新任司令古贺峰一下令联合舰队主力向东京湾集结，并亲率旗舰"武藏"号、第3战队（战列舰"金刚""榛名"）、第2航空战队（改装航空母舰"隼鹰""飞鹰"）、第8战队（重型巡洋舰"利根""筑摩"）及5艘驱逐舰自特鲁克启航，于22日抵达东京湾集结点。

此时日本海军在东京湾木更津一线集结着"大和""武藏""金刚""榛名"4艘快速战列舰，"瑞鹤""翔鹤"2艘正规航空母舰，"龙凤""冲鹰""云鹰""隼鹰""飞鹰"5艘改装航空母舰，"最上""熊野""铃谷""利根""筑摩"5艘重型巡洋舰、"阿贺野""大淀"2艘轻

1942年末完成大修改造之后的"宾夕法尼亚"号

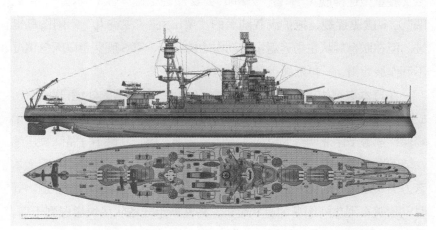

型巡洋舰及各型驱逐舰 11 艘。加上已经前出至千岛群岛的日本海军第
5 舰队兵力，日本海军一时在北太平洋地区可谓兵强马壮。

如果在古贺峰一的统率下全军杀向阿图岛海域，那么仅有 3 艘战列
舰（"爱达华"号、"宾夕法尼亚"号、"内华达"号）、1 艘护航航空母
舰（"拿骚"号）、3 艘重型巡洋舰（"旧金山"号、"路易斯维尔"号、
"威奇托"号）、3 艘轻型巡洋舰、19 艘驱逐舰的美国海军显然无力抵
挡。但是恰恰在这个关键性的时刻，古贺峰一却在面对联合舰队各方面
的反对声浪，而表现踌躇起来。

日本海军航空兵方面表示目前的舰队虽然看起来确实威武堂皇，
然而各航空战队飞行员的技术尚未纯熟。不过是虚有其表，战斗力尚
未充实。阿留申群岛长年多雾，在这样的气候条件下作战恐怕要把飞
行队无谓地葬送掉。与此同时，体积大而防御能力薄弱的航空母舰也
会成为其他水面舰只的拖累。而战列舰、巡洋舰编队指挥官则表示日
本海军在基斯卡岛上没有机场。美军却在阿图岛以东约 250 海里的阿
姆奇托卡岛建设有强大的航空基地，如此一来日本海军大型水面舰艇
在该地区的活动将十分危险。面对这些看似都颇有道理的建议，古贺
峰一也只能以"北海地区作战应该持慎重态度"为由，推翻了原定驰
援阿图岛的行动计划。

联合舰队主力于东京湾一线盘桓不前的同时，第 5 舰队司令河濑
四郎中将于 5 月 20 日在幌筵一线完成了阿图岛增援舰队的编组，计划
以 2 艘重型巡洋舰（"那智""摩耶"）、2 艘轻型巡洋舰（"木曾""阿武
隈"）、6 艘驱逐舰，掩护满载陆军的"栗田丸""浅香丸"向阿图岛挺
进。但在联合舰队主力迟迟没有动作的情况下，第 5 舰队也以天气情况
不利作战为由，一再延缓行动时间。

在日本海军的上行下效的观望之中，阿图岛守军的处境日益恶化。
5 月 21 日，在浓雾散去后美军各类海空火力密集展开攻击的情况下，山
崎保代部署于南北两线的纵深防御体系土崩瓦解，其麾下守备队被压缩
在阿图岛东北角的一隅之地。形势岌岌可危，基于上述情况，日军大本
营方面决定暂令阿图守备军继续坚持战斗、伺机主要利用潜艇撤退。同
时利用美军围攻阿图岛的有利时机，将基斯卡守备队尽快撤退到千岛、
北海道方面，以加强该地区的防御力量。

大本营的这一决定事实上宣判了山崎保代以下绝大多数阿图岛守军的死刑。但出于所谓"宁死不屈"的战斗精神。日本陆军阿图岛守备队还坚持到了1943年5月末。在残存兵力不足150人、防线阵地也大部丧失的情况下，5月29日夜山崎保代向日本陆军"北方军"司令部发去电报，称："地区队的全部剩余兵力结成一体，准备向敌集中地点断然进行最后一次突击，以期歼灭敌人，发挥皇军的本色。伤病员决心一死解决自己。非战斗人员决心同攻击队一起突进，决不生受被俘的耻辱。"但是这份悲壮在美军强大火力面前，不过是一场末路狂奔。

　　5月30日凌晨，面对着山崎保代所发动的决死突击，在被美军称之为"工程师岭"（日方称为"雀ヶ丘"）的高地下被粉碎。据说在天亮之后美军检查山下密密麻麻的尸体之时，在一名日本陆军士兵的日记中发现了这样的绝命诗句："我将在浓雾中化成面露笑容的神，等待死期的来临。"

　　日军大本营方面虽然给予了阿图岛守军高度的评价，并首次采用了"玉碎"一词来形容他们的牺牲，但此时整个日本列岛的目光却已经为山本五十六的死讯所吸引。山本五十六的骨灰于5月21日由联合舰队旗舰"武藏"号运抵东京湾，随后改由驱逐舰"秋

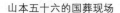

山本五十六的国葬现场

云"号送往横须贺。同日下午，大本营正式发表山本的讣告，并追授山本大勋位、功一级、正三位和元帅称号，准予按国葬规格进行安葬。

在海军军令部的操作之下，各种有关山本五十六的荣誉纷至沓来。并最终在 6 月 5 日于日比谷公园举行的国葬典礼之上达到高潮。东京有百万市民排列在街道两旁观看送葬队伍。典礼之后山本五十六的骨灰被一分为二，一部分葬在小金井多磨墓地东乡平八郎墓的旁边，另一部分由山本五十六的姐姐高桥嘉寿子和其亲友带回家乡安葬在长冈的长兴寺内。

据说在整理山本五十六遗物的过程中，日本海军曾在"武藏"号的长官室内发现了一封写于 1942 年 9 月的遗书，上面写道："征战以来，几万忠勇无双之将士用命奋战已成护国之神。呜呼！吾有何面目晋见皇上，又将何言以告已逝战友之父兄。身非铁石，但欲表坚心一贯，可深入敌阵，以示日本男儿之血气。暂且等待吧，成仁的年轻人！你们战死留名的一战打得轰轰烈烈，不久吾将随你们而去。"

无独有偶，在日本大本营的 5 月 21 日的机要日志中也这样表述公布山本五十六死讯的政治意义："国民无不痛哭失声，激发了同仇敌忾而奋斗之心，加深了国民对其的崇敬之情。山本虽死犹生。堪与东乡（平八郎）元帅并列，甚至在东乡之上，将深受国民景仰永为护国之魂。"

但是这些充斥着伟岸光正的字眼并不能真正改变日本在战争中日益呈现的颓势。无论山本五十六发动"突袭珍珠港"行动之时究竟抱着怎样的心态，随着阿图岛的失守和日本陆军加速从基斯卡岛的撤离，山本五十六留给日本海军最大的政治遗产也终将化为泡影。等待着古贺峰一等人的也将是"吾将随你们而去"的可悲结局。

三叉长戟
——撤离基斯卡岛和英、美华盛顿高层首脑会议

　　山本五十六的国葬在东京盛大举行的同时，被这位"神将"送上基斯卡岛的日本陆海军却正忙于如何能够顺利地逃脱这个苦寒的牢笼。日本海军最初并不打算再向阿留申群岛投入水面舰艇，基斯卡岛守军的撤离将通过日本海军第一潜水战队的 15 艘潜艇来完成。但此时基斯卡岛上日本陆海军总计 6000 人，以潜艇的运载效率而言，最快也需要 2 个月的时间才能全部撤离。而随着美军对基斯卡岛的封锁日益严密，即便从水下撤离也并不安全。

　　6 月 11 日，日本海军潜艇"伊 –24"号在前往基斯卡岛的途中被美军猎潜艇"PC–487"号击沉，曾参与过"偷袭珍珠港"的"伊 –24"号艇长花房博志以下 104 人全部战死。6 月 14 日，日本海军潜艇"伊 –9"号被美军驱逐舰"弗雷泽"号（USS Frazier DD–607）击沉，搭乘"伊 –9"号的 101 人遇难。6 月 21 日，日本海军潜艇"伊 –7"号遭遇美军驱逐舰"莫纳汉"号（USS Monaghan, DD–354）的炮击而搁浅，艇上 87 人战死，剩余 43 人被基斯卡岛守军收容，也不幸成为需要撤离的对象。

　　从 5 月 27 日到 6 月 21 日，日本海军潜艇部队出动 18 艘次，仅装运了基斯卡岛上官兵 820 人（其中文职人员 466 人）便损失了 3 艘，伤亡近 300 人。显然如果继续按照这样的模式进行撤离，不仅无法在美军发动对基斯卡岛的进攻之前将守军全部撤出，还将造成更大的损失。有鉴于此，日本海军方面不得不紧急叫停潜艇部队的运输任务，改为冒险集中水面舰艇从海上一次性将基斯卡岛守军全部撤离。

日本海军潜艇部队在设计之初被视为海上决战的秘密武器，但在战争后期却屡屡成为撤退的交通工具

　　7 月 10 日，经过一番精心准备之后，日本海军第 5 舰队精锐尽出，计划以重型巡洋舰"那智""摩耶"，驱逐舰"野风""波风"为预备队，轻型巡洋舰"木曾""阿武隈"带领 11 艘驱逐舰、海防舰"国后"号，掩护"日本丸""栗田丸"2 艘运输船前往基斯卡岛完成撤离任务。但是偏偏"天公不作美"，舰队抵达基斯卡岛附近后，浓雾散去、万里无云。由于担心会遭到美军陆基航空兵袭扰，第 5 舰队只能草草收兵。

　　7 月 22 日，在幌筵气象站发布"7 月 25 日左右基斯卡岛附近大雾弥漫"的预报之后，第 5 舰队再次出发。不过此时重型巡洋舰"摩耶"号已经奉命调往南太平洋战场，"那智"号也因油料不足而无法参战。无奈之下，河濑四郎只能登上轻型巡洋舰"多摩"，亲自指挥舰队前往基斯卡岛接人。但此时大雾也同样笼罩在了幌筵岛周边海域，直接导致舰队出航过程中，发生了严重的碰撞事故：海防舰"国后"撞上轻型巡洋舰"阿武隈"的左舷中部，驱逐舰"初霜"则将舰首插入了第21驱逐舰队旗舰"若叶"号的右舷。

好在此时舰队仍处于低速出港的状态，因此除了"若叶"号之外，其余均无大碍。河濑四郎让"若叶"号返回母港进行修理之后，简单调整了一下编队，便继续向基斯卡岛驶去。在抵达目的地之后，宛如惊弓之鸟的日本海军虽然一度将浓雾中的小岛当成了来袭的敌舰，对其展开了鱼雷齐射。但整个撤离过程大体还算顺利。早已归心似箭的基斯卡岛守军乘坐着"大发动艇"（登陆艇）在海上等待。因此短短50分钟之内，5183名基斯卡岛守军便全部登上了第5舰队的战舰，并于8月1日安全地撤回幌筵。

成功撤离前线，令原本已经准备像阿图岛守备队一样"玉碎"的基斯卡岛守军倍感欣慰。因此所谓"奇迹之战""英灵加护""天佑神助"的褒美之词不绝于耳。但事实上在整个基斯卡岛撤退行动之中，日本海军仅仅是收容岛上的守军，日本陆、海军投入整整一年时间在岛上修筑的各类防御工事全部沦为废墟，包括"三八式"步枪在内的所有武器也被悉数丢弃，甚至连运载基斯卡岛抵达近海的"大发动艇"最终也因无法带回而被迫自沉。这些物资损失对于资源贫瘠的日本而言，显然远比人员伤亡更难以弥补。

讽刺的是美军虽然通过各种渠道得到了基斯卡岛上的日军可能已经撤离的消息，但却始终不敢确认，直到8月15日，美国军队才按照原定计划对空无一人的基斯卡岛发动进攻。后世的英美学者曾这样戏谑地写道："当35000人的美国军队猛攻上荒芜的厚苔沼地的时候，不胜骇异地发现'敌人'的唯一踪迹竟是四条被遗弃的杂种狗。"

在这场被称之为"世上最大规模实弹演习"的军事行动中，美国人也并非毫发无伤，8月18日美国海军驱逐舰"阿布纳·里德"号（USS Abner Read, DD-526）在基斯卡岛附近撞上了日本人遗留的水雷。造成舰上47人战死、70人负伤。除此之外，登陆基斯卡岛的美国陆军也有上百人因为神经高度的紧张而被友军火力误伤。但无论如何，美国人最终收复阿留申群岛的全部岛屿，结束了1812年"第二次美英战争"以来，外国军队首次攻占美国领土的历史。而日本所谓威胁美国北太平洋正面，牵制美军以航空兵攻击本土的企图，切断美苏对日战略合作和占领美国本土等宏大的政略和战略，至此也彻底化为泡影。

　　美国军队之所以迟迟没有发动对基斯卡岛的战争，除了每年 7 月为阿留申群岛的"浓雾期"、不利于军事行动的展开之外，更重要的因素是此时美国南太平洋、西南太平洋战区已经在所罗门群岛和新几内亚发动了新的攻势，美国人也有意让日本在阿留申群岛保留基斯卡岛这个据点，以便继续牵制日本陆、海军的注意力。

　　对所罗门群岛和新几内亚同时发动进攻的计划，早在 1943 年 4 月 15 日便已在麦克阿瑟与哈尔西之间私下敲定了。尽管美军上下大多认为麦克阿瑟趾高气扬、哈尔西粗鲁莽撞，两人见面必定会引发一场"火星撞地球"般的大争吵。但政治利益的博弈，却令哈尔西不仅屈尊降贵地主动前往麦克阿瑟位于澳大利亚布里斯班的司令部，更与这位美国陆军大佬相谈甚欢。

　　麦克阿瑟后来写道："我们一见面，（我）就喜欢他（哈尔西）……因为他根本没有许多水手所共有的恶习，也没有失去船只的恐惧心理。"而哈尔西也在回忆录中宣称："在我汇报了五分钟之后，我就感到我们好像是终生的挚友……我们确实进行了争论，但总是得到圆满结果的。"

　　撇开这些肉麻的相互恭维和示好，世人不禁好奇麦克阿瑟和哈尔西在布里斯班究竟谈了些什么。又是什么样的共同利益，促使这两位向来眼高于顶的美军高级将领能够坐下来如此推心置腹地交换意见呢？要回

基斯卡岛上的美军登陆场

　　　　　　　　　　　　　　　　　　　　　　　　　太平洋战争全史

依托美军强大空运能力集结于瓦乌的澳大利亚军队

答上述问题，或许要从麦克阿瑟和哈尔西所面对战场态势入手。

布纳战役之后，美国西南太平洋战区基本解除了日本陆军对莫尔比兹的威胁，并通过空运在内陆的瓦乌建立一个稳固的战略据点。但是随着日本陆军第8方面军向新几内亚的增兵，很快便在莱城一线重组防线，并于新几内亚北部的马丹、威瓦克等地构筑了后方基地。麦克阿瑟想要打开局面，单纯依靠地面部队从瓦乌一线平推，不仅受制于当地复杂的地形，更面临着巨大的后勤压力。最好的办法还是在莱城附近展开登陆，配合集结于瓦乌的澳大利亚军队一举歼灭莱城一线的日军，随后再视情况歼灭或孤立马丹、威瓦克等地的日军，为直接登陆新不列颠岛，攻占拉包尔打开通路。而要完成上述目标，麦克阿瑟都需要海军方面的大力支持。

哈尔西所面临的境遇与麦克阿瑟相似，经历了瓜岛战役的漫长拉锯之后。哈尔西深知在水道狭窄、密布原始丛林的所罗门群岛作战，地面部队远较海军舰队更为重要。美国南太平洋战区此时虽然下辖4个陆军师（第23、第25、第37和第43步兵师）、美国海军陆战队第1军（下辖第2、第3陆战队师、1个突击团、6个守备营和1个伞兵团），看似兵强马壮，但第23、第25步兵师刚刚经历了残酷的瓜岛战役，正在休整之中。第 37 步兵师则刚刚从斐济调来，尚未经历战火淬炼。因此真正可用的陆军部队仅有第 43 步兵师一枝独苗。要完成对整个所罗门中、北部的占领，显然势比登天。

也正是基于继续在所罗门群岛发动攻势的现实困境，美国海军作战部长欧内斯特·金力主跳过所罗门群岛和新不列颠岛的争夺，直接在中部太平洋发动攻势。而身为中间层的美国太平洋舰队司令尼米兹，既不愿得罪顶头上司欧内斯特·金，也不希望心腹爱将哈尔西在所罗门群岛之前的努力白费。因此一再强调日军目前在拉包尔、特鲁克一线所集结的重兵集团的威胁，力主在所罗门群岛再发动一两次小规模攻势以削弱对手。

欧内斯特·金理解尼米兹的难处，也深知陆军方面不会希望看到由一场美国海军主导的中太平洋战役来打断日本的脊梁。因此最终在 1943 年 3 月 28 日参谋长联席会议组织的"太平洋作战会议"中，欧内斯特·金对美国陆军做出了让步，同意在新几内亚和所罗门一线发动新的攻势，但依旧强调海军方面主导的所罗门群岛战役将优先于新几内亚战役。但这一强硬的做派最终却招来了马歇尔的抵制。马歇尔不仅强调美军在新几内亚和所罗门群岛的行动应该保持同步，更认为西南、南太平洋战区在此次行动中必须建立统一的指挥系统。而按照军衔和资历，自然应该由四星上将麦克阿瑟来主导。

美国海军方面虽然继续强调西南、南太平洋战区的舰艇部队仍受太平洋舰队司令部的指挥。但谁都知道远在夏威夷的尼米兹不可能把手伸得那么长。正是深知尼米兹此时尴尬的处境很难为自己提供更多的政治助力，因此哈尔西才不得不收起了自己平日里颐指气使的小性子。前往布里斯班面见麦克阿瑟，寻求陆军方面对南太平洋战区于所罗门一线发动攻势的支持。而出于陆、海两军之间的相互需要，麦克阿瑟对哈尔西也是开诚布公。两人用了 3 天的时间，详细探讨了在下一阶段作战中如何相互配合、形成合力。

麦克阿瑟为自己所设定的目标，是在 1944 年初夺取拉包尔。因此按照他的时间表，美国西南太平洋战区将在 5 月 15 日于莱城附近发动一场两栖登陆作战，而为了配合自己的行动，哈尔西应同步进攻所罗门群岛中部的新乔治亚岛。两个月之后当麦克阿瑟的陆军在新几内亚推进到马丹一线时，南太平洋战区则应推进到布干维尔岛南部地区，并最终形成对拉包尔的钳形攻势。

可惜对于麦克阿瑟的时间表，美国海军方面并不愿意配合。由于包括登陆舰在内大批舰艇迟迟没有调拨到位，麦克阿瑟不得不将进攻发起的时间向后推延了一个月。而正是在这一个月的时间里欧洲战场的局势也发生了天翻地覆般的转变，北非战场上 5 月 13 日困守突尼斯的 25 万轴心国军队向英、美盟军投降。长期以来如"达摩克利斯之剑"般高悬在英国地中海生命线之上的德国"非洲军团"至此覆灭。与此同时，德国陆军在东线借助"第三次哈尔科夫战役"的辉煌胜利，重新夺回了战略主动权，苏、德两军围绕着库尔斯克突出部不断积蓄着兵力。

出任南太平洋战区司令期间的哈尔西

有鉴于德国对自身威胁的降低，以及对苏、德新一轮战略决战观望，丘吉尔率领一干英国军政要员于 1943 年 5 月 11 日乘坐豪华游轮"玛丽皇后"号抵达美国纽约，准备与美国总统罗斯福举行代号"三叉戟会议"的新一轮领导人磋商。鉴于战局的变化，占据主场之利的罗斯福并不急于和丘吉尔进行交流。5 月 12 日丘吉尔抵达华盛顿，罗斯福便拉着他前往马里兰州卡托克廷山间名为"香格里拉"的疗养院（即后来的"戴维营"），丢下一群职业军官去争执和辩论。

美国军方对于丘吉尔那套在地中海发动进攻，打垮意大利、牵制德国的"间接战略"理论不感兴趣。马歇尔坚持盟军应尽快跨越英吉利海峡，直接在法国北部登陆。欧内斯特·金则以北非战役已经结束为由，坚持美国海军将从地中海撤出。正作为重庆国民政府座上客的史迪威和陈纳德也跟着出面搅局，宣称英国军队应该配合中国远征

"三叉戟会议"期间身处戴维营的丘吉尔和罗斯福

军在印缅边境地区发动更大规模的进攻。

　　英国人当然知道美国人也无心在苏、德胜负未分之际，便于法国一线开辟"第二战场"。印缅战场上的胜负死活，更不过是对方施加压力的一种方式。罗斯福真正想要的是英联邦军队在太平洋战场上要紧跟美国的脚步，甚至为其负弩前驱。但正所谓"形势比人强"。丘吉尔虽然洞察了罗斯福的小伎俩，并许诺将在1944年初于法国沿海地区展开两栖登陆作战，但最终还是不得不签署了一份名为《打败日本的战略计划》的备忘录。

　　在这份备忘录中，英国承诺将派出潜艇部队配合美国海军对日本海上航线的绞杀。同时一旦时机成熟，将联合在中国或太平洋岛屿之上部署远程轰炸机，以直接攻击日本本土。表面上看起来这两项提议和英国关系不大，毕竟英国皇家海军目前在太平洋并没有太多的潜艇和远程航空兵可供使用。但事实上罗斯福正是用这种方式向高傲的英国人表明：美国从今往后将在太平洋战略上发号施令，在这个联盟中无论是英国还是英联邦的成员——澳大利亚和新西兰都不过是可有可无的小伙伴。

　　丘吉尔品味到个中的屈辱，并一气之下扬言不接受这个文件。但在国家利益的面前，他最终只能低下高傲的头颅。怀着极度的不满，丘吉尔在华盛顿期间只能拿自己的另一个盟友——中华民国出气，他先是

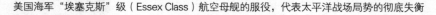

美国海军"埃塞克斯"级（Essex Class）航空母舰的服役，代表太平洋战场局势的彻底失衡

对当时在华盛顿的中华民国外交部部长宋子文进行挑衅，随后又拒绝接见正在美国逗留的"中国第一夫人"宋美龄。但是这些其彰显"大国权威"的举动，在罗斯福眼中都不过是个笑话，因为按照这位美国总统的政治版图，很快中华民国便将成为美国在亚洲最主要的盟友，无论英国人是否愿意接受。

在华盛顿成功逼迫英国人签署了《备忘录》之后，美国海军作战部长欧内斯特·金便马不停蹄地赶往旧金山与尼米兹进行会晤。在欧内斯特·金看来，英国人事实上已经放弃了他们在太平洋战争中所享受的共同指挥权，美国海军应利用这一有利时机在中部太平洋发动攻势。

而在指挥官人选上，欧内斯特·金亲自点将，希望由太平洋舰队参谋长斯普鲁恩斯统率新组建的第 5 舰队与日本海军进行航母决战，由霍兰·史密斯作为两栖部队司令官指挥海军陆战队来完成逐岛争夺。而以"埃塞克斯"级（Essex Class）航空母舰、"衣阿华"级（Iowa Class）战列舰为代表的美国海军新锐舰艇也不断在珍珠港集结，逐渐汇聚成欧内斯特·金手中的利剑。

根据欧内斯特·金所制定的时间表，美国参谋长联席会议通知西南太平洋战区，为配合拟定于 1943 年 11 月 15 日发动对马绍尔群岛的进攻，将从澳大利亚抽调正在整训中的美国海军陆战队第 1 师。麦克阿瑟随即坐不住了，公然宣称此举"在我看来将瓦解西南太平洋地区的攻势"。甚至在给马歇尔的电报中毫不含糊地表明他认为自己的战线是对日战争的"主要战场"，而计划中的针对马绍尔群岛行动充其量不过是"一种牵制性的进攻"。

其实以当时美国的整体军事实力，并不一定要从澳大利亚调回海军陆战队第 1 师才能完成对马绍尔群岛的进攻。欧内斯特·金此举的真正目的还在于通过挑拨麦克阿瑟这个刺头，实现与美国陆军的博弈。果然身为陆军总参谋长的马歇尔不敢得罪麦克阿瑟，同意麦克阿瑟继续将海军陆战队留在西南太平洋战区，而将第 27 步兵师归入中部太平洋战区的指挥序列。

有鉴于欧内斯特·金在中部太平洋战区发动进攻的紧迫性，麦克阿瑟与哈尔西商定，在 6 月 30 日同时发动针对新几内亚和所罗门群岛中北部的进攻。西南太平洋战区为这场军事行动取名为"硬币"，而哈尔西所领导的南太平洋战区则选取了"脚趾甲"这个颇为庸俗的代号。或许在哈尔西看来自己的部队在此后的行动中将犹如凶猛一脚般正中日军的要害，正如他在派遣战机击落了山本五十六的座机后所说的那样："我真希望把这个流氓恶棍（指山本五十六）用铁链拴着牵到宾夕法尼亚大街上去，让你们朝他身上最要命的地方猛踢。"

逐岛争夺
——日、美在所罗门群岛中部和新几内亚的相持（上）

　　日本陆军方面对美军可能在所罗门群岛和新几内亚方向发动进攻早有预判，但现实却是联合舰队主力以救援阿图岛为名返回本土，始终没有重返特鲁克，直接导致所罗门群岛方向海军兵力严重不足。新几内亚方面虽然莱城一线集结了陆海军上万人马，但长期都是伤患满营，最高峰的时期全军 40% 左右是病号。在这样的情况之下，第 51 师团长中野英光虽然一度有以攻代守，主动出击瓦乌、掰断麦克阿瑟铁钳一翼的计划，却根本没有实施的空间。

在新几内亚内陆艰苦跋涉的澳大利亚陆军

既然攻不去，那么只能安下心来组织防御。中野英光曾在中国战场作战多年，战术眼光还是有的。他抵达莱城之后便发现当地一马平川、易攻难守，必须进一步扩展防御纵深。有鉴于此，日本陆军将莱城防御的主阵地设立在莱城以南 30 公里的萨拉莫阿（Salamaua）一线。同时，进一步将部分部队前出至萨拉莫阿以南穆保和纳索半岛地区布置前哨阵地。另外为确保萨拉摩阿、莱城之间的联络，又在莱城西方约 15 公里的马卡姆海角附近建立侧翼阵地。由此形成以莱城为中心的大纵深防御体系。

　　面对中野英光试图"以空间换时间"、等待后方增援的战术意图，麦克阿瑟可谓洞若观火，但是从瓦乌前往莱城的道路满是崇山峻岭，麦克阿瑟虽然不吝啬麾下澳大利亚士兵的生命，不断驱策其向北发动进攻，但依旧进展缓慢。因此从海上突击莱城的方案便成为西南太平洋战区迅速解决新几内亚战事的无二选择，但就在美国西南太平洋战区紧锣密鼓地筹备着一场两栖登陆作战之际，6 月 20 日，日本陆军突然在瓦乌方向发动了一场营级规模的战术反击。

　　中野英光将目标定在澳大利亚军队于 4 月、5 月间从瓦乌北上之后

日本陆军视为瑰宝的百式"吞龙"重型轰炸机

所抢占的一处战略高地——拉布比亚岭（Lababia Ridge）。拉布比亚岭地处瓦乌以北约20公里处，从其山顶已经可以瞭望到远处莱城附近的拿骚湾的点点波涛了。有鉴于此中野英光虽然自知手中兵力有限，但却还是只能放手一搏，勒令手中战斗力最强的步兵第66联队抽调两个大队的兵力正面强攻拉布比亚岭。

中野英光虽然志在必得，且向第8方面军申请了第6飞行师团的空中支援，但澳大利亚军队已经在拉布比亚岭一线构筑了完备的防御工事，日本陆军步兵第66联队虽然悍不畏死，但其血肉之躯却始终难以突破对手由机枪和迫击炮火力封锁的铁丝网。而日本陆军第6飞行师团从新不列颠岛南部及新几内亚北部机场起飞了3个飞行队总计49架战机参战，但却也遭到澳大利亚空军46架战机的拦截。混战中1架被日本陆军视为瑰宝的百式"吞龙"重型轰炸机被击落。

拉布比亚岭空战，日本陆军航空兵参战兵力：

飞行第59战队，一式"隼"型战斗机：22架

飞行第61战队，百式"吞龙"重型轰炸机：18架

飞行第75战队，九九式轻型轰炸机：9架

鉴于航程等方面的劣势，日本陆军航空兵随即中止了对拉布比亚岭的空袭。而第51师团仅仅动用2个大队的兵力，也实在难以撼动澳大

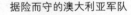

据险而守的澳大利亚军队

利亚第 6 步兵旅第 2 团的阵地。在损失上百人（战死 41 人、负伤 131 人）之后，被迫于 6 月 23 日中止了进攻。据险而守的澳大利亚军队不仅损失轻微（11 人战死，12 人负伤），此后更根据战场上日军丢弃的尸体，宣称毙伤对手千余人，极大地鼓舞了士气。

无独有偶，6 月 20 日当天哈尔西指挥下的南太平洋战区在所罗门群岛南部也提前发动了一场前哨战。当天夜间美国海军陆战队第 4 突击营（欠 N 连和 Q 连）乘坐 2 艘驱逐舰从瓜岛出发，于次日凌晨在所罗门群岛中部的伦多瓦岛（Rendova Island）登陆。

哈尔西之所以提前发动攻势，表面上看是因为潜伏伦多瓦岛上的澳大利亚情报人员正在遭遇日军的围剿。但仔细分析却不难看出，情况恰恰相反。早在 1942 年日本陆、海军大举南下威胁澳大利亚本土之际，澳大利亚皇家海军便在所罗门群岛组建了一个名为"海岸瞭望员"的情报网络。这些"海岸瞭望员"大多由昔日当地的殖民地官员组成，熟悉当地风土人情，因此可以成功地躲过日本陆、海军的扫荡，长期在当地潜伏并源源不断向后送情报。而随着瓜岛战役结束之后，美军在所罗门群岛逐渐占据优势，这些"海岸瞭望员"更利用美军秘密运输上岛的武器，大肆武装当地土著，逐步壮大起了一支支反日游击队，成为卡在日军咽喉之上的毒刺。

根据伦多瓦岛潜伏的澳大利亚"海岸瞭望员"唐纳德·肯尼迪所发来的情报，美国南太平洋战区确认伦多瓦岛上的日本陆军仅部署了步兵第 229 联队 1 分大队，还要不断抽调兵力对岛上的反日游击队展开围剿，正是趁虚而入的绝佳时机。果然美国海军陆战队第 4 突击营登陆伦多瓦岛的过程之中几乎没有遭遇到抵抗，并很快与唐纳德·肯尼迪所统率的游击队会师，在伦多瓦岛上南部的塞吉角成功登陆，并迅速构筑了完备的桥头堡，迎接后续陆军和工程兵部队的登陆，并开始在塞吉角一线修筑野战机场。

在伦多瓦岛南部打下一个坚实楔子之后，哈尔西于 6 月 30 日同时对伦多瓦岛北部比尔港和西南的万古努岛（Vangunu）展开大规模两栖登陆作战。此时日本陆、海军所罗门群岛的防御态势又经过了多轮扯皮，按照日本陆军的理念，所罗门群岛中部的诸多岛屿根本无法长期坚守，与其像瓜岛那样不断冒着损兵折将的风险运送部队和补给，不如全部放弃、集中兵力退守所罗门群岛北部的核心岛屿——布干维尔岛。但是海军方面却认为所罗门中部群岛已经部署有大量的海军陆战单位（特别陆战队和根据地队），只要陆军方面愿意配合还是可以长期固守，尽可能地争取时间，以便返回本土的联合舰队主力可以完成对舰艇的战时改进和各航母所属航空队的训练。

双方意见相持不下，才最终在所罗门群岛中部防御问题上形成了一个所谓"东南支队"的复合型指挥系统。"东南支队"理论是一支陆军，但下属部队却除了陆军步兵第229联队、步兵第13联队、独立山炮第10联队及其他一些陆军炮兵单位之外，还管辖着简称"8联特"的海军"第8联合特别陆战队"。而在上级关系上，"东南支队"虽然隶属陆军第17军管理，却又纳入海军第8舰队的指挥之下。如此叠床架屋的管理体系之下，针对哈尔西的进攻，日本陆、海军的反应显得异常的缓慢。

对于美国海军陆战队6月20日在伦多瓦岛的登陆，"东南支队"并非一无所知。但驻守岛上的步兵第229联队连日扫荡却始终未与敌接触，也就不作他想了。倒是拉包尔方面根据美军无线电通信和繁忙的兵力调动，认定对手即将发起进攻。从在6月20日调动大批航空兵部队准备进行海空拦截，但是随着6月26日美军进攻准备结束，前线调动又归于静默，拉包尔方面也放松了警惕。

6月30日，美军大举登陆伦多瓦岛北部和万古努岛。这两座岛屿之上各有隶属"东南支队"的日本陆、海军联合部队驻守。但是这些部队番号虽多，实际兵力却非常有限。在美军的强大攻势之下，其微弱的抵抗很快便土崩瓦解。残部不得不退入雨林之中，苟延残喘。而伦多瓦岛北部虽然与日本陆军"东南支队"的主要据点——新乔治岛南部的蒙达机场仅隔了一条狭窄的水道，但在美军登陆的过程之中，"东南支队"方面却始终未能做出反应。直到美军全歼了伦多瓦岛的日本陆军守备队之后，"东南支队"指挥官佐佐木登少将才如梦初醒，调到蒙达机场方向的海军7门120毫米、6门140毫米岸防炮向美军登陆舰队展开炮击，但显然已是于事无补。美国海军担任护航任务的驱逐舰艇编队随即以127毫米（5英寸）舰炮予以还击，同时美国陆军第192野战炮兵营和海军陆战队第9守备营的大批155毫米榴弹炮也迅速进入阵地。准备

日本海军的 120 毫米岸防炮

向蒙达机场方向倾泻炮火。

　　美军于伦多瓦岛展开登陆的消息传到拉包尔，统一指挥日本海军"东南舰队"所有舰艇和航空兵的草鹿任一中将，随即命令麾下第 1 基地航空部队全力猛扑伦多瓦北岸的敌军锚地。但草鹿任一反应虽快，结果却是差强人意。因为在山本五十六死后的这段时间里，日本海军昔日为了执行"伊（い）号作战"而集结起来的庞大航空兵部队早在其草率出击的命令下消耗殆尽了。

　　"伊（い）号作战"结束之后，日本海军航空兵一度进行了调整。原本配属于前线的各航母航空队陆续后撤，进行训练和整补。而继续留在前线的日本陆、海军航空兵也不断在实战中得到装备和人员的提升。鉴于一式"隼"型战斗机在战场上的表现欠佳。日本陆军于 1943 年 5 月、6 月间调来了更为新型的二式"屠龙"和三式"飞燕"型战斗机。而日本海军"零式"战斗机也在新几内亚战场上获得了对澳大利亚皇家空军的辉煌胜利。

　　从 1943 年 3 月开始，澳大利亚获得了英国皇家空军支援的第一批 100 架"喷火"V 形战斗机。但驾驭这些战机的英国和澳大利亚飞行员大多刚刚从北非战场归来，错误地沿用了过去对抗德国战机的经验，试

太平洋战争全史

图用盘旋格斗战斗来克制拥有极佳盘旋性能的"零式"战斗机,其结果可想而知。5 月 2 日,日本海军第 202 航空队的 27 架"零式"战斗机,掩护 25 架一式陆上攻击机空袭达尔文港,在返航途中遭遇了澳大利亚空军 33 架"喷火"V 形战斗机的追击。但在随后的战斗中日本人却轻松地以零伤亡的代价击落了对手 13 架战斗机。

但是就在形势慢慢向好的一面发展之际,草鹿任一却上报古贺峰一,提出再度对瓜岛一线发动代号为"苏(ソ)号作战"的航空攻势。草鹿任一的提议有其合理性。因为根据日本海军方面的无线电和空中侦察,美军正在以瓜岛为中心的所罗门群岛南部集结大批兵力。要延缓甚至击溃其即将发动的攻势,最好的办法莫过于先发制人。但他显然忽视了日本海军航空兵此时的现状至多能算是"攻敌不足、自守有余"。贸然出击只能是白白消耗掉好不容易积攒起来的力量。

按照草鹿任一的计划,"苏(ソ)号作战"分为从"601"到"606"共 6 个阶段。其中"601""602"阶段分别为 6 月 1 日和 6 月 5 日出动海军航空兵护送船队向所罗门群岛中部圣伊莎贝尔岛(Santa Isabel Island)运送物资。而从 6 月 6 日开始,日本海军航空兵则发动"603"号作战,对瓜岛附近的美军船舶展开空中打击。

为了实现一举摧毁美军在瓜岛的船舶和航空基地的计划,草鹿任一在战前秘密编组了所谓"第五、第六空袭部队"的战术集群。其中"第

"百式"司令部侦察机是少数日本陆、海通用战机型号之一

五空袭部队"以前身为"台南海军航空队"的"第251海军航空队"为主体，共编制有45架"零式"战斗机，2架陆军的二式"屠龙"双发战斗机配合执行侦察任务。"第六空袭部队"则囊括了"第204海军航空队"的"零式"战斗机35架；"第582海军航空队"的"零式"战斗机25架、九九式舰载轰战机25架；"第151海军航空地"的2架"百式"司令部侦察机和2架"二式"舰载侦察机提供战术情报。

6月6日上午，日本海军的"百式"司令部侦察机首先进入瓜岛附近海域，并报告发现美军大型运输舰1艘、中型运输舰3艘、小型运输舰10艘。大喜过望的草鹿任一随即命令"第五、第六空袭部队"于6月7日全力猛扑瓜岛，不想当天下午哈尔西便先发制人，出动大批战机对所罗门中部展开空袭。虽然日本海军航空兵拼死抵抗，最终保护了己方机场的安全，但却也在空战中损失了3架"零式"战斗机，运输船"神德丸"被击沉。

虽然被对手打了个措手不及，但日本海军航空兵按计划于6月7日上午出动81架"零式"战斗机，试图对瓜岛及其周边地区的美军机场展开空袭。在遭遇美军大批战机夹击的情况之下，仅有8架挂载了炸弹的"零式"战斗机即便成功突防，显然也无法对亨德森机场造成实质性的损害。因此所谓的"603"航空作战，本质上不过是日本海军航空兵的一次主动寻战而已。而面对超过110架的美军拦截机群，日本方面虽然宣称以12架"零式"战斗机（9架被击落、3架严重受损）的代价击落了对手43架各型战机，但实质上美军战机仅损失了7架而已。

"603"航空作战结束之后，日本海军航空兵倒是真正总结了经验教训，认为原有的3机编队在空战中极不灵活，应推行包含两个双机编组的4机编队。6月12日，完成了战术调整的日本海军航空兵再度以77架战机的规模向瓜岛附近海域进发。并宣称以7架"零式"战斗机（6架被击落、1架严重受损）的代价，击落了美军32架各型战机（实际损失仅为6架）。讽刺的是空战之后，日本海军航空兵出动1架"百式"司令部侦察机确认战果，结果发现仅在瓜岛地区，美国陆军、海军航空兵便部署了200架战斗机和50架轰炸机，也就是说即便日本海军航空兵真的能维持较高的交换比，要歼灭如此庞大的空中力量，恐怕也要耗尽自己全部的气血。

在残酷的现实面前，草鹿任一被迫改变战术，宣布提前结束"苏（ソ）号作战"，日本海军航空兵各航空队的任务由争夺制空权，改为对地、对海攻击，作战代号为"瑟（セ）"。6月16日早晨，在1架"百式"司令部侦察机探查了瓜岛周边情况后，中午时分日本海军航空兵以70架"零式"战斗机掩护24架"九九式"舰载轰战机突入瓜岛上空。面对美军上百架战机的拦截。日本海军航空兵最终损失13架"九九式"舰载轰战机和15架"零式"战斗机，但是所取得的战果却只能用少得可怜来形容，美军方面仅有6架战机被击落，武装货轮"塞莱诺"号（USS Celeno AK-76）被两枚250千克炸弹直接命中，一度搁浅。坦克登陆舰"LST-340"号被击中起火而已，而这两艘战舰最终均未沉没，不久之后便再度活跃在了战场之上。

整个"苏（ソ）号""瑟（セ）号"作战期间，日本海军航空军损失34架"零式"战斗机和13架"九九式"舰载轰战机，却根本未对瓜岛附近的美军海空力量造成实质性的打击，甚至连延误哈尔西在所罗门群岛中部发动攻势的目的都未达到，反而极大地削弱了自身本就羸弱的空中力量，以至于在美军舰队离开了瓜岛防空圈，突向伦多瓦岛之时反而无力展开拦截。

但是伦多瓦岛地处要害，日本海军硬着头皮也要进行争夺。在得到美军登陆舰队出现的消息后，草鹿任一于6月30日上午拼凑了25架

"瑟（セ）号作战"中日军海军航空兵唯一可以一提的战果：美军武装货轮"塞莱诺"号

"零式"战斗机先行出击，试图夺取制空权。但在美军强大的护航机群的拦截之下，几乎未能抵达战场的上空。下午 1 点 35 分，日本海军航空兵再度以 24 架"零式"战斗机掩护 25 架"一式"陆基攻击机向美军舰队发动鱼雷攻击。

按照日本海军航空兵的公报，此轮攻击共计击沉对手轻巡洋舰、驱逐舰、运输舰各 1 艘。但事实上在美军强大的护航机群和防空炮火的双重绞杀之下，日本海军方面在损失了 18 架"一式"陆基攻击机和 12 架"零式"战斗机的情况下，不过是重创了美军运输舰"麦考林"号（USS McCawley APA-4）而已。

作为一艘由货轮改造而成的运输舰，"麦考林"号真正的价值在于其上所运载的货物，以及正在舰上指挥登陆作战的美国海军少将理查蒙德·凯利·特纳（Richmond Kelly Turner，1885—1961）。不过日本海军航空兵所投下的鱼雷只是命中了"麦考林"号的动力系统，因此"麦考林"号虽然一时动弹不得，但还能够有条不紊地卸载物资和转移人员。日本海军航空兵的空中打击再度无功而返。下午 3 点日本海军再次

　　　　　　　　　　　　　　　　　　太平洋战争全史

出动"九九式"舰载轰炸机 8 架,"零式"战斗机 21 架奔袭伦多瓦岛上空。但面对美军强大的海空火力,却最终白白损失了 4 架"九九式"舰载轰炸机,却未能取得任何战果,战报中所谓"敌运输船和驱逐舰各 1艘被击中起火"云云,不过是子虚乌有。

突入伦多瓦岛的损失与此前"苏(ソ)号""瑟(セ)号"作战的伤亡相叠加,导致日本海军在所罗门群岛方面的基地航空部队,兵力锐减到"零式"战斗机可用不足 50 架,"九九式"舰载轰炸机可用不足 20架、"一式"陆基攻击机 26 架的可悲境地。如果不能尽快得到后方的支援,战局可谓岌岌可危。

坐镇拉包尔方面的日本陆军第 8 方面军司令今村均自然深知伦多瓦岛的重要性。但此时新几内亚方向传来的消息却令他更为揪心。美军西南太平洋战区司令麦克阿瑟于 6 月 30 日同时发动了两场登陆作战,一方面美军出动第 158 步兵团、第 112 骑兵团夺占新几内亚和所罗门群岛之间的特鲁布里恩群岛(Trobriand Island)。

后世的史学家对于麦克阿瑟的这番部署有着完全不同的见解。美国人认为麦克阿瑟攻占特鲁布里恩群岛不仅延伸了澳大利亚的海上防线,更为未来反攻拉包尔打下了坚实的基础。但在日本史学家眼中,麦克阿瑟出兵登陆日本陆军根本未曾设防的特鲁布里恩群岛,纯粹是浪费兵力。此后在岛上修筑的机场更是糟蹋水泥。但是在麦克阿瑟看来，此举却有着非凡的意义。毕竟控制了新几内亚与所罗门群岛之间的特鲁布里恩群岛之后，美国海军的攻击进度便将完全落入麦克阿瑟的调动之中，如果哈尔西屈从于欧内斯特·金的压力，想要在所罗门群岛中部畏缩不前的话，那么西南太平洋战区同样有能力对拉包尔发动两路夹击。

除了夺占特鲁布里恩群岛之外，6月30日当天美国陆军第41师所部第162步兵团还在新几内亚东部的拿骚湾展开登陆，直接威胁莱城的安全，作为美国陆军中第一批离开本土进行海外部署的地面部队，美国陆军第41师在1942年夏季便抵达澳大利亚，并全程参与了布纳之战。正是认为其所拥有丰富的热带雨林作战经验，麦克阿瑟在第162步兵团成功登陆之后，便令其向莱城方面突进。试图配合瓦乌方面的澳大利亚第3步兵师，围剿日本陆军第51师团主力于萨拉莫阿一线。

有鉴于新几内亚局势的变化，今村均指示第51师团长中野英光应迅速集中兵力，打击拿骚一线的登陆之敌。但中野英光却深知自己手中的兵力无法同时压制瓦乌和拿骚两条战线。因此向第8方面军司令请求

1942年夏抵达澳大利亚的美国陆军第41师

增援的同时，仍力主将击溃瓦乌方面的正面之敌作为重点，而对于拿骚方面则采取手势。客观地说中野英光的提议虽然看似懦弱，实则却是当时战场环境下的万全之策。毕竟拿骚湾缺乏现代化的港口设施，美军虽然成功登陆，但却也可能迅速打开局面。而如果贪图所谓"趁敌立足未稳"的良机发动进攻，第51师团有限的兵力却可能被美军强大的海空火力吃干抹净。今村均认可中野英光的建议，在从马丹地区的第20师团部队中抽调2个步兵大队向莱城方向增援的同时，命令飞行第6师团全力对拿骚湾一线展开轰炸。

既然陆军航空兵一时半会儿指望不上，海军航空兵又严重失血、无力再战，草鹿任一只能调动日本海军的水面舰艇投入对伦多瓦岛的反击之中。自东南舰队组建以来，其主力第8舰队一度拥有着日本海军最为齐整的驱逐舰部队：第3水雷战队。

第3水雷战队旗舰"川内"号轻型巡洋舰以下，编制有3个驱逐舰队，总计12艘"特型"驱逐舰。作为《华盛顿裁军条约》后日本海军"以小博大"战术思想的产物，"特型"驱逐舰装备有双联装127毫米主炮3座、三联装610毫米鱼雷发射管3座。可谓具备强大的对舰作战能力。除此之外，第8舰队还能不断获得来自其他舰队的支援。

但是自瓜岛战役后期以来，日本海军便更多将驱逐舰用于海上兵员和补给输送的护航工作，甚至干脆令其充当起了"武装运输船"作为昔日为舰队决战而生的"特型"驱逐舰，其最大的软肋莫过于防空火力不足。虽然其127毫米主炮最大仰角可达75度，是世界上第一种高平两用炮，但对空射击每分钟仅4发的射速，显然是无法对抗日新月异的空中威胁的。而辅助对空武器的2挺7.7毫米对空机枪更是只能起到聊胜于无的心理慰藉。

"特型"驱逐舰的优点和缺点几乎同时被日本海军后续研发的驱逐舰所继承。日本海军在继续赋予驱逐舰更为强大的反舰火力的同时，对防空火力的改进却停留在以双联装25毫米机关炮取代7.7毫米高射机枪的层面。正是由于存在着对空火力孱弱这块"短板"，日本海军的驱逐舰部队在所罗门群岛地区的作战任务中频频遭受美军航空兵的重创。

除了"第81号作战"惨败，一口气损失了4艘驱逐舰之外，1943

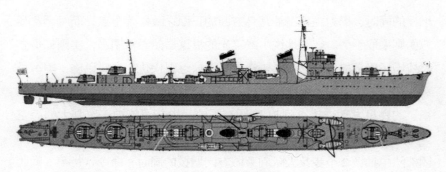
日本海军"以小博大"战术的产物——"特型"驱逐舰

年5月6日，日本海军第15驱逐舰队的："亲潮""黑潮""阳炎"3艘战舰，奉命从拉包尔向所罗门群岛中部运送兵员之际，又遭遇美军布雷伏击。"黑潮"当即被炸沉没、"亲潮"和"阳炎"两舰则在失去动力之后为美军战机所炸沉。

如果说第15驱逐舰的全军覆没还能算得上是暗箭难防的话，那么发生在3月5日的"第一次维拉湾夜战"（Battle of Blackett Strait）却令向来自诩近战、夜战无敌的日本海军颜面扫地。当时日本海军第2驱逐舰队的"村雨"、第9驱逐舰队的"峰云"两舰在执行从拉包尔向布干维尔岛运输任务的返航途中，遭遇美国海军第68任务群的伏击。

美国海军第68任务群由3艘轻型巡洋舰："蒙彼利埃"（USS Montpelier, CL-57）、"克利夫兰"（USS Cleveland, CL-55）、"丹佛"（USS Denver, CL-58）；以及3艘驱逐舰："沃尔克"（USS Waller DD-466）、"康韦"（USS Conway DD-507）、"科尼"（USS Cony DD-508）组成。美军兵力和火力上的优势自不待言，但更令日本海军无法接受的是，"村雨"和"峰云"两舰仅在短短20分钟之内便被迅速击沉，且几乎全程没有组织起一次有效反击。究其原因，自然是美军所装备的舰载雷达已经远远超出了肉眼的观测距离，可以在几乎没有直接接触的情况下，远程对日军战舰展开炮击。

瓜岛战役之后，在新几内亚和所罗门群岛附近海域执行护航和运输任务的过程中，日本海军累计损失了轻型巡洋舰1艘："天龙"、驱逐舰9艘："村雨""峰云""白雪""朝潮""荒潮""时津风""亲潮""黑潮""阳炎"，可以说是在未向敌舰发一弹一雷的情况下，白白损失了一整支"水雷战队"。最终导致在真正需要水面舰艇决战的关头，第8舰队却陷入了兵力不足的尴尬。

美军在伦多瓦岛登陆之际，第8舰队的主力：旗舰重型巡洋舰"鸟海"、驱逐舰"雪风""凉风""江风""谷风""滨风"盘桓于特鲁克，仅有"天雾""初雪""长月""水无月"和"三日月"5艘驱逐舰驻守于布干维尔一线。好在此时新任第3水雷战队指挥官的秋山辉男少将恰好乘坐着新旗舰"新月"、带领着隶属第3水雷战队的"望月""皋月"以及直属第8舰队司令部"夕风"3艘驱逐舰恰好执行护航任务赶到。

从履历上来看，秋山辉男历任过日本海军多艘主力驱逐舰以及轻型巡洋舰"那珂"的舰长。但是在太平洋战争爆发后却转入基地系统工作，如果不是第3水雷战队指挥官木村昌福在"第81号作战"中负伤，秋山辉男应该已经指挥着佐世保第2水兵团加入岛屿的守备作战中去了，因此重回海上的他显得格外急躁。得知美军在伦多瓦岛登陆的消息之后，随即不顾自身舰队的实际情况，于6月30日夜便贸然出击，试图截杀美军后续登陆部队。但是在敌情不明的黑夜之中，这样的盲动注定只能是一无所获。不过讽刺的是，由于得到了日本海军驱逐舰编队来袭的消息，当天夜间负责警戒伦多瓦岛周边海域的美国海军鱼雷艇部队

在海战中以火炮见长的美国海军"丹佛"号轻型巡洋舰

神经高度紧张，最终将白天空袭中负伤的美军运输舰"麦考林"号误认为是敌舰，用2发鱼雷将其彻底炸沉了。

随着7月1日拂晓的降临，担心遭遇美军空袭的秋山辉男选择将舰队撤出战场。不过在得到联合舰队司令古贺峰一将增派海军航空兵第552航空队、"隼鹰""飞鹰"航母舰载机飞行队前来支援的消息后，草鹿任一显得底气十足，当天再度出动34架"零式"战斗机掩护6架"九九式"舰载轰炸机对伦多瓦岛附近的美军舰艇展开空袭。但在美军38架P-38型战斗机的围追堵截之下，日本海军航空兵再度白白损失了3架"九九式"舰载轰战机和5架"零式"战斗机。

此时美国陆军和海军陆战队在伦多瓦岛北部的炮兵阵地已经构筑完成。十余门155毫米重炮隔着狭窄的海峡向位于新乔治亚岛南部的日军蒙达机场展开一场猛烈轰击，驻守当地的日本陆军"东南支队"指挥官佐佐木登倍感压力，随即要求第8方面军紧急向新乔治亚岛增派援兵，并准许其发动跨海登陆，夺回伦多瓦岛。

从理论上看佐佐木登的计划颇为可行，毕竟此时美国陆军和海军陆战队在伦多瓦岛立足未稳。即便不能重夺伦多瓦岛，也至少可以拔除岛上直接威胁蒙达机场的重炮阵地。但无论是向新乔治亚岛增兵还是发动

美国陆军在伦多瓦岛北部构筑的155毫米重炮阵地

太平洋战争全史

登陆作战，佐佐木登都需要海军方面的支持。而以草鹿任一为首的日本海军"东南舰队"高层并不支持这样的冒险突击。在跨海登陆一时无法组织的情况之下，今村均最终与草鹿任一商定，于 7 月 2 日出动陆军第 6 飞行师团主力配合海军航空兵对伦多瓦岛北部展开空袭，以压制美军的远程火炮。

为了支援"东南支队"，日本陆军航空兵于 7 月 2 日中午出动第 14 飞行战队的 18 架"九七式"重型轰炸机，在 23 架一式"隼"、三式"飞燕"战斗机的掩护下突入伦多瓦岛，而海军航空兵方面则只出动了 32 架"零式"战斗机充当掩护，并未派出"九九式"舰载轰战机予以配合，似乎并不好看。但由于当天美军在所罗门群岛南部的各机场均遭遇暴风雨的袭击。日本陆军航空兵畅通无阻地飞抵伦多瓦岛北岸，轻松炸毁了美军的多个重炮阵地以及野战医院、油库等补给设置。而在整个空袭过程中，第 6 飞行师团仅有 3 架一式"隼"战斗机被美军防空炮火击落。

日本海军航空兵虽然不给力，但当天晚上秋山辉男少将指挥的第 3 水雷战队却再次出动，以第 22 驱逐舰队的"长月""皋月"两舰对伦多瓦岛北岸展开了 30 分钟的炮击。同时第 11 驱逐舰队的"天雾""初雪"两舰也成功地击沉了美国海军的 2 艘鱼雷艇，可谓小有斩获。

陆军航空兵和第 3 水雷战队的突袭得手，令"东南支队"指挥官佐佐木登对反攻伦多瓦岛充满了信心，再度公开向今村均司令呼吁："堵住敌运输船团航行道路，并强行登上伦多瓦岛击破敌人最为重要。"但今村均深知海军方面决计不会同意这样的计划，因此在今村均亲自拜会了草鹿任一之后，日本陆军也只是争取到了海军出动第 3 水雷战队于 7 月 4 日将陆军第 13 步兵联队送到新乔治亚岛而已。

为了掩护第 3 水雷战队的行动，7 月 4 日日本陆军航空兵再度从拉包尔基地出动 17 架"九七式"重型轰炸机和 17 架一式"隼"战斗机，在布干维尔岛上空与海军方面的 49 架"零式"战斗机会合，试图重现两天前的辉煌。可惜，此时美国海军陆战队已经运来了最新型的 M1 型 90 毫米高射炮，在防空雷达的引导之下，在这些重型高炮精准而猛烈的射击之下，日本陆军航空兵 6 架"九七式"重型轰炸机被当场击落，2 架负伤之后最终迫降坠毁。加上 3 架一式"隼"战斗机被击落，付出了巨大伤亡的日本陆军第 6 飞行师团，从此不敢再主动出击。引得海军方面的渊田美津雄事后吐槽说："在太平洋战争中，陆军飞机总共只有 7 月 2 日和 4 日两次参加所罗门方面的空战。"

　　日本陆军航空兵空袭伦多瓦岛的同时，日本海军第 3 水雷战队也出动"新月""长月""皋月"和"夕风"4 艘驱逐舰运送 1300 名陆军朝着新乔治亚岛出发。但是在距离登陆地点已经不远处却意外遭遇了 4 艘轻型巡洋舰和 4 艘驱逐舰组成的美国海军第 36.1 任务群，日方指挥官金冈国三大佐自知不敌，随即命令各舰朝着美军舰队齐射了一波鱼雷之后转身就跑。

　　此时美国海军第 36.1 任务群正在执行对岸炮击任务。面对装备着原战列舰"伊势""日向"两舰 140 毫米副炮的吴港第 6 特别陆战队，美国海军第 36.1 任务群丝毫不敢大意。因此根本没有注意到从自己身边跑过的日军舰队。其至在驱逐舰"斯壮"号（USS Strong, DD-467）被 1 枚鱼雷击中之后，由于该舰很快又被 3 发从岸上射来的 140 毫米炮弹命中，因此美国海军完全没有意识到他们与日本海军擦肩而过。

　　日本海军第 3 水雷战队在 7 月 4 日的行动，虽然成功击沉了一艘美军驱逐舰，但并未完成新乔治亚岛的运输任务。无奈之下，7 月 5 日夜间秋山辉男只能亲自率队出发，调动麾下所有的 10 艘驱逐舰满载日本陆军第 13 步兵联队 1 大队及独立速射炮第 2 大队的 2400 名士兵及装

美国 M1 型 90 毫米高射炮

　　　　　　　　　　　　　　　　　　　　　　　　太平洋战争全史

备，驶向了新乔治亚岛。

运输任务进行得还算顺利，但是在 7 月 5 日午夜 11 点 48 分左右，担任警戒任务的旗舰"新月"却突然发现右舷出现了一支由多艘巡洋舰和驱逐舰组成的美军舰队。事后日本海军方面才得知第 3 水雷战队遭遇正是由 3 艘轻型巡洋舰："檀香山"（USS Honolulu CL-48），"海伦娜"（USS Helena CL-50），"圣路易斯"（USS St. Louis CL-49）和 4 艘驱逐舰："尼古拉斯"（USS Nicholas DD-449）、"奥班农"（USS O'Bannon DD-450）、"詹金斯"（USS Jenkins DD-447）、"雷福德"（USS Radford DD-446）组成的美国海军第 36.1 任务群。

单纯从兵力上来看，第 3 水雷战队与第 36.1 任务群还算是伯仲之间。但此时秋山辉男麾下的舰队队形分散。除旗舰"新月"及"凉风""谷风"两舰之外，其余 6 艘驱逐舰都在执行运输任务的返航途中。秋山辉男虽然在 11 点 52 分便下达全军集结的命令，但远水难解近渴。早已通过雷达系统瞄准了"新月"的美军巡洋舰"海伦娜"和"圣路易斯"随即向这艘服役仅一年的日本海军新锐战舰发起炮火。

面对着 6300 米之外齐射的 60 门 152 毫米主炮的压倒性火力，装备着 4 座双联装 100 毫米主炮"新月"却根本没有还手的机会。秋山辉男及第 3 水雷战队司令部成员悉数战死，失去动力的"新月"在海面上燃烧着苟延残喘着向西漂流了一阵之后，最终沉入了海底。

打残了"新月"之后，美国海军第 36.1 任务群又试图将炮火转向"凉风""谷风"两舰。但此时这两艘战舰已经向着美军射击的炮火急速地射出了 16 枚 93 式"长矛"鱼雷，并加速脱离战场。猝不及防的美军巡洋舰"海伦娜"连续被 3 枚鱼雷命中，舰体在爆炸中开裂迅速沉没。此时执行运输任务的日本海军"望月""三日月""滨风""天雾""初雪""长月""皋月"陆续进入战场。但面对旗舰沉没、指挥中断的局面，日军各舰均无心恋战，冒着美军炮火的洗礼，各自盲目地发射鱼雷后落荒而逃。

慌乱之中"长月"在岸边搁浅，于 7 月 6 日上午被美军战机炸沉。其余各舰也不同程度地受损。在双方战力相差并不悬殊的情况下，第 3 水雷战队竟在这场"库拉湾夜战"（Battle of Kula Gulf）中败得如此丢脸。也难怪此后各舰都遭到了日本海军高层"缺乏肉搏精神"的指责。

但无论如何，第 13 步兵联队成功在新乔治亚岛登陆，这支来自日本陆军皇牌第 6 师团的部队将为此后的战局带来新的变数。而鉴于日本陆、海军不断对新乔治亚岛展开增援的局面，美军方面也不得不加速推进，试图尽快完成对这座岛屿的占领。

搁浅后被美军炸沉的"长月"号驱逐舰

番外篇
—— 第二次世界大战中的澳大利亚和新西兰军队

　　作为英联邦的自治领，澳大利亚和新西兰为宗主国负弩前驱的历史可以追溯到 19 世纪末。但无论是在南非的布尔战争还是参与干涉中国内政的"八国联军"，大洋洲的英联邦公民大多是以志愿军的身份直接加入英国军队的。这一局面直到第一次世界大战的爆发才被打破。

　　1914 年 12 月 3 日，28150 名来自澳大利亚和新西兰的士兵在埃及首都开罗登陆，被编组为下辖 2 个步兵师和 1 个骑兵师的战斗部队，即"澳新军团"（Australian and New Zealand Army Corps，英文缩写为 ANZAC）。并随即投入英、法联军在奥斯曼帝国加里波利沿岸的登陆行动。但是这场"澳新军团"的处女秀却进行得极不顺利。由于情报的失误，这支部队错误的在一片并不适合登陆的陡崖之底展开，几乎在被动挨打中度过了长达 8 个月的痛苦时光，8709 人战死沙场。

　　尽管加里波利登陆战最终以英法联军的仓皇撤退而告终，但是"澳新军团"在逆境下苦战的表现却还是得到了宗主国的认可。撤回埃及之后，"澳新军团"进行了一系列重组，大批新兵的到来，令来自新西兰的士兵足以单独编组为一个步兵师。而澳大利亚军队则扩编为 5 个师，被分别派往法国战场和巴勒斯坦地区作战。

　　尽管在整个第一次世界大战期间累计有 78000 名澳大利亚和新西兰士兵阵亡，但在英联邦全力开动的宣传机器之下，澳大利亚和新西兰的国民丝毫没有沦为宗主国炮灰的怨念，反而滋生出了一种为英联邦作战"我骄傲"的自豪感。1916 年 4 月 25 日被正式定名为首个"澳新军团日"，并每天定期在这一天举行各种盛大的纪念活动，一直延续至今。

　　第一次世界大战结束之后，被严重削弱的英国政府，面对其全球殖

拉锯南太平洋：第三卷·1943　　　　　　　　　　　　　　　　221

第一次世界大战期间"澳新军团"的宣传画

AIF 的征兵广告

民地体系的动荡，日益力有不逮。在是否应该进一步武装看似忠心耿耿的澳大利亚和新西兰的问题上，英国政府内部尽管充斥着各种不同的声音，但是经济上的衰退和纳粹德国的崛起，都使得英国政府无力向澳大利亚和新西兰提供更多的武器装备。

1939 年 9 月 1 日，纳粹德国对波兰发动"闪电战"袭击之后，长期推行绥靖政策的英国政府被迫于 9 月 3 日向德国宣战。印度、澳大利亚、新西兰、加拿大等英联邦主要成员国随即跟进。9 月 15 日，澳大利亚联邦首相罗伯特·孟席斯（Robert Gordon Menzies，1894—1978）宣布：将以"澳大利亚帝国军"（Australian Imperial Force，英文缩写为 A.I.F）的名义展开征兵，首批 20000 名澳大利亚士兵被编组为澳大利亚第 6 步兵师开赴英国本土参战。

面对邻邦澳大利亚的积极表态，新西兰方面自然也不能落后。在首相迈克尔·约瑟夫·萨瓦奇（Michael Joseph Savage，1872—1940）的鼓动之下，新西兰街头一度流传着"紧密团结在英国周围，紧跟英国脚步"（Where Britain goes, we go! Where she stands, we stand!）的口号，可惜的是宗主国此时还并不需要那么多的军队，因此急于为国效劳的新西兰人只能先在英国海、空军位于新西兰的基地内打杂。

但随着欧洲战局的发展，面对法国的一败涂地、己方数十万精锐部队从敦刻尔克丢盔弃甲、狼狈逃回的现实。英国政府不得不加大了对澳大利亚和新西兰等自治领的"抽血"力度。从 1939 年 11 月 15 日开始，澳大利亚政府正式启动第二轮征兵工作，所有 21 周岁的男青年都在应征之列（但英联邦拒绝所有非欧洲裔人士加入）。到 1940 年上半年，"澳大利亚帝国军"又组建了 3 个步兵师（第 7、第 8、第 9 师）和 1 个装甲师（第 1 装甲师）。与此同时，新西兰方

太平洋战争全史

面正式组建了"新西兰第二远征军"（2nd New Zealand Expeditionary Force，英文缩写为 2NZEF），由 14000 人组成的新西兰第 2 步兵师正式挂牌成立，并由 10000 人的民兵部队在新西兰岛内开始接受军事训练。与此同时澳大利亚和新西兰方面都有相对数量的飞行员和水兵在英国皇家空军和海军体系下接受训练，此刻更是第一时间奔赴战场。

第二次世界大战爆发之前，澳大利亚便拥有了独立的海军、空军。澳大利亚海军的战斗力量包括 2 艘重型巡洋舰："澳大利亚""堪培拉"；4 艘轻型巡洋舰"悉尼""霍巴特"，"珀斯""阿德莱德"以及 5 艘驱逐舰。但是这些战舰多为英国皇家海军淘汰的"二手货"。因此当 1940 年 6 月澳大利亚海军的轻型巡洋舰"悉尼"号率领 5 艘老式驱逐舰抵达地中海战场时，一度被对手戏称为"铁屑舰队"（Scrap Iron Flotilla）。

但是澳大利亚海军很快便用自己的行动挣回了自己的颜面，在进入地中海战场后不久，"悉尼"号便与驱逐舰"旅行者"号配合，成功地击沉了一艘意大利海军的潜艇。此后在 7 月 18 日的"斯帕达角海战"中，"铁屑舰队"又在遭遇战中成功击败了 2 艘意大利海军的轻型巡洋舰，并击沉了其中 1 艘。此战之后意大利人再也不敢小觑这个对手了。

在海军于地中海小露峥嵘的同时，澳大利亚陆军也全面介入北非战场。1940 年 10 月，澳大利亚陆军第 6 步兵师接替印度第 4 步兵师，配合英国陆军第 7 装甲师在利比亚地区对意大利人发动进攻，并成功攻占了托布鲁克和班加西等战略要塞。随后澳大利亚第 6 步兵师又被调往希

澳大利亚海军"悉尼"号轻型巡洋舰

腊战场，其防区交由从澳大利亚本土赶来的第 9 步兵师接手。

不过随着由隆美尔指挥的德国陆军"非洲军团"的抵达，澳大利亚人的好运气算是到头了。1941 年 3 月，在德国军队的猛攻之下，澳大利亚第 9 步兵师与其他英联邦部队连战连败，最终不得不放弃托布鲁克要塞，退守埃及境内。而在德国军队围攻托布鲁克要塞的过程中，澳大利亚海军的老式驱逐舰："沃特亨"号（HMAS Waterhen D22）和护卫舰"帕拉马塔"号（HMAS Parramatta U44）先后在运送补给的过程中被击沉。

正所谓"六亲同运"，澳大利亚陆军第 9 步兵师在托布鲁克要塞损兵折将的同时，调往希腊的第 6 步兵师也连遭重创。先是在希腊南部港口担任英国军队后撤时的殿军，最终以 320 人死亡、2030 人被俘的代价才勉强撤出了战场。此后又受命以战斗力相对完整的第 19 旅和 2 个补充兵营总计 7100 人守备克里特岛。这些部队最终在 1941 年 5 月 20 日德军组织的大规模空降作战中被惨遭重创，仅有少数幸运儿借助海军的救护逃出，剩下的不是战死便是沦为德国人的俘虏。

当然在德国人的战俘营里，澳大利亚人并不孤单。因为在克里特岛上还有他们的新西兰老乡。"新西兰第二远征军"在全程参与了希腊战役之后，也在克里特岛留下了 1 个旅约 6700 人守备部队。在德国伞兵的围攻之下，新西兰军队伤亡惨重，更有近 3000 人被俘。

澳大利亚军队在北非和希腊的惨败，令英国政府不敢再将其部署于对抗德国的第一线。1941 年 6 月，澳大利亚陆军第 6 步兵师配合从本土赶来的第 7 步兵师，转往黎巴嫩地区、围攻当地的"维希法国"殖民政府。但这场看似牛刀杀鸡的军事行动，事实上也进行得并不顺利。由于"维希法国"在贝鲁特等地依托地形修筑了大量的防御工事，澳大利亚陆军奋战了 1 个多月才最终逼迫对手停火投降。

此后随着英、美与日本的关系日益恶化，出于本土防卫的需要，澳大利亚政府向英国申请将第 6、第 7 步兵师分批撤回国内，仅保留第 9 步兵师继续在北非作战。英国政府批准了这一要求，并将澳大利亚第 6、第 7 步兵师撤走之后在叙利亚、黎巴嫩等地的防御空缺交给了在北非战场参与"十字军行动"而遭遇重创的"新西兰第二远征军"。此后"新西兰第二远征军"又被要求参与了阿拉曼战役的防御阶段，在英国装甲部队支援不力的情况下，再度被德国非洲军团重创。

正是依托着新西兰等自治领步兵的顽强抵抗，蒙哥马利成功地在阿拉曼耗尽了隆美尔的进攻兵力，此后更稳扎稳打，最终将德、意联军彻底赶出了北非战场。此后"新西兰第二远征军"奉命撤回埃及整补，此时这支2万人的部队之中，已有2989人战死、7000人受伤、4041人被俘，而等待他们的将是更为残酷的意大利战场。

与新西兰人的遭遇相仿，留在北非的澳大利亚陆军第9步兵师也在阿拉曼战役的防御阶段充当了"肉盾"的角色。鉴于这支部队伤亡惨重以及太平洋战场的局势，澳大利亚政府于1942年秋天要求将第9步兵师撤回本土。经过一番扯皮之后，最终澳大利亚陆军部队于1943年1月悉数撤离北非战场。而在此之前，鉴于1942年6月12日澳大利亚海军驱逐舰"内斯特"号（HMAS Nestor G02）在马耳他岛附近海域执行护航任务时被意大利空军炸沉，澳大利亚海军的"铁屑舰队"剩余的3艘老式驱逐舰已经先一步撤离了危险的地中海海域，转往相对安全的印度洋参与护航去了。

尽管此后澳大利亚空军部队仍参与了盟军在大西洋、意大利、西欧乃

阿拉曼战场之上的新西兰陆军，图中的那辆坦克为德国军队缴获后重新投入使用的英制"玛蒂尔达"型，在整个北非战场上，澳大利亚和新西兰军队均没有足够的装甲部队

至德国本土的作战行动，其中一些澳大利亚飞行员战后还自愿留在了西德生活，但显然自北非战役结束之后，澳大利亚的国防重心便转向了亚太地区。为了应对日本的威胁，澳大利亚陆军于 1940 年 7 月组建了第 8 步兵师，不过这支部队组建后不久便因为各种战事的需要，被拆得四分五裂。

3 个主力步兵旅之中，除了第 24 旅及师属骑兵团被派往北非支援第 9 步兵师之外，原定也派往北非的第 22 旅被英国政府截留，部署在了马来西亚地区。第 23 步兵旅本拟定于在澳大利亚北部的达尔文港布防，但在英国政府的要求之下，麾下 3 个步兵营又被分别派往了拉包尔、帝汶岛和安汶岛。结果这些外派部队无一例外地在日本陆、海军的突袭之中遭遇重创，最终被迫投降。如此一来，在驻守叙利亚的第 6、第 7 步兵师尚未回防的情况下，澳大利亚本土事实上仅有 1 个装甲师和民兵部队可供使用。

地面部队的损失加上澳大利亚海军在"爪哇海海战"损失了轻型巡洋舰"珀斯"（HMAS Perth D29）、护卫舰"亚拉"号（HMAS Yarra U77），以及在印度洋斯里兰卡附近海域被击沉的"铁屑舰队"老式驱逐舰"吸血鬼"号（HMAS Vampire D68）。令澳大利亚的国防形势岌岌

1941 年从澳大利亚本土出发的第 8 步兵师，这些士兵很多都沦为了战俘，并在战俘营中被日军虐杀

太平洋战争全史

可危。

　　尽管全力向英、美发出了求援的信息，但在海军舰艇和军用飞机一时无法补充的情况下，澳大利亚人只能全力扩充陆军部队的规模以准备应对日本可能的入侵。到1942年年末澳大利亚陆军已经扩编为10个步兵师和3个装甲师。为了满足大量兵员的需要，澳大利亚政府还破例允许澳洲土著参军。不过就在澳大利亚人准备用"人民战争的汪洋大海淹没日本侵略者"之际，"珊瑚海海战"的爆发，令日本陆、海军改变了进攻轴线，转向为实现"美澳遮断作战"而必须夺占的所罗门群岛方向。如此一来轮到新西兰人紧张了。

　　1941年10月1日之前，新西兰没有自己的海军，只有英国皇家海军新西兰分舰队。这支拥有3艘巡洋舰（"安德尔"号，"阿基里斯"号，"冈比亚"号）和60余艘其他舰艇的海军编队看似强大，但却缺乏航母等主力舰艇。因此新西兰人认为一旦日军夺占所罗门群岛，英国海军无法保护新西兰的海岸线，为了满足本土防卫的需要，新西兰人迅速于1942年5月组建本土防卫部队：新西兰第3步兵师。

　　新西兰第3步兵师成立之初仅下辖2个步兵旅：第8、第14旅。但是辅助部队却十分完备，下辖第33海岸重炮团、第28重型高炮团、

面对日本的威胁，澳大利亚和新西兰都选择了疯狂扩充地面部队，这些武装力量虽然最终未能用于本土防卫，却成为英、美反攻阶段的巨大助力

第 29 轻型防空 / 反坦克团以及其他后勤单位。1943 年 1 月随着进一步兵员征募的完成，新西兰第 3 步兵师又组建了第 3 个步兵旅：第 15 旅。不过此时所罗门群岛南部的危机已经解除。新西兰第 3 步兵师也已转入美国西南太平洋战区的指挥序列，开始准备投入对所罗门群岛中、北部的反攻之中。

面对日本的威胁，澳大利亚和新西兰都选择了疯狂扩充地面部队，这些武装力量虽然最终未能用于本土防卫，却成为英美反攻阶段的巨大助力。除此之外，大批澳大利亚和新西兰的飞行员也成为英国皇家空军的重要补充，在太平洋战争后期，英国海军的航空母舰之上，四分之一的飞行员都是新西兰人。

第五章　守望东南

拉锯山脊

——日、美在所罗门群岛中部和新几内亚的相持（下）

　　美国陆军和海军陆战队对新乔治亚的登陆作战，早在 6 月 30 日夜登陆伦多瓦岛的时候便已悄然展开。当天晚间美国陆军第 43 步兵师组织第 172 步兵团一个突击连试图摸黑在新乔治亚岛南部登陆。但由于当地海况复杂、暗礁众多，这次行动最终无功而返。此后第 43 步兵师又组织了多次尝试，最终在 7 月 3 日早晨在当地土著的独木舟引导下，在日本核心据点——蒙达机场以东 5 公里的扎纳纳（Zanana）地区秘密登陆，建立了滩头阵地。

　　7 月 6 日，于扎纳纳一线成功集结了第 169、第 172 两个步兵团之后，美国陆军第 43 步兵师决定向蒙达机场发动第一轮的进攻。但从扎

在热带雨林中跋涉的美军步兵

纳纳通往蒙达的道路密布丘陵沼泽、热带雨林和无处不在的溪流瀑布令美军的进攻部队举步维艰。与此同时，驻守蒙达机场的日本陆军"东南支队"也从派出的巡逻队口中获知了美军逼近的消息。鉴于手中的兵力有限，佐佐木登不敢贸然出兵与美军展开对攻，仅派遣了第229步兵联队所属1个中队（第11中队），对美军展开夜间袭扰并在巴里克河（日方称"相川"）以西构筑防线。

在丘陵、雨林之间跋涉了一天的美军步兵面对日军的夜袭显得极不适应。纷乱了一夜之后才于7月7日上午重组了阵线发动进攻。但此时日军也已经在雨林之中布设下火力网，在视线受阻的情况下，美军无法发挥重机枪和迫击炮的火力优势。而入夜之后，日军则再度展开袭扰。如此反复了4天之后，美国陆军第43步兵师的2个主力团仅向前推进了几公里。而与此同时日本陆军"东南支队"的反攻也正在紧锣密鼓的计划之中。

随着日本陆军第6师团第13联队已抵达战场附近，佐佐木登自认有能力与美军正面抗衡。因此他于7月8日向这支生力军下达了于7月11日抵达蒙达机场以北，休整之后于7月13日凌晨向扎纳纳美军滩头阵地发动进攻的命令。但是令佐佐木登没有想到的是，美军在新乔治亚岛南线登陆的同时，还在该岛北部投入了由海军陆战队第1突击营、第37步兵师的2个营（第145步兵团第3营、第148步兵团第3营）组成的"北部登陆群"。

7月5日凌晨时分，美军"北部登陆群"分多路突进、上岸之后，随即向日军在新乔治亚岛北部的日军防御核心巴伊罗科、埃诺卡伊周边集结。佐佐木登虽然得到了消息，但认为新乔治亚岛北部集结着吴港镇守府第6特别陆战队不下2000余人，还装备有大量从战舰上拆卸下来的重型武器。美军以轻装步兵为主的登陆部队很难轻易啃下。

吴港镇守府第6特别陆战队重型武器一览如下：

140毫米岸防炮6门、其中口径不详重炮4门

120毫米高平两用炮4门、70毫米野战高射炮4门

40毫米双联装机关炮2门、40毫米单装机关炮2门、19门13毫米机关炮、4门速射炮、4门迫击炮

事实证明，佐佐木登的想法还是太过天真了一些，在新乔治亚岛北部登陆的美军部队在不断蚕食日军在巴伊罗科和埃诺卡伊外围据点的同

时，开始截断联通新乔治亚岛南北的公路。如此一来，便正好横亘在了同样于新乔治亚岛北部登陆的日本陆军第 13 步兵联队的前进道路之上。

在协助巴伊罗科的海军陆战队击退了美军的一次试探性进攻之后，日本陆军第 13 步兵联队于 7 月 10 日起程南下，随即便遭到了美军的阻击。在白昼强攻受挫的情况下，第 13 步兵联队采用夜间白刃突袭的模式，侥幸突破了美国陆军第 148 步兵团第 3 营的封锁，但整个联队也付出了伤亡近百人的代价。

第 13 步兵联队向南进发的同时，拉包尔方面的日本陆、海军指挥系统再度达成共识，决定再度以第 3 水雷战队的驱逐舰向前线运送援兵。鉴于此前"库拉湾夜战"中第 3 水雷战队指挥官秋山辉男战死，因此整个战队暂时由"鸟海"号舰长有贺幸作大佐代为指挥。

有贺幸作是长野县豪商家族出身，据说为了加入海军而放弃了家族世代经营的金器店的继承权。但是由于父亲和兄弟先后去世，最终有贺幸作还是不得不名义上出任家族企业"平野屋金物店"的掌门人。或许是某种商人的天赋，有贺幸作的战术风格颇为圆滑，据说在所罗门群岛地区作战中，"鸟海"号数十次遭遇美军轰炸，但却无一次战损记录。果然在有贺幸作的指挥之下，第 3 水雷战队成功地完成了 7 月 9 日晚间的运输任务。

可惜有贺幸作只是临时代班，随着第 3 水雷战队的正式指挥官伊集院松治大佐于 7 月 10 日正式到岗，这支两度遭遇重创的水雷战队部分战舰暂时退出战区，前往后方休整。与有贺幸作相比，伊集院松治的经历也颇为传奇，他是明治时代海军元帅伊集院五郎的长子，但在海军兵学院中的表现却差强人意，毕业时仅为第 43 期的第 92 名（总人数为 96 人）。

伊集院松治带着第 3 水雷战队撤离之后，向新乔治亚岛运输陆军的任务落在了第 2 水雷战队的身上。事实上第 2、第 3 水雷战队时常进行队列混编，因此这一变更带来的实际影响并不大。7 月 12 日，第 2 水雷战队指挥官伊崎俊二坐镇旗舰——轻型巡洋舰"神通"，统率第 2、第 3 水雷战队共计 9 艘驱逐舰，运载陆军第 45 步兵联队 2 大队及第 6 野战炮兵联队 8 中队，总计 1200 余人、16 门山炮、20 吨弹药，向着新乔治亚岛进发。

海军兵学院第 42 期毕业的伊崎俊二，相对于有贺幸作和伊集院松治来说，可谓是前辈，但是战前曾历任过多艘驱逐舰和巡洋舰舰长的他，却偏偏在太平洋战争爆发前转任了吴港的港务部部长，1943 年 1 月才接替小柳富次出任第 2 水雷战队指挥官。因此，从某种角度来说此次护航任务是伊崎俊二在太平洋战场上的首秀。

或许是由于久疏战阵的缘故，因此伊崎俊二在编队模式采用的是颇为传统的"单列纵队"阵形，即，除了执行运输任务的"皋月""水无月""夕风""松风" 4 艘驱逐舰之外，其余各舰按照"三日月""神通""雪风""滨风""清波""夕暮"的顺序鱼贯而行，执行警戒任务。应该说"单列纵队"阵型有利于发挥舰艇的侧舷火力，因此曾为世界各国海军广泛采用。但是随着海军航空兵的发展，立足于水面舰艇之间炮战或相互进行鱼雷攻击的这一阵列才逐渐失去了市场。

7 月 12 日 22 点 30 分左右。安装在驱逐舰"雪风"之上的日本海军新型"雷达波探测装置"① 接收到了一组可疑的雷达波信号，不敢大意的伊崎俊二随即请求拉包尔方面对目标海域展开空中侦察。22 点 44 分，日本海军第 938 航空队起飞的 4 架"零式"水上侦察机飞抵目标空域，并在黑暗中发现了一支正在加速前进的美军舰队，尽管由于日本海军通信系统的延误，这一关键性的情报直到 22 点 57 分才送达第 2 水雷战队的旗舰"神通"之上，不过借助着驱逐舰"雪风"上的"雷达波探测装置"，伊崎俊二对逐步逼近的敌方舰队的位置还是有了大致的了解，及时调整了航线，保证自己的"单列纵队"可以始终与敌保持有利的攻击位置。

伊崎俊二所遇上的对手，正是 7 月 5 日在"库拉湾夜战"中击溃日本海军第 3 水雷战队的美国海军第 36.1 任务群，不过由于在此前海战中损失轻型巡洋舰"海伦娜"号，第 36.1 任务群的阵容有所调整，除了刚刚从地中海战区调往太平洋的英国皇家海军新西兰分舰队成员：轻型巡洋舰"林达"号（HMS Leander）强势加盟之外，美国海军还强化了其驱逐舰配属，此时第 36.1 任务群指挥官——海军少将瓦尔登·李·安斯沃思（Walden Lee Ainsworth, 1886—1960）麾下拥有满编的第 9、第

① "雷达波探测装置"：即通过探测对方雷达电波来判断敌方位置的电波接收器，日本海军简称其为"逆探"。

21 驱逐舰分队、总计 10 艘"弗兰彻"型驱逐舰。

　　正是由于此刻手中兵强马壮，安斯沃思在得到日本海军将再度向新乔治亚岛增兵的情报后，便决心毕其功于一役，改变过去依靠远程炮击瓦解对手的单一战术，采用以驱逐舰分队先行冲击、轻型巡洋舰再施以炮击、最后投入另一个驱逐舰分队打扫战场的三段进攻战术。

　　23 点 08 分，随着两军舰队逐渐进入火力接触的范围，伊崎俊二命令"神通"打开探照灯引导各舰向美军发动进攻。此举在没有经历过瓜岛夜战的伊崎俊二看来无可厚非，但在此时却无异于插标卖首。随着"神通"号上的大小探照灯点亮夜空，这艘 1925 年服役的老式巡洋舰随即成为美军炮火和鱼雷集中攻击的目标。伊崎俊二与水雷战队指挥班子在美军的首轮炮火齐射中便悉数阵亡。随后"神通"号连中数雷，在短时间内便消失在了所罗门群岛的波涛之中。

　　但是在打沉"神通"号的同时，安斯沃思也无意间将自己送到了日本海军的刀刃之上。排成"单列纵队"的日本海军剩余 6 艘驱逐舰在"神通"号的探照灯和美军炮火闪烁的光芒中找准了目标，迅速以一波鱼雷齐射和猛烈的炮火还以颜色。转瞬之间美国海军驱逐舰"格温"号（USS Gwin DD-433）被击沉。3艘主力轻型巡洋舰和其他2艘驱逐舰也被鱼雷击中，严重受损。如果不是指挥官伊崎俊二战死、导致整个第2水雷战队群龙无首、不得不迅速脱离战队，这场被称为"科隆班加拉海战"的交锋本应以日本海军的辉煌胜利而告终。而由于第2水雷战队继续重建指挥系统，因此护航及向新乔治亚岛运输援军的任务又击鼓传花一般地落在了第3水雷战队的手中。

不过，鉴于伊集院松治也刚刚到任不久，且美军已经多次出动巡洋舰编队打击日本海上运输线，联合舰队方面随即决定将第7战队的2艘重型巡洋舰"熊野""铃谷"调入战场。并准备将第230步兵联队第2大队及第6师团野战医院等后勤单位送往新乔治亚岛。

客观地说，"科隆班加拉海战"之后，美国海军第36.1任务群遭遇重创，已基本无力再展开海上拦截。但与此同时，美国陆、海军航空兵却在与对手的拉锯战中逐渐占据了上风。时任第1航空舰队作战参谋的渊田美津雄事后总结道："对付数量上占优势的敌机只有一个办法，即经常全部动员手头所有的少数战斗机，尽可能保持局部优势。这样，我飞行员不得不一天出击2次到3次。然而，即使这样艰苦的战斗也无法长期打下去。审问被击落的敌机飞行员时，他们说每隔1天到3天参加1次战斗。使用合理、国力充实的美军具有足够的人员和飞机，打的是

在夜战中打开探照灯的行为无异于插标卖首

基础坚实的战争，他们经常是在最佳精神状态和健康情况下打仗的，有着充分的准备。空战打的是数量，依靠微薄的力量固然一时可以勉强过得去，但是长期持续下去是不可能的。连日进行空战，伤亡一天天增加，这是飞行员疲劳过度造成的恶果。因休息和营养得不到充分保障，不管飞行员自己如何努力，视力日减，注意力也越来越不能集中。在空战中即使一瞬间的疏忽也会造成致命的后果。"

　　7月12日和7月15日，日本海军航空兵虽然两度主动出击，试图攻击新乔治亚岛附近的美军舰艇，但最终却无功而返，白白损失9架"零式"战斗机、6架"一式"陆基攻击机和1架"九九式"舰载轰炸机。而7月15日当晚美国陆军第13航空队对布干维尔岛的空袭，更令32架"零式"战斗机不同程度受损，虽然均可修复，但在短时间之内，新乔治亚岛及布干维尔岛附近海域的制空权不可避免地转移到了美军之手。

　　7月16日上午，美军出动19架B-24型轰炸机、在上百架护航战机的掩护下空袭布干维尔岛南部港口布因。刚刚从拉包尔返回前线的日本海军第3水雷战队驱逐舰"初雪"被当场炸沉，同时在港的"望月""皋月""水无月"3舰也不同程度的受损。而在美军轰炸布因的

被击落的日本海军航空兵战机和飞行员

过程中，日本海军航空兵虽然出动了 48 架"零式"战斗机进行拦截，但却几乎未给对手的行动造成有效的妨碍，反而使自身白白地损失了 13 架。

7 月 18 日美军再度来犯，日本海军航空兵仅有 7 架"零式"战斗机起飞应战。但有鉴于新乔治亚岛日益恶化的战局，7 月 18 日夜间日本海军第 8 舰队出动旗舰"鸟海"、配合第 7 战队的"熊野""铃谷"、统帅第 3 水雷战队剩余的战舰：轻型巡洋舰"川内"，驱逐舰"雪风""滨风""清波""夕暮"，掩护装载 582 名陆军士兵、102 吨粮食弹药的驱逐舰"三日月""水无月"和"松风"3 舰，向着新乔治亚岛的方向急驶而去。

日本海军此番的护航兵力可谓兵强马壮，因此运输任务圆满完成。但在返航过程中、于 7 月 19 日凌晨却遭到了美军航空兵的围攻，驱逐舰"夕暮""清波"被炸沉，重型巡洋舰"熊野"，驱逐舰"水无月""松风"受损。显然在制空权易手的情况之下，再强大的水面舰艇编队最终也难免沦为活靶子。而随着美军航空兵打击范围的扩大，灾难却还在继续。

7 月 22 日，从日本本土出发，满载日本陆军"南海第 4 守备队"重型武器的水上飞机母舰"日进"，在抵达布干维尔岛时被美军炸沉，除了舰上 479 名水兵、570 名陆军士兵大多葬身鱼腹之外，包括 22 辆"八九式"中型战车、8 门速射炮在内的大批武器弹药也沉入了海底。5 天之后日本海军驱逐舰"有明""三日月"在布干维尔岛南部海域被击沉。至此日本海军方面被迫中止以驱逐舰向新乔治亚岛输送兵员的行动，改为用渔船运送补给和后送伤员。尽管也不免遭遇一些损失，但总体来说效果要比使用驱逐舰好。而此时日本陆军"东南支队"手中的兵力也已经增至 3 个不满编的步兵联队（第 229、第 230、第 13 步兵联队），似乎也足以应付眼前的战局了。

7 月 17 日夜，日本陆军第 13 步兵联队成功抵达扎纳纳以北地区，对美国陆军第 43 步兵师所建立的登陆场展开奇袭。日军轻步兵在黑夜之中虽然成功地突入美军阵地，但却由于组织不力很快便被美军后勤部队击退。在得到第 13 步兵联队已经攻入扎纳纳的消息后，佐佐木登命令据守蒙达机场外围的第 229 步兵联队转入反攻。

性能已经明显落后于时代的"八九式"中型坦克，即便被送上所罗门群岛或许也只能作为固定火力点使用

　　利用巴里克河及周边丘陵高地的地形优势，第229步兵联队一度成功迟滞了美军的进攻。但在美军重炮和战机的轮番打击之下，第229步兵联队亦伤亡惨重，所谓的"反攻"连夺回此前丢失的关键性制高点——"凯利高地"都无法做到，更不用说一路打到扎纳纳与第13步兵联队会师了。

　　日本陆军在新乔治亚岛的反攻虽然被一一粉碎了，但是美军第43步兵师迟迟没有打开局面的现状还是引发了哈尔西的不满。同时美国海军作战部长欧内斯特·金更以准备11月在太平洋中部发动的进攻为借口，于7月15日临阵将西南太平洋战区两栖部队司令官查蒙德·凯利·特纳调走，此举直接导致新乔治亚岛上的美国海军陆战队指挥出现了混乱，两度强攻北部重镇巴伊罗科均以失败而告终。

　　眼看如果在新乔治亚岛迟迟打不开局面，自己很可能将从此淡出美国海军的主攻方向。心急如焚的哈尔西只能向美国陆军第14军军长奥斯卡·伍尔弗顿·格里斯伍德中将求助。作为西南太平洋战区的美国陆军主将，格里斯伍德中将深知日军在新乔治亚岛上虽然败象已呈，但以

美军目前的兵力尚未到能将其一鼓全歼的地步。因此格里斯伍德于 7 月 16 日正式要求第 43 步兵师方面将指挥权上交，同时从正在伦多瓦岛待命的第 37 步兵师开赴新乔治亚岛。正在瓜岛休整的美国陆军第 25 步兵师也受命抽调一个步兵团（第 161 团）加入战斗。

7 月 24 日，在援军陆续进入制定攻击位置后，接过指挥权的格里斯伍德中将下令延展战线，对蒙达机场展开向心突击。而日本陆军"东南支队"此刻也在蒙达机场以东的"三角山""马蹄山"等制高点上修筑了大量攻势，准备全力阻击对手。与此同时，佐佐木登命令第 13 步兵联队放弃对扎纳纳的围攻，转向包抄美军进攻部队的侧后。

佐佐木登的这一部署不可谓不高明，第 13 步兵联队抵达战场之际，正值美军受阻于"三角山""马蹄山"一线之际，第 13 步兵联队的突然杀到，令美军阵脚大乱，主攻马蹄山的美国陆军第 148 步兵团一度被切断了补给线、被迫后撤。但第 13 步兵联队自登陆新乔治亚岛之后便没有得到过足够的补给，弹药和粮秣全靠从美军手中夺取，从扎纳纳一线撤出后又经历了 4 天的急行军才抵达了新的战场。极度疲惫之下的第 13 步兵联队虽然一度合围了对手，美军第 148 步兵团最终还是成功地突围而去。而针对日本陆军第 13 步兵联队的出现，格里斯伍德中将随即又调来了第 25 步兵师的皇牌部队——"猎狼者"第 27 步兵团。

美军的不断增兵，使日本陆军"东南支队"在蒙达机场的外围防线再度岌岌可危起来。有鉴于各参战部队的实际情况，拉包尔方面的日本陆、海军高层最终决定放弃蒙达机场。8 月 5 日，"东南支队"各部队撤出战斗转向新乔治亚岛北部重新布防。

鉴于蒙达机场的易手，新乔治亚岛对日本陆、海军而言，已无实际战略价值。佐佐木登认为应逐步放弃新乔治亚岛，退守北方的科隆班加拉岛，但是这一颇为合理的建议却遭到了第 8 舰队方面的反对。因为在日本海军看来，美军控制了蒙达机场之后，其航空兵攻击半径将彻底涵盖整个所罗门群岛北部，乃至拉包尔。要阻止这一局面的发生，唯一的办法便是阻止美军将其修复。因此，"东南支队"应该继续在蒙达机场北部驻守。

为了给已经在蒙达之战中严重"失血"的"东南支队"补充兵力，8 月 31 日夜，拉包尔方面曾组织了第 4 驱逐舰队的"荻风""岚""时雨"3艘驱逐舰运载763名海军陆战队士兵和54吨补给物资前往新乔治亚岛，在回航途中，担任警戒任务的驱逐舰"天雾"与一艘美军鱼雷艇在黑暗中相撞。"天雾"舵机和螺旋桨严重受损，而那艘编号为"PT–109"的美军鱼雷艇则当即沉没，好在全体15名舰员之中仅有2人不幸战死，剩余的11人漂流到附近的岛屿之上并最终获救，而由于艇长约翰·菲茨杰拉德·肯尼迪日后成为美国总统，关于"PT–109"号的沉没也变成了一段可歌可泣的英雄故事，甚至有一个版本宣称肯尼迪总统驾驶的鱼雷艇是在击沉了日军一艘巡洋舰之后才报废的。

驱逐舰"天雾"的意外受损，对日本海军而言不仅意味着本就捉襟见肘的战力又遭到了进一步的削弱，更意味着美国海军的鱼雷艇编队已经深入了新乔治亚岛的北部海域。向"东南支队"提供援兵和补给将变得更为困难。但是为了延缓蒙达机场的启用，日本陆军第8方面军还是决定冒险一试，将原定发配给第38师团的1200名补充兵，临时编成一个大队，送上"荻风""岚""江风"3舰。在第3水雷战队旗舰轻型巡洋舰"川内"和驱逐舰"时雨"的掩护下，再度向新乔治亚岛出发。

但此时日本海军在所罗门群岛的行动早已没有秘密可言，通过空中侦察和遍布各地的情报人员，美国海军准确地了解到了日军运输船队的动向，并以第12、第15驱逐舰队组成第31.2任务群在中途张网已待。8月6日21点33分，美国海军驱逐舰队在维达湾（Vella Gulf）展开伏击，在宛如教科书一般规范的鱼雷攻击之下，茫然不知所措的日本海军"荻风""岚""江风"3艘驱逐舰完全来不及抵抗便被轻松击沉。担任掩护任务的轻型巡洋舰"川内"和驱逐舰"时雨"更是不敢恋战、狼狈而逃，直接导致运载

成为总统后的肯尼迪和PT–109号鱼雷艇纪念模型

的 940 名陆军士兵之中 820 人丧生大海，仅有百余名幸存者在附近的维拉拉维拉岛登陆。而随着这场"维达湾海战"的落幕，日本陆、海军队对新乔治亚岛的控制彻底进入了倒计时。

尽管 8 月 11 日日本海军第 8 舰队再次拒绝了"东南支队"弃守新乔治亚岛的请求。但是随着 8 月 15 日美军进一步在新乔治亚岛以北的巴安加岛和维拉拉维拉岛展开登陆，日本陆、海军最终还是达成共识，以自行决断的名义默许了佐佐木登放弃新乔治亚岛的决定。

尽管在此后的 1 个多月时间里，日本陆军"东南支队"依旧以科隆班加拉岛为核心，继续在所罗门群岛中部与美军展开"持久战"，但他们抵达已经毫无意义。随着美军对蒙达机场的返修和改造逐步进入尾声，包括新西兰第 3 步兵师在内的大批增援部队陆续抵达，日本陆、海军最终达成共识，全面放弃所罗门群岛中部，退守以布干维尔岛为中心的所罗门群岛北部地区。从 9 月 27 日开始，日本"东南支队"残余兵力在第 3 水雷战队的掩护下，分两批乘坐登陆艇撤离战场。

无独有偶，在日本陆军"东南支队"全面放弃所罗门群岛中部的同时，新几内亚战场上，日本陆军第 51 师团也被迫放弃坚守了 2 个多月的莱城前线，向新几内亚北部"转进"。

与哈尔西在所罗门群岛不断增兵、发动猛攻相比，麦克阿瑟在新几内亚战场始终表现得不温不火。隶属美国陆军第 41 师的第 162 步兵团在莱城附近的拿骚湾登陆之后，麦克阿瑟始终没有向这个方向增兵。因此在萨拉莫阿地区日本陆军第 51 师团事实上对阵的仅有美澳联军 1 个师又 1 个团，兵力差距并不大。尽管由于后勤补给只能靠潜艇维持，日本陆军在火炮和弹药上处于明显的劣势，但依靠所谓"寸土必争的短兵相接战"，日本陆军第 51 师团依旧全力固守着以"卡米阿塔姆高地"为核心的防线。

麦克阿瑟之所以不急于突破萨拉莫阿一线进占莱城，除了当地地形险峻、仰攻不利之外，还缘于美军西南太平洋战区有意在这一地区更多地吸引和杀伤日军有生力量。8 月 15 日，美军在特罗布里恩德群岛修筑简易机场竣工，麦克阿瑟随即授意美国陆军第 5 航空军司令——乔治·丘吉尔·肯尼，对丹尼尔海峡展开全面的空中封锁。

面对被美澳航空兵掐断新几内亚战区后方生命线的困境，日本陆军第 8 方面军司令今村均也试图以强化空中力量来应对。7 月 20 日，随着驻守苏门答腊岛的日本陆军第 7 飞行师团抵达拉包尔，今村均随即组建以第 6、第 7 飞行师团为主力的第 4 航空军。

新组建的日本陆军第 4 航空军司令为曾在中国战场上有着丰富指挥经验的寺本熊市，但这位在航空兵领域摸爬滚打多年的陆军中将并没有在太平洋战场上与美澳联军作战的经验，因此其到任伊始便要求第 4 航空军各航空队进驻新几内亚北部的前沿机场。寺本熊市此举的本意是试图缩短陆军航空兵的作战半径，以便提升作战效率，殊不知如此一来正好撞在了美澳联军的刀口之上。8 月 17 日，美国陆军第 5 航空军对威瓦克展开大规模空袭，上百架刚刚抵达当地的日本陆军战机被摧毁。第 4 航空军尚未来得及一展拳脚，便被消灭在机场的跑道之上。

"威瓦克大空袭"（Bombing of Wewak）不仅彻底地击溃了日本陆军的"空中保护伞"，更为麦克阿瑟的后续行动打开了战略通道。9 月 4 日，美国陆军第 41 步兵师剩余部队及澳大利亚陆军第 9 步兵师在莱城以东约 20 公里的布斯河河口登陆，次日美国陆军第 503 独立伞兵团在莱城以西 30 公里的纳扎布机场展开空降。由于拥有着绝对的制空权，麦克阿瑟乘坐着由 B-17 型轰炸机改造而成的专机"巴丹"号，跟随满

被击毁在地面之上的日本陆军第 4 航空军战机

载着 1700 名伞兵的 96 架 C-47 型运输机，在上百架战机的掩护下飞抵战场上空。

由于此时日本陆军第 51 师团的主力均在东线，早已废弃的纳扎布机场几乎无人防守。曾在北非参与过"火炬"行动[①]的美国陆军第 503 独立伞兵团迅速控制机场，并迅速投入机场的整修工作中去，从 9 月 8 日开始，大批运输机便将澳大利亚第 7 步兵师的部队源源不断送抵纳扎布机场。一度勉强对敌美澳联军 1 个师又 1 个团的日本陆军第 51 师团，转瞬之间便陷入了对手 4 个师的合围之中。

鉴于战场环境的急剧恶化，虽然第 51 师团长中野英光"已有玉碎觉悟"，但其上级领导——第 18 军司令安达二十三仍命令其迅速放弃莱城、组织撤离。在美军从东、西、南三条战线步步紧逼的情况下，中野英光一边组织战斗力相对完整的第 115 步兵联队第 3 大队和海军第 7 根据地队拼死断后，一边收拢在莱城周边展开的各部队向北撤退。

中野英光从莱城的撤退工作，虽然组织得颇为有序，但此时留给他的仅有翻越海拔 4100 米的萨拉瓦刻山脉这一条绝路。最终在经历了一个多月的艰苦跋涉之后，以陆军第 51 师团为主的莱城守军虽然成功地于 10 月末退守到了新几内亚北部地区，但却付出了上千人遗尸于雪山之上的惨重代价。而剩余的幸存者也大多形容枯槁、半死不活。

命令第 51 师团放弃莱城的同时，安达二十三同时要求驻守马丹的陆军第 20 师团迅速赶往新几内亚岛东段的芬什哈芬（Finschhafen）构筑防线。等待着麦克阿瑟及其领导下的美军西南太平洋战区的，将是又一场旷日持久的拉锯战。

[①] "火炬"行动：1942 年 11 月 8 日至 11 月 10 日，为配合蒙哥马利歼灭隆美尔的非洲军团，美、英联军对仍在法国维希傀儡政府控制下的法属北非，展开全面的占领。

四分之仪

——第一次魁北克会议和英、美缅甸战区主导权的争夺

　　哈尔西和麦克阿瑟在南太平洋的联手出击，虽然成功地夺取了所罗门群岛中部和新几内亚的莱城地区，但这样的进度相对于整个反法西斯战争的进程而言，显然还是太慢了。1943 年 7 月 5 日，苏、德双方于库尔斯克一线集结的重兵集团正式展开激烈的攻防战，4 天之后英、美联军在意大利西西里岛登陆。

　　有鉴于这两场几乎同时进行的战役，将最终决定欧洲大陆的战局，8 月 5 日英国首相丘吉尔再度率领一干军政要员，乘坐"玛丽皇后"号越过大西洋，与以总统罗斯福为首的美国政府核心决策层展开会晤。不过考虑到上一次华盛顿"三叉戟"会议上被对方牵着鼻子走的窘境，这一次代号"四分仪"的会议地点选择了英联邦成员国——加拿大的魁北克。

　　对于丘吉尔心中"复兴大英帝国"的小算盘，罗斯福焉能不知。他表面上继续维持着与丘吉尔之间那份所谓的"私人感情"，8 月 5 日乘飞机抵达魁北克之后，罗斯福便入住丘吉尔为其安排的"海德庄园"，并在此后 48 个小时里两人展开了多次"非官方会晤"。但是对于丘吉尔提出的诸如由一位英国将领统一指挥欧洲战事等要求，罗斯福一律予以回绝。当然在会谈的最后，罗斯福还是给了丘吉尔一点"小甜头"：他私下向英国人透露，美国正在研制核武器的"曼哈顿工程"已经初具规模，未来将与英国分享其技术成果。

　　罗斯福的"慷慨"令丘吉尔颇为"感动"，自然不好在具体的军事问题上再与美国展开过多的争执。8 月 14 日，会议正式开始之后，美国陆、海军巨头：马歇尔和欧内斯特·金再度掌控了会谈的进度。马歇

代号为"四分仪"的美、英第一次魁北克会议，最左侧者为加拿大总理麦肯齐·金

尔拒绝英国方面在攻占西西里之后马上进攻意大利本土乃至巴
尔干半岛的提议，反而要求英国人迅速敲定在法国北部展开登
陆的具体日期。欧内斯特·金则紧随其后，宣布美国海军不会
再为英国在地中海的行动提供一艘军舰、一艘登陆艇。

　　对于美国人的蛮横英国方面此前便早有领教，这次再度会晤自然早
有准备。8月17日，英国人将意大利政府派出的秘密媾和使团引入会
场，向美国方面通报了意大利政府正有意逮捕法西斯独裁者墨索里尼，
向英美投降的有关情况。如此一来，面对可能不费一枪一弹便进占罗马
的诱惑，美国人自然很难再拒绝在意大利本土登陆的建议了。

　　英国政府在意大利问题上可谓是早有布局，但美国方面也留有反制
的余地。8月23日，长期奔波于英、美之间的中华民国外交部部长宋
子文被邀请参与"四分仪会议"。罗斯福之所以选择此时将宋子文推到
台前，一方面是为未来提升中华民国为美、苏、英、中四大国进行政治
铺垫，另一方面则是利用宋子文所代表的重庆国民政府，在太平洋战局
上向英国施压。

借助着宋子文所谓："千言万语，可以用 16 个大字包括：对日寇要快快进攻，对中国要多多援助"的诉苦。美国政府趁势提出英国要尽快在缅甸战场打开局面，以便更多的援华物资可以通过印缅—滇缅公路进入中国。对于宋子文和美国人唱的这出双簧，丘吉尔自然心知肚明。对于没有足够的援助、重庆国民政府随时会崩溃的说法，更是嗤之以鼻。

但现实的问题却是，罗斯福以宋子文的说辞为由，已经暗示如果英国无力在缅甸发动大规模的进攻，美国陆军将考虑在印度地区部署 2 个步兵师，协同史迪威在中国云南地区训练的远征军，对缅甸地区的日军展开两线夹击。事实上这方面的工作，美国人已经悄然开始了。

早在 1942 年年初日本陆军借道暹罗攻入缅甸以来，美国人便几乎无时无刻不关注着该方向战局的发展。先是委派史迪威以英、美、中三国联防的名义，说服英国陆军"缅甸军"军长威廉·约瑟夫·斯利姆（William Joseph Slim，1891—1970）同意中国军队入缅参战。尽管中英联军最终在缅北一败涂地，但是随着中国军队跟随英军退入印度，大批美国军事顾问也由此在当地落地生根。

一方面美国陆军航空兵以向重庆提供军事援助为名，将包括陈纳德在内的"美国航空志愿队"部署在印度东北部机场。另一方面，作为史迪威的副手，美国陆军少校弗兰克·道尔·梅里尔（Major General Frank Dow Merrill，1903—1955）暗中活动，谋求夺取英国人组建的特种部队——"钦迪队"（Chindlts）的控制权。

所谓"钦迪队"指的是英国陆军少校奥德·温盖特（Orde Wingate，1903—1944）所组建的一支丛林特种部队。奥德·温盖特出生于印度，堪称不列颠探险家"最后的血裔"。他早年毕业于英国伍尔威奇皇家军事学院，曾在苏丹和巴勒斯坦等地驻守。不过，和其他视在殖民地服役为苦差的英国军人不同，天性好战的奥德·温盖特在上述地区如鱼得水，频繁卷入部落冲突、阿拉伯人与犹太复国主义者的冲突中去，并在此期间成为特种作战的行家里手。

第二次世界大战爆发后，奥德·温盖特先是在埃塞俄比亚组织当地部落武装抗击意大利入侵者。随后又来到了自己的出生地印度，协助驻印英军总司令阿奇博尔德·珀西瓦尔·韦维尔（Archibald Percival Wavell，1883—1950）抵挡日本陆军的步步紧逼。

奥德·温盖特认为印缅边境地区丘陵密布、沼泽遍地，不利于大规模机械化部队展开。要克制以轻步兵见长的日本陆军，必须同样组建一支同样可以不依赖于后方补给、可以灵活在各种地形下作战的特种部队。在北非曾与奥德·温盖特共事过的韦维尔对于这一设想颇为赞同，随即大笔一挥，将印度陆军第77步兵旅交给奥德·温盖特进行改造。

英国近代特种作战的先驱——奥德·温盖特

在奥德·温盖特的调教之下，印度陆军第77步兵旅很快便有了脱胎换骨的变化。不过此时史迪威对韦维尔施加的外交压力也与日俱增。作为在第一次世界大战中失去了右眼的老将，韦维尔本身就是一位见敌必战的勇将，按照他的计划，英国军队将在1942年冬季先于缅甸北部发动一场地面进攻以牵制日军主力，随后于缅甸南部展开两栖登陆，直捣仰光。但是英国海军在印度洋刚刚遭遇日本联合舰队的重创，根本无力组织如此大规模的海上进攻。因此韦维尔拟定的南北夹击最终变成了英国陆军在缅甸北部的单打独斗。同时考虑到补给和地形的因素，动用的兵力也被局限于印度陆军第4步兵师。

1942年9月21日，英国陆军以吉大港为后勤基地，沿着孟加拉的海岸线向缅甸方向发动了首轮进攻。但是来自旁遮普省等干旱平原的印度士兵，无法适应沿海地带满是沼泽和稻田的作战环境，针对缅甸西北部攻势仅维持10天便宣告结束了。

1942年12月，韦维尔再度启动攻势。试图一举收复印缅边境的梅宇半岛和东孟加拉外面的若开岛。而除了印度陆军第7步兵师担任主攻之外，奥德·温盖特的第77步兵旅也奉命出击。按照韦维尔的计划，第77步兵旅首先出动，秘密接近印缅国境的布迪当、孟都一线。当时驻守该方向的是日本陆军第33师团的2个大队组成的所谓"宫胁支队"。

"宫胁支队"指挥官为宫胁幸助大佐察觉到危险的临近，随即选择收缩兵力主动后撤。按照宫胁幸助的理解，英国陆军向来行动迟缓，自己有足够的时间重组防线。不料奥德·温盖特的第 77 步兵旅行动迅速，不待"宫胁支队"完成后撤便尾随而至，迅速将"宫胁支队"所部 1 个中队的兵力围困于敦贝科一线。

如果说印度陆军第 77 旅的快速突击令日本陆军大吃一惊的话，那么"宫胁支队"在敦贝科一线的顽强抵抗也同样出乎奥德·温盖特等英、印军官的意料。面对印度陆军第 77 旅及后续抵达战场的印度陆军第 7 步兵师，驻守敦贝科的日本陆军顽强抵抗，最终坚持到了援军的到来。

全面负责缅甸方面军事事务的日本陆军第 15 军司令饭田祥二郎中将，深知英国在印度拥有巨大的兵员储备，如果敦贝科失守，英军必将源源不断地杀入缅甸境内。因此得到"宫胁支队"一部被围的消息后，随即调集第 55 师团全力迎战。而在第 55 师团主力沿着公路和河网向敦贝科突进的同时，饭田祥二郎还特别要求第 55 师团抽调一个大队组成"有延支队"，从雨林密布的阿拉干山抄袭英军的后路。无独有偶，此时奥德·温盖特也带着印度陆军第 77 步兵旅的一支精锐分队，秘密向缅甸北部展开渗透。

1943 年 2 月下旬，"有延支队"突然出现在了围攻敦贝科的英军侧

1943 年缅甸战场上的印度陆军

太平洋战争全史

后，导致英国军队整条战线陷入一片混乱之中。与此同时，第55师团集结5个步兵大队的兵力从正面展开进攻，英国陆军一败涂地，近一个旅的兵力在印缅边境地带惨遭围歼。如果不是奥德·温盖特率部突然出现在日军侧后，截断了纵贯缅甸北部的密支那铁路，那么英国陆军的损失可能会更大。

为了歼灭奥德·温盖特所部，日本陆军第15军不得不将第18师团主力及第33、第55师团各一部部署在密支那铁路沿线，并从1943年4月开始对缅甸北部展开为期一个月的"大扫荡"。但在对手优势兵力的围剿之下，奥德·温盖特还是率部成功突围，于1943年5月退回印度境内。奥德·温盖特所指挥的印度陆军第77步兵旅也由此得到了"钦迪"①的美誉。

在这场被称为"第一次若开战役"（First Arakan Campaign）的交锋之中，英国陆军先胜后败，直接地导致了曾在北非战场上败于隆美尔之手的韦维尔，彻底沦为"老迈昏庸"的代名词。1943年6月韦维尔被解除军职，转任印度总督。而继任驻印英军总司令的克劳德·约翰·奥金莱克（Auchinleck，Claude John Eyre，1884—1981）与丘吉尔关系不睦，从而直接导致了驻印英军在反攻缅甸的具体事务中进一步裹足不前。

此时在魁北克会议之上，罗斯福借着宋子文的求援，向丘吉尔提出为了维持重庆国民政府的有效运转，英、美及中国在印远征军有必要在缅甸北部地区发动一场攻势，以改善通往中国的空中航线并建立同中国的陆路联系，同时为了协调指挥上述三国军队，应建立一个东南亚盟军司令部。对于罗斯福的这一提议，丘吉尔自然无法拒绝。只能坚持东南亚盟军总司令，应该由英国将领担任。在英、美军方的反复磋商之后，最终选定了维多利亚女王的曾外孙、英国国王乔治五世的表弟——路易斯·蒙巴顿勋爵（L. Louis Mountbatten，1900—1979）。

按照英国王室贵族从军的惯例，蒙巴顿勋爵可谓是老于军旅：16岁便在英国皇家海军的战列巡洋舰和潜艇上服役，先后出任过驱逐舰分队指挥官和"光辉"号航空母舰的舰长。1942年更出任盟军联合作战部部长，负责协调英美盟军在欧洲和印度洋地区的军事行动。

---

① 钦迪：印度神话中的一个神兽，拥有在天空和陆地快速行动的超能力。

王室贵胄——路易斯·蒙巴顿勋爵

单纯从履历上来看，蒙巴顿勋爵出任盟军东南亚战区司令并没有太大的问题，但蒙巴顿勋爵显然更熟悉英国皇家海军，对陆军的事务并无直观的印象。因此整个东南亚战区司令部的陆军指挥权一度落在了副司令、美国陆军中将史迪威的手中。而史迪威上任伊始便盯上了奥德·温盖特的印度陆军第77步兵旅。

自己一手打造的精锐之师，奥德·温盖特自然不肯轻易地拱手相让。经过英美陆军系统的一番博弈，最终奥德·温盖特保住了自己部队的指挥权，但是这支精锐的丛林野战部队被编入印度陆军第3步兵师，从此失去了灵活机动、深入敌后的基本职能，而史迪威的心腹——美国陆军少校弗兰克·道尔·梅里尔则另起炉灶，组建"5307联合大队"，从此接手了在缅甸北部的渗透和侦察任务。

美国人逐步主导东南亚战区的图谋，令丘吉尔如芒刺在背。如果说在大英帝国的政治版图上，印度是"皇冠上的宝石"，那么缅甸就是加固这颗宝石的基座。大英帝国"决不会甘心于使解放缅甸的功劳归之于美国人或者更可能的是归之于中国人"。但是在国力有所不逮的情况下，丘吉尔也只能采取拖延战术，一方面只同意配合在缅甸北部进行有限目标作战，另一方面督促蒙巴顿勋爵尽快赴任，并赶赴中国与蒋介石面谈。

在草拟了美、英、苏、中四国关于创立常设的联合国和四大国战后维持和平责任的宣言稿之后，魁北克会议正式落幕。在这次会议之上，罗斯福再度利用高超的政治手腕，迫使英国跟随自己的战略计划行事。而目光始终仅局限于欧洲的丘吉尔，显然没有想到缅甸会成为美国的关注点，会议之前对相关问题缺乏准备。

不过，以丘吉尔的老辣，很快便找到了补救的办

魁北克会议时的美、英、加拿大首脑，前排美国总统罗斯福（左）、加拿大总督亚历山大伯爵（右），后排为加拿大总理麦肯齐·金（左）、英国首相丘吉尔（右）

法。1943 年 10 月 9 日，蒙巴顿抵达重庆，表面上是向蒋介石传达魁北克会议精神，共商反攻缅甸的具体事宜，但到了蒙巴顿的口中，原先以英、美联军为主力的缅北反攻，变成了"以中国驻印军和远征军为主，以英印军为辅"。而所谓的辅助也不过是："英、美、印组织有热带丛林作战经验的士兵两万人，组成游击队，破坏南缅日军的交通运输，攻击日本后方指挥、后勤机关，策立北缅作战。"

面对如此苛刻的条件，蒋介石一再强调："此次作战之成败，关键全在海上，必须有绝对优势之海空军实力，才可能取得决定性胜利。希望英美组织强大舰队，控制缅甸和新加坡海面，打击日本增援力量。南北夹攻，方能万无一失，以免中国军队深入北缅孤军作战，再蹈前车之辙。"眼见中华民国方面已然畏难，蒙巴顿丢下一句："回去后将尽快准备在缅甸南部组织登陆作战"，便成功地准备将暂缓发动缅甸战役的锅甩给蒋介石。

得知蒋介石指示何应钦，驻守云南中国远征军要谨慎从事，英、美不控制孟加拉湾，不从南缅配合，中国军队决不再单独进攻的消息后，罗斯福终于意识到他有必要和蒋介石进行一次面谈，以便最终完成美国于太平洋战争后在亚洲的全面战略布局。

大国峰会

——开罗会议及英、美在亚太地区战略布局的冲突和妥协

1943 年 12 月 3 日，对正处在抗战最艰难时刻的中国人而言，生活就像重庆的天气一样，阴郁得看不见希望。黎明时分，报童们早早地来到派发点门外，卖报也是个看天吃饭的行当，如果头版头条又是某地沦陷的消息，恐怕大多数市民避之唯恐不及。

派发点的老板扬起手中的《大公报》，一字一句地教报童们吆喝："蒋罗邱会议已完成：商定加强对日作战计划、日敌应做无条件之投降、东四省及台湾澎湖等地应归还中国……"话音未落，派发点门口顿时响起一阵欢呼声。或许报童们未必清楚"蒋罗邱"是谁，但他们却知道，这则消息对于中国抗战而言无疑是极大的利好。

所谓的"蒋罗邱"即中华民国国民政府军事委员会委员长蒋中正、美国总统罗斯福和英国首相丘吉尔。当然日后人们更习惯以会场所在地，来称呼这场旨在商讨反攻日本的战略及战后国际局势的"大国峰会"为"开罗会议"。

据说那一天的报纸卖得特别快。到了黄昏时分，开罗谈判的内容已经成为许多家庭餐桌上的谈资，人们情绪高亢，似乎战争明天就要结束了。毕竟在"只看利弊"的成人世界里，中华民国能与美、英这样的世界级列强平起平坐，本身就是一个激动人心的消息，更何况积贫积弱的中国，在过去数十年的外交史上，始终是"被侮辱和被损害的"一方。这一次，似乎终于得到了尊重和理解。然而，事情的真相却并不是这么简单。

时间回到 1943 年 2 月。纽约，浮冰累累的哈德逊河畔，一栋名为"春木（Springwood）"的意大利风格农庄，处处洋溢着温馨和暖意。壁

抗战时期作为战时"陪都"的重庆

炉侧旁的沙发上，美国第 32 任总统富兰克林·罗斯福，正饶有兴致地向远道而来的宋美龄讲述自己家族的历史。来自荷兰的罗斯福家族，曾经是纽约的商界巨子，从曼哈顿第 22 大街到第 46 大街，从第五大道到哈德逊河畔，这些地产一度都是罗斯福家族的物业。而罗斯福本人对中国的最初印象，则来自他的外公——沃伦·德拉诺（Warren Delano，1809—1898）。

　　沃伦·德拉诺在 1857 年的美国经济危机中损失惨重，后来全赖于到中国从事茶叶生意才东山再起。罗斯福的母亲——莎拉·安·德拉诺（Sara Ann Delano，1854—1941）也因此有机会在香港居住了两年。德拉诺家族这段经商史在罗斯福的脑海中打下了深刻的烙印。童年时代，罗斯福家中摆满了从中国带回的纪念品，他对外公在华贸易的传奇经历和母亲在香港度过的一段少女生活很感兴趣，也因而对中国印象颇佳。正如他的儿子埃利奥特·罗斯福在回忆录中写到的那样："父亲一向对中国人民怀有崇高的敬意，并且对他们的问题和开发他们潜在资源的可能性有浓厚的兴趣。"

　　当然，作为美利坚合众国的掌门人，罗斯福在制定内政、外交政策方面并不会为个人感情所左右。真正促使他在美国的亚太政策领域做出

登上《时代周刊》封面的罗斯福之母莎拉

向中国倾斜的原因，还是基于现实的国家利益考量。由于遭受第一次世界大战的重创，国力日益衰退的英国，已难以维系在西太平洋的传统势力；而日本军国主义的膨胀，又将英、美驱逐出亚洲订上了日程表。在这样的背景下，扶植中国以对抗日本，便成为美国亚太政策的唯一选择。

当然，对于中国的积贫积弱，罗斯福也洞若观火。因此，在"珍珠港事件"之前，美国除了在道义上支持中国人民抵抗日本侵略，其实对日施行的还是绥靖政策。即便在太平洋战争爆发以后，自诩为"民主兵工厂"的美国政府，也依然遵循"先欧后亚"的原则，对华军事援助远低于同期提供英国和苏联的物资总数。

既然无法满足中国民众的现实需求，那么对这个东方大国领导人的感情投资便必不可少。正因如此，当 1942 年 11 月，宋美龄由成都被用担架抬上飞机赴美求医时，罗斯福在她入院后第二天就派夫人冒雪前往探视。此举果然令宋美龄大为感动，她在给蒋介石的电报中描述了当日的场景："妹表示此次来美尽以私人看病，对美国政府并无任何要求。彼即谓美国朝

抗战中形影不离的蒋介石与宋美龄

野人民异口同声对妹极为仰慕，均认妹为全世界女界中第一人物，那彼与罗总统亦素钦慕，此次能有机会相晤，窃心庆幸。"

在宋美龄住院治疗的 70 多天里，罗斯福夫人常常前来问候，通过这种"夫人外交"的手段，罗斯福套取了很多宋美龄及中华民国政府对时局的看法。他最为关注的自然是蒋介石夫妇是否会单独与日本媾和，甚至如汪精卫般倒向日本。而中苏关系同样也是美国政府所关心的问题之一。在得知重庆方面决心抗战到底，并对苏联怀有不信任心理的情况后，罗斯福盛情邀请病愈出院的宋美龄前往自己的故居静养。借由这些非正式的私人会谈，罗斯福巧妙地导演了此后以中国第一夫人国会演讲开场，并最终席卷全美的"宋美龄旋风"。

此时的美国虽然已被"珍珠港事件"拖入了世界大战的旋涡，但国内"孤立主义"思潮依旧高涨。在许多美国人看来，日本固然是不宣而战的恶棍。但遥远的中国却未必是一个合格的盟友。腐败、落后、闭塞，是许多美国人在宋美龄到访之前，对古老中国的第一印象。正是宋美龄在美国的巡回演讲，引起了美国朝野对中国的同情与更进一步的

1943 年，宋美龄在美国国会的演讲现场

支持。很多年之后，宋庆龄不无感叹地评价自己妹妹的这次美国之行："她让美国人看到，中国人不全是苦力和洗衣工人！"

有了宋美龄在美国长达数月的巡回演讲做基础，罗斯福邀请蒋介石正式参与国际峰会，确立中美同盟关系的时机已经成熟。1943 年 10 月，在苏联首都莫斯科召开的美、英、苏三国外长会议上，美国不惜以会议"流产"相要挟，迫使不愿接纳中国的英、苏两国，最终同意中国驻莫斯科大使傅秉常与会，并联名签署日后成为联合国宪章框架性文件的《普遍安全宣言》。会议期间，罗斯福又与蒋介石敲定了在埃及会晤的计划："余尚不知斯大林能否与吾相晤，但在任何情况下，余极望与阁下及邱吉尔能及早会晤于某处。时间定为 11 月 20 日至 25 日之间，余思亚历山大（埃及港口）当为一良好地点。"

蒋介石已经不是第一次收到这样的邀请了，事实上，四个月之前，罗斯福已经提出了美、苏、英、中四国元首召开峰会的动议。对于这份"盛情"，蒋介石却示意时任外长的宋子文对外表示，在苏联未与日本公开决裂之前，中国参加四首脑会谈，恐将使斯大林感觉不便，因此，美、英、俄三国首脑可先行会谈。这番"善解人意"的背后，除了受到苏联方面的外交压力之外，其实也有蒋介石自身的考量。

在日记里，蒋介石这样写道："罗斯福约余与其三国领袖会晤，并谓余先数日与之单独接洽，然后再开四头会议，余以为余之参加不过为其陪衬，最多获得有名无实四头之一之虚荣，于实际毫无意义，故决计谢绝，不愿为人作嫁也。"面对蒋介石的婉拒，罗斯福并没有放弃。此后，他又邀请蒋介石访问阿拉斯加及华盛顿，但蒋皆以各种理由推脱。在提出于埃及召开三国首脑会议之后，罗斯福在 10 月 28 日、29 日及 11 月 1 日接连来电，力促蒋介石与会。

"接罗斯福电，约下月中旬在埃及相晤，余实无意为此。然却之不恭，故犹豫甚为不安。"蒋介石这样形容自己当时的心情，最终他在 11 月 2 日复电罗斯福，表示自己将如约赴会。罗斯福对这个答复似乎颇为满意，一周之后再度致电蒋，透露丘吉尔预计于 11 月 21 日抵达开罗，希望蒋介石能于 22 日抵达。显然，罗斯福吃透了中国人"贵客晚到"的心理，给足了蒋介石面子。

既然决定了要去谈，那么谈什么，怎么谈？便成了蒋介石和中华

　　　　　　　　　　　　　　　　太平洋战争全史

民国绕不过去的问题。在重庆相关军、政部门全力筹备下，至 11 月 14 日，中华民国军事委员会参事室、盟国中国战区参谋长及国防最高委员会秘书厅分别拟定《关于开罗会议中我方应提出之问题草案》《关于未来会议军事方面之建议》《战时军事合作方案》等涉及政治、军事、经济的一揽子提案，算是做足了功课。然而，蒋介石本人的态度却似乎不那么积极——"此次与罗邱会谈，本无所求无所予之精神与之开诚交换军事、政治、经济之各种意见，勿存一毫得失之见则几矣"。

11 月 18 日上午，蒋介石以中华民国元首的身份，偕宋美龄自重庆乘专机起程。中国代表团由 16 人组成，其中外交事务由国际法专家王宠惠、精通西方史学的职业外交官郭斌佳负责，军事方面则交由商震、林蔚、周至柔、杨宣诚、朱世明、蔡文治这 6 位在职军官负责。六人之中，朱世明和蔡文治属于深受蒋介石器重的后起之秀，此行主要是对其军政外交能力的进一步历练。身兼昆明中央航校校长和空军前敌司令部总指挥的周至柔，则主要负责与英、美同行联合作战的问题。而剩下的商震、林蔚、杨宣诚之所以入选，则反映出蒋介石此行在军事上的着力点仍在印缅战场。

在东南沿海悉数沦陷的情况下，滇缅一线成为支撑中国抗战唯一的外界通道。但这条横穿英国远东殖民地的"大动脉"，却由于伦敦方面首鼠两端的态度，而长期处于运转不灵的状态。1940 年 7 月，丘吉尔出于绥靖日本的需要，单方面宣布关闭中国投入无数人力、物力修筑的滇缅公路。到了 1941 年年初，日军的刺刀已经顶到英属缅甸的家门口，中国方面基于中英协防的目的，派出高规格的"缅印马军事考察团"前往战区，但英国方面仍高傲地认为日本绝不敢正面与之冲突，日军要切断滇缅公路，也不会选择在缅甸境内。

正是这份盲目的自信，最终令 1942 年驻缅英军在日本的突袭下一败涂地。紧急动员、入缅参战的中国远征军亦在失去先机的情况下，为优势日军所逼，被迫翻越"野人山"撤入印度境内。而时任"缅印马军事考察团"正、副团长的，正是商震和林蔚，作为对日情报战专家的杨宣诚，也曾在 1942 年率精干力量赶赴印度，帮助英军稳住阵脚，最终阻止了日军乘胜杀入印度。在蒋中正看来中国抗战固然需要英、美的物资援助，但英、美要稳定亚洲战线怎能不需要中国的力量？

随着缅甸的易手，滇缅公路被彻底截断。中国与盟国的联系只能依靠气候条件复杂、危险重重的"驼峰航线"。到了1943年底，即便贵为一国元首，蒋介石要前往开罗赴会，也不得不以身犯险——有传言说，中国代表团乘坐的专机在穿越喜马拉雅山脉上空时，驾驶员曾突发心脏病，险些机毁人亡。

受限于飞机的航程，在前往开罗的道路上，蒋介石、宋美龄仍需要在南亚次大陆盘桓两日。对于这片神奇的热土，蒋、宋并不陌生。早在1942年2月，蒋介石便以中华民国元首的身份访问印度。但正是因为那次访问，令中、英两国的关系一度落入冰点。当时英军在远东各条战线上节节败退，为进一步入侵南亚次大陆，日本大造印度独立的舆论。蒋介石站在自己的立场上，希望英国政府能给予印度民众更多的自由，在封堵日本之口的同时，能更广泛地动员抗日力量。因此，在访印期间，蒋介石接见了印度民权领袖甘地、尼赫鲁等人，宋美龄更以娴熟的英语宣读了《中国政府告印度人民书》。

这种越俎代庖的行为，当即引起了英国政府的强烈不满。除了将甘地、尼赫鲁再度投入监狱之外，丘吉尔还亲自写信告知蒋介石："不干涉盟国的内部事务是最明智的准则。比如当国共斗争最为激烈时，英国也保持了足够的自我克制。"弦外之音已是不言自明了。

1942年，蒋介石曾访问印度，并会见印度独立运动领导人甘地

太平洋战争全史

蒋介石随即改变了外交政策，在同年 5 月再度访印之际，便将主要精力放在军事上，只与英国印缅战区最高司令蒙巴顿勋爵会晤。此次途经印度，他更不愿节外生枝。简单休整之后，便飞抵开罗。

与蒋、宋的一路辗转相比，丘吉尔前往开罗的行程要"奢华"得多。带着三军高级幕僚及女儿莎拉，丘吉尔于 11 月 12 日乘"威名"号军舰从普利茅斯起程，越过比斯开湾，通过直布罗陀海峡，进入地中海，17 日到达马耳他岛。在这里，丘吉尔把两根"北非绶带"分别授予地中海战区的美、英主将——艾森豪威尔和亚历山大，以表彰他们在北非战役中的功勋。直到 21 日清晨，"威名"号才开进亚历山大港。

此时的英国显然已经渡过第二次世界大战中最为艰难的时刻，即便德国空军对峰会现场鞭长莫及，英国方面仍在开罗周围部署了 500 多门各型高炮，会场的地面安全则由一个英军步兵旅负责。甚至在金字塔顶上还设立一个英国皇家空军的观察站，监视空中情况。借着主场之利，丘吉尔似乎有意在首次参与峰会的蒋介石面前，抖抖日不落帝国的威风。

11 月 21 日中午时分，蒋介石一行抵达开罗，与会各国首脑的下榻地点，被安排在开罗郊外的卡塞林森林，那里星罗棋布地点缀着开罗各国富豪们的豪华别墅。丘吉尔与蒋介石虽然早已通信多年，但当面会晤还是首次。事后两人都在回忆录中给予了对方似褒实贬的评价。

蒋介石在日记中写道："丘（吉尔）指示各战区作战之现状，其实，此等语皆余所熟闻者，而彼仍津津乐道。丘氏为英国式政治家，实不为盎格鲁撒克逊之典型人物。虽然思想与精神气魄不能与罗斯福同日而语，而其深谋远虑，老成持重，则现代政治家中实所罕见。"而丘吉尔则说蒋介石"沉着、谨严而有所作为的性格"给他留下了深刻的印象，但他并不同意美国人把蒋介石视为亚洲"新龙头"的说法，认为这过高地估计了蒋介石的力量以及中国在未来世界的贡献。

有趣的是，丘吉尔对宋美龄赞许有加。他的贴身保镖揶揄这是"英雄难过美人关"。不过，宋美龄对丘吉尔印象平平，说这位英国首相"嗜烟如命，一根接一根地抽着黑熊牌大雪茄，噼啪作响"。11 月 22 日，罗斯福如约抵达开罗，丘吉尔亲自前往机场迎接。至此盟国方面代号"六分仪"的开罗会议正式召开。次日上午，在罗斯福下榻的别墅中，三国幕僚讨论了会议的第一个议题——1944 年美、英、中于缅甸展开联合反攻。

这一点是蒋介石最为关心的。在他看来，如果 1944 年能够彻底解决缅甸问题，那么不仅重庆方面可以通过滇缅公路获得足够的军事援助，更能从这一方向抽调出数十万精锐部队，对整个抗日战局而言，可谓满盘皆活。因此，在会议正式开始之前，蒋介石还特地提醒丘吉尔说：期待与英国皇家海军的合作。

不过在丘吉尔看来英国的首要任务仍是尽快在欧洲击败纳粹德国。因此在开罗会议上，丘吉尔始终不肯言明实施南北夹击的具体地点和日期。对于英国人的这一态度，罗斯福虽然私下对蒋介石表示遗憾，甚至暗示美国将向英国施压，但很快蒋介石便意识到，开罗会议和缅甸战局并没有实质性的联系，罗斯福要和自己谈的另有其事。

11 月 23 日的夜晚，一辆悬挂着青天白日满地红国旗的黑色轿车驶至罗斯福的住所门前。下车时蒋介石虽然竭力控制着自己，但脸上仍难掩对白天会议内容的失落和倦怠，而风姿绰约的宋美龄则显得从容得多。毕竟当晚是罗斯福单独宴请蒋介石夫妇的私人晚宴。军国大事完全可以放在餐后再说。果然在宋美龄的调剂之下，整个晚宴在相对愉快的氛围中落下帷幕。

在窗外吹拂着古老尼罗河的微风中，罗斯福与自己的私人顾问霍普金斯一道向蒋介石夫妇阐述了美国对亚太地区未来的见解。罗斯福明确表示美国支持中国应取得四大国之一的地位，平等参加四强机构，参与制定此类机构的一切决定。随后，罗斯福将自己所绘制的战后亚洲政治版图徐徐道出——除了战前日本用武力从中国夺去的中国东北四省、台湾地区和澎湖列岛，战后必须归还中国之外，罗斯福还希望蒋介石"在战争还在进行的时期与延安方面握手，组织一个联合政府"。对于这个要求，秉承"天无二日"思想的蒋介石当面提出反对，并进一步希望美国能促使苏联允诺尊重中国的领土完整。

对于蒋介石的这一提议，罗斯福身边的霍普金斯不禁哑然失笑。作为美国白宫的二号人物，有着"影子总统"之称的霍普金斯在开罗会议之前曾多次前往苏联，以罗斯福私人代表的名义面见斯大林。对苏联军民在卫国战争中所表现出的坚韧和顽强予以崇高敬意的同时，霍普金斯也深知掌握着这股力量的斯大林不会唯任何人马首是瞻。蒋介石希望借助美国的力量逼迫其就范，多少有些与虎谋皮的天真。

罗斯福当然不会当面拒绝蒋介石的提议，不过他更愿意将话题引向对未来亚洲政治版图的重构。罗斯福提出美中两国应就日本目前还控制的朝鲜、印度支那、琉球以及泰国的未来地位达成一项相互谅解。话说到这个份上，罗斯福抬了一下自己的眼镜，此时他的脑海中或许已经浮现出了丘吉尔或斯大林听到类似建议时，会如何举重若轻地抛出若干建议，在波澜不惊之间进行一场瓜分豆剥般的势力范围的划分。但是蒋介石并没有，对于这些与自己没有切身利害关系的邻邦，他甚至不愿多加评论。他只是含糊地表示，上述地区应该在战后恢复独立地位。

对蒋介石的反应有些失望的罗斯福只能进一步地表明美国的态度："琉球群岛是日本当年用不正当的手段占领的，也应予以剥夺。我考虑琉球在地理位置上离贵国很近，历史上与贵国有很紧密的关系，贵国如想得到琉球群岛，可以交给贵国管理。"罗斯福口中的琉球群岛指的是西太平洋地区以冲绳诸岛为核心的弧形群岛。历史上琉球王国曾是中国的藩属，直到 1879 年 3 月才为日本强行吞并，因此在罗斯福看来中国完全有义务和能力将其收回。

但对罗斯福突然提到的这个问题，蒋介石完全没有预案，一时竟也不知如何回答才好。过了好一会儿，他才对罗斯福说："我觉得此群岛应由中、美两国占领，然后国际托管给中美共同管理为好。"对于这样的结果，罗斯福虽然诧异，但还不至于乱了方寸。随即又将话题转向了战后对日本的处置。

罗斯福说："美国国内舆论要求追究天皇的战争责任，废除日本天皇制。"蒋介石则回答："这个问题，我认为除了日本军阀必须铲除，不能再让其起来与闻日本政治外，至于他国体如何，最好待日本新进的觉悟分子自己来解决……我们应该尊重他们国民自由的意志，去选择他们自己政府的形式。"显然也没有彻底废除天皇制的决心。而关于对日本的军事管制，罗斯福希望以中国为主，以减轻美国对远东的负担。蒋介石则认为应由美国主持，中国可以派兵协助，究竟如何处理，可视将来情况再定。最后蒋介石夫妇倒是主动提出战争赔偿问题，战后日本在华的公私产业应完全由中国政府接收。对于这样细枝末节的问题罗斯福倒没有什么意见，表示允许日本以实物作为赔偿。

蒋介石的回答令罗斯福无法理解，事后，他对一位记者如此形容与蒋介石的会谈过程："在开罗，我无法形容对蒋中正先生的任何看法。后来，我回想起这件事，我才意识到，此前我所知道的都是蒋夫人向我讲的她丈夫如何如何，以及他是怎样怎样的。她总是在那里回答所有的问题。因此我可以了解她。但对这位蒋先生，我却根本看不透。"而作为与会的美国陆军代表马歇尔将军，则开玩笑说蒋介石看来不太像主宰数亿民众命运的军政强人，反倒像个中国传统的读书人和修道者，其审慎自持的态度，和说一口华丽英语的夫人形成了强烈的反差。

开罗会议上的拘谨，主要缘于蒋介石对中华民国国力的一贯认识。他深知国内有许多问题有待解决，无论是经济还是军事实力均与欧美列强有着巨大的差距。因此早在动身之前，蒋介石便在日记中告诫自己："余此去与罗、丘会谈，应以淡泊自得、无求于人为唯一方针，总使不辱其身也。对日处置提案与赔偿损失等事，当待英、美先提，切勿由我主动自提，此不仅使英、美无所顾忌，而且使之畏敬，以我乃毫无私心于世界大战也。"

基于这个方针，中国在开罗会议前的提案准备及会议的晤谈中均采取了比较谨慎的态度。比如香港问题，中方原曾准备在会上提出此事，但经反复考虑后，蒋介石决定搁置不谈，并决定所有有关中英之间的争端问题不在开罗会议上提起。除与中、美、英有共同关系之问题外，皆以不谈为宜，如果美国从中谈及港九问题、西藏问题、南洋华侨待遇问题，则照既定原则应对，但不与之争执，如其不能同意，暂作悬案。

当然蒋介石也并非全无需求，会谈到了最后，他向罗斯福告急：由于国民政府退往西南，已经无法负担长期抗战的消耗，现在国际交通几乎完全中断，国统区出现了很严重的通货膨胀。因此他希望美国政府能够另外给予国民政府 10 亿美元的贷款，以便国民政府控制恶性通货膨胀，恢复经济秩序，同时提升部队战力，以反击战区内的日军。罗斯福"不假思索地对此表示同意。"同时又说"根据美国宪法，总统无权签订借款协议，要先经过国会同意"。他建议先由中、美两国财长商谈此事；才能拿出具体方案。这一招外交太极拳可谓十分高明，日后中美两国围绕这笔罗斯福口头答应的贷款扯皮良久。

开罗会议上的罗斯福、丘吉尔和蒋介石

　　事实上，蒋介石和罗斯福、丘吉尔是完全不同的两类人物。作为手握军政大权的强势领导人，在蒋看来自己的一言一行都是代表中国，因此更多的时候宁愿沉默也不愿过多许愿，以便日后成为无法兑现的"空头支票"。而罗斯福和丘吉尔背后则有美、英早已运转成熟的国会制约，因此会议上所发表的一切言论，只要日后发现无利于自己的都能轻易推翻。

　　11月23日晚，蒋罗会谈后，罗斯福让霍普金斯根据谈话内容起草宣言。24日下午4时，霍普金斯偕初稿来蒋介石官邸，与中华民国代表团的国际法专家王宠惠商酌初稿，其初稿中主要宣示和承诺了三国协同对日作战的宗旨以及战后处置日本的安排，其中关于中国失地收复方面的规定如下：日本由中国攫取之土地，例如满洲、台湾、小笠原等，当然应归还中国。凡系日本以武力或侵略野心所征服之土地，一概须使其脱离其掌握。王宠惠立刻将该草稿译呈蒋介石核阅，并将"杨宣诚发觉'小笠原'三字是澎湖之误"意见告知，代笔团经研究后认为修改后可予同意，王宠惠乃于11月25日向霍普金斯指出"其中所称小笠原岛恐系澎湖列岛之误，拟请改正"，霍普金斯对此允诺照改。

　　11月26日下午3时半，中、英、美幕僚正式会商，英方提出其修改草案，其草案中关于中国失地收复部分的修改引起了巨大争议：除

"小笠原群岛"已在会前改为澎湖列岛外，英方将"当然应归还中国"，改为"当然必须由日本放弃"。王宠惠当即表示不赞成，指出这次大战是由日本侵略中国东北引起，如果不言明这些被占领地归还中国，不但中国不同意，世界人民也将会对此疑惑不解。贾德干辩称，前面提到的"日本由中国攫取之土地"已经意味着这些地方当然应归还中国，因此不必言明。王宠惠坚持认为如果不言明归还中国，这则会议公报将毫无意义。此时美国赞同中国方面建议，会议最后决定维持原案。

草案商讨结果确定后，交由丘吉尔审阅，不久，丘吉尔提交了英国的宣言草案新稿。接着这份新稿又交给三国幕僚重新审阅，王宠惠提议将英国稿件中的"包括满洲与台湾"一句改为"例如满洲、台湾与澎湖列岛"，三方没有异议，三国领袖亦对此稿表示赞成。

在双方对宣言内容逐字逐句争执不下的同时，11月25日，适逢美国的感恩节，罗斯福的坐舰上运载了大批冰冻火鸡。罗斯福邀请丘吉尔前往住所大块朵颐，但不知为何，他们并未邀请蒋介石夫妇，或许在英、美眼中，习惯了素食的中国还没有资格参加这样鲸吞狼嚼的盛宴。

1943年11月28日，结束了开罗会议的罗斯福、丘吉尔飞赴德黑兰，按照事先的计划，美、苏、英三巨头将在德黑兰会面，召开会议，

德黑兰会议上的斯大林、罗斯福和丘吉尔

太平洋战争全史

研究怎么对付德国以及欧洲战后格局划分。按照丘吉尔的说法，他曾劝蒋介石夫妇去参观金字塔，消遣一下，等到他们从德黑兰回来继续会谈。但蒋介石的自尊和国内战局的发展使得他无心在开罗长久等待。11月27日，蒋介石偕夫人及代表团与罗斯福、丘吉尔同步起程回国。途经印度期间，蒋介石首次视察了中国驻印度远征军训练基地——蓝姆伽。在那里，蒋介石与驻印军将领讨论反攻缅北的军事问题，他认为不宜孤军深入密支那地区，但此时孙立人、廖耀湘两个师正在史迪威的命令之下，陆续向缅北进发。

德黑兰会议结束后，罗斯福、丘吉尔重返开罗，美、英间对于缅甸作战问题发生激烈争论。12月4日会议开始后，丘吉尔要求把反攻缅甸的力量抽调用于欧洲第二战场的"霸王"行动。罗斯福自称"倔强地像一头骡子似的"同丘吉尔发生争执，指出美、英对中国负有道义上的义务，没有理由放弃在缅甸的两栖作战，但"英国人根本不愿进行这场战役，我没有办法使他们点头"。为了保持英美间的一致，罗斯福不得不收回对蒋介石的保证。12月7日，罗斯福致电蒋介石，说明由于准备1944年夏在欧洲开辟第二战场，需要大量登陆艇，难以在孟加拉湾发动两栖作战。这实际上意味着，在第一次开罗会议制定的三国联合作战计划已告失败。在没有英、美海军在缅甸南方策应的情况下，中国军队被迫从印度东北部及云南两线出击与日军逐点争夺，直至1945年3月才最终逼迫对手撤出该地区。

开罗会议和《开罗宣言》是战后国际新秩序建立的重要基石，尤其对远东国际政治格局来说影响深远。会议过后，日本丧失了远东政治大国的地位，而中国回归大国地位，世界政治格局开始发生变化。然而，仅从军事和政治的角度来看，开罗会议期间，英、美两国领导所站的战略高度远非初登大国外交舞台的蒋介石所能比拟。在轻易放弃了战后亚洲的主导权的同时，中国战场的进程被迫受制于英、美的指挥棒。由于美国的压力，中国政府被迫抽调最后的战略预备队和包括"飞虎队"在内的空军精锐用于反攻缅北。而在正面战场上却遭遇日军重兵集团的重创，在1944年的豫湘桂战役中一败涂地。当全球都在为诺曼底登陆成功欢呼时，只有中国战区遭受日军摧枯拉朽般的打击；这就更坐实了"中国抗战无贡献"的论调，为后来的雅尔塔会议中盟国毫不留情地阴谋出卖中国埋下了伏笔。

1945 年 2 月 4 日，在苏联克里米亚半岛的古城雅尔塔，美、英、法三国在没有中国政府代表参与的情况下，以维持外蒙古独立的现状，库页岛南部及邻近岛屿交还苏联，大连商港国际化，苏联租用旅顺港为海军基地，苏、中共同经营东北铁路干线为条件，换取苏联承诺在欧洲战争结束后 2—3 个月内参加对日作战。

"生命就像一场梦，一场别人的梦，永无止境"。这句充满沧桑感的话语，据说出自一位在西方脍炙人口的"倾国佳人"之口，她就是著名的"埃及艳后"——克丽奥佩特拉。1943 年 11 月 25 日，驻足于尼罗河畔古老金字塔脚下的宋美龄，是否会想起曾在国际政治舞台上和自己同样叱咤风云的女性，世人不得而知。但可以肯定的是，这位中华民国的"第一夫人"此时心情不错，在她眼中自己的此次开罗之行，同样可以用恺撒的那句名言来概括："我到，我见，我征服。"后世在评价这段历史时，往往认为开罗会议是蒋介石、宋美龄外交领域的巅峰。但在此之后，这对夫妇却好运不在，其境遇可谓一路下滑。

强弩之末
——日本军队在所罗门群岛和新几内亚战区的全面溃败（上）

　　虽然在 1943 年的下半年，罗斯福对缅甸战区表现出了格外的关心，但这种关注不过是一种政治姿态。对美国而言，打击日本的主战场依旧是太平洋方向。因此当罗斯福及一干美国军政要员往来于魁北克、莫斯科、开罗和德黑兰的同时，坐镇夏威夷的尼米兹继续按照欧内斯特·金的要求，全力强化着斯普鲁恩斯挂帅的中部太平洋战区，而麦克阿瑟和哈尔西分别统率的美国西南、南太平洋则继续在新几内亚和所罗门群岛向前推进。

麦克阿瑟领导下美澳联军司令部成员

早在对驻守莱城的日本陆军第 51 师团展开围攻的同时，麦克阿瑟便计划在通过两栖登陆作战夺取莱城以北的芬什哈芬地区，以便打乱日军的部署、加速收复新几内亚东部地区。不过，麦克阿瑟并不愿意在新几内亚战场上出现太多的美军伤亡。因此无论是在莱城方面对日本陆军展开追击还是在芬什哈芬地区展开敌前登陆，都由澳大利亚陆军充当主力。

9 月 19 日，为策应第 51 师团突围而从马丹出发的第 20 师团"中井支队"（以步兵第 78 联队为基干组成，指挥官为第 20 步兵团长中井增太郎少将），于马丹通往莱城的马卡姆河谷遭遇空运抵达纳扎布机场的澳大利亚陆军第 7 步兵师。尽管兵力处于劣势，但依托马卡姆河谷的有利地形，中井增太郎还是组织起了有利的防御体系，迟滞了对手的推进。

澳大利亚陆军第 7 步兵师与"中井支队"在马卡姆河谷展开激战的同时，麦克阿瑟的"左勾拳"也用力挥出，澳大利亚陆军第 9 步兵师第 20 旅在 5 艘驱逐舰的护航之下在芬什哈芬地区全面登陆。按照麦克阿瑟的情报，尽管自日本陆、海军登陆新几内亚以来，海港城市芬什哈芬便长期担负着后勤补给中枢的重任，但当地驻军仅有第 85 警备队一部，总兵力 435 人。5000 人之众的澳大利亚陆军第 20 步兵旅以十攻一，可谓占尽优势。

但当澳大利亚陆军冲上芬什哈芬的海岸线之际，他们遭到的抵抗却远比想象中要猛烈得多。事实上，随着新几内亚战事的日益吃紧，日本陆军也将当地作为后勤机关的驻地，第 1 船舶司令部、第 51 师团所属第 4 野战医院先后进驻，为了保护这些后勤机关的安全，日本陆军方面又将第 41 师团第 238 联队第 1 大队（总兵力约 750 人）部署在当地。而在澳大利亚军队登陆之前，日本陆军第 18 军又指示第 20 师团陆续向当地增派了步兵第 80 联队一部及野战炮兵第 26 联队第 3 中队，因此当 9 月 22 日澳大利亚军队来袭之时，芬什哈芬地区日本陆、海军可以动员的兵力已逾 4000 人。

由于此前对敌情估计不足，加之缺乏海空火力的支援，澳大利亚陆军第 20 步兵旅虽然成功登陆，但却被对手压制在了滩头之上。此时如果日本陆军第 20 师团可以及时赶到战场，可以说有很大的机会将对手赶下海。但讽刺的是日本陆军第18军司令安达二十三虽然准确地预判了美澳联军在芬什哈芬的登陆意图，并指示第20师团全力驰援，但9月上旬便从马丹地区出发的第20师团，是以徒步的形式向400公里外的芬什哈芬急进，而美澳联军却拥有海上机动的便利。10月1日，当日本陆军第20师团好不容易、拼了命才赶到距离芬什哈芬仍有100公里之遥的锡奥一线之时，澳大利亚陆军第9步兵师所属的第26旅先一步抵达了战场，并配合此前已经建立其稳固登陆场的友军，彻底打破了僵局。

澳大利亚增援部队的抵达彻底打破战场的僵局

作为芬什哈芬地区日本陆、海军的最高军衔长官，第1船舶团长山田荣三少将指挥着一支陆、海军混编守备队抵挡了对手10天之久，但此刻却也是回天乏术。被迫带领部队撤离海岸线，退守敌登陆场以西主要通道的萨蒂尔贝尔古高地。依托山岭地带山田荣三又指挥部队鏖战了10天，才终于在10月11日等到了片桐茂陆军中将带领的第20师团先遣部队。

片桐茂是一名骑兵指挥官出身的陆军将领，自然崇尚主动进攻。加之太平洋战争前一度负责农林局马政局去了，更缺乏对美澳联军战斗力的直观了解。因此到达萨蒂尔贝尔古高地之后，简单了解了一下情况，便做出了对澳大利亚军队登陆场展开奇袭的决定。不过此时第 20 师团的主力——第 79 步兵联队，尚未抵达战场。片桐茂不得不耐着性子又等了 5 天。

10 月 16 日夜间，经过一番准备之后，片桐茂决议以第 79、第 80 联队主力对澳军正面展开突袭，同时抽调第 79 步兵联队第 3 大队的 184 名士兵组成"杉野挺身队"，乘坐船舶工兵第 5 联队残余的 3 艘登陆艇在澳军登陆场侧后展开"逆登陆"。

按照日本陆军参谋本部所接到的战报，在安徒岬附近澳军阵地背后进行"逆登陆"的"杉野挺身队"，最终"取得很大战果，得使主力部队易于进攻"。"逆登陆"战术也因此受到了日本陆军的大力推广。但事实上由于某名日本军官装有相关作战计划的背包在 15 日的一次小规模冲突中被澳军捡到，澳大利亚军队对"杉野挺身队"的"逆登陆"提前做好了准备，10 月 17 日凌晨 1 点 30 分左右，"杉野挺身队"乘坐 2 艘登陆艇（另一艘中途发生故障而被迫退出），刚刚在海岸线登陆时，便遭到澳军密集的曳光弹攒射。184 人中 72 人当场战死，指挥官杉野中尉亦身负重伤，所谓的"杉野挺身队"几乎未给对手造成实质性的杀伤便全军覆没了。

第 20 师团的正面进攻，在战报中同样精彩绝伦："位于第一线的步兵第 79 联队及 80 联队的攻击，起初虽有些失误，但在 17 日入夜以前，夺取了卡铁卡附近海岸的敌据点，将敌阵地切断成南北两个部分……18 日在第一线的两个联队，努力扩大战果。北部敌军向南狼狈溃退，看来攻击似乎取得成功……然而，敌军从 20 日起，通过舟艇和陆路，转入反击，在密林地带发生了混战。敌军兵力与日俱增，整个战线的战局开始逆转。在这种情况下，师团长认为需要整顿阵势，便于 25 日命令停止攻击。各部队再次集结在萨蒂尔贝尔古高地附近，准备下一次的攻击。"

但事实上第 20 师团的进攻从一开始便遭到了美澳联军远程炮火和空中打击的双重绞杀。而经过长达 400 公里的艰苦跋涉，日本陆军第 20 师团的炮兵部队仅有 1 门山炮还能提供火力支援。在这样的情况之下，第 20 师团的进攻根本不可能取得什么相应的战果。而在退守萨蒂尔贝尔古高地之后，后勤补给的严重缺乏更迅速削弱了第 20 师团的战斗力。随着美澳联军在莱城等地修筑的机场陆续投入使用、澳大利亚陆军的坦

坦克的到来，令澳大利亚陆军在新几内亚战场的推进速度逐渐加快

克等重型武器抵达前线，第 20 师团连固守防御都无法维系。11 月 27 日萨蒂尔贝尔古高地易手，12 月 19 日，日本陆军第 20 师团被迫退守芬什哈芬以北 100 公里的锡奥一线。

被日本陆军视为精锐之师的第 20 师团在芬什哈芬惨遭重创，固然令坐镇拉包尔的日本陆军第 8 方面军司令今村均倍感震惊，但此时他的注意力已经无法集中于新几内亚战场之上了，因为在所罗门群岛北部，一场更大规模的危机正如火如荼地蔓延开来。

自 9 月 27 日到 10 月 2 日，日本陆、海军以 23 艘登陆艇、2 艘舰载摩托艇被击沉的代价，从科隆班加拉岛撤出了"东南支队"之后，美军南太平洋战区的兵锋便直指日军在所罗门群岛北部的核心阵地——布干维尔岛。如果说在新乔治亚岛攻防战之时，日本陆、海军还在是否有必要坚守的问题上有所争执的话，那么此时面对"所罗门群岛虽大，但背后已是拉包尔"的困境，日本陆军第 8 方面军、海军东南舰队都决定全力以赴，在布干维尔岛与美军一决雌雄。当然在此之前，日本海军还要继续将在维拉拉维拉岛坚守的陆军"鹤舞支队"接出。

"鹤舞支队"其实是维拉拉维拉岛上日本陆、海军各部队 600 多名散兵游勇组成的乌合之众，指挥官鹤舞好夫大尉也不过是因为军衔最高而被公推为指挥官的。但是这样一支孤军却在维拉拉维拉岛与新西兰陆军第3步兵师缠斗了2个月之久，最终坚持到了"东南支队"撤退完毕，日本海军腾出手来，派遣第3水雷战队前来协助其撤离。

10月5日夜，第3水雷战队司令伊集院松治乘坐新锐驱逐舰"秋云"，指挥"风云""夕云""矶风""时雨""五月雨"5艘驱逐舰组成的"夜袭部队"，掩护担任运输任务的"文月""夕风""松风"3艘驱逐舰及一干小型运输舰艇驶向维拉拉维拉岛。而在整个日本陆军"东南支队"撤退过程中便不断出动各型舰艇进行拦截的美国海军，此时自然也不愿意错过这一战机。在获得了日本海军行动的准确情报后，美国海军第4、第42驱逐舰分队的9艘驱逐舰分为两个攻击波次扑向相关海域。

10月5日晚20点31分，日本海军"夜袭部队"的"风云""时雨"和"五月雨"号先后报告发现敌舰的消息，但是身为第3水雷战队司令的伊集院松治此刻却担心会误击友军而贻误了战机。在美军驱逐舰分队密集的炮火和鱼雷攻击之下，担任"夜袭部队"先导舰的"夕云"连遭重创，最终于21点5分沉没，但在失去战斗力之前，"夕云"在拼死反击中射出的鱼雷，也击中了美军驱逐舰"切瓦立"号（USS Chevalier DD-451），并导致混乱之中紧随"切瓦立"号行进的美军驱逐舰"奥班农"号（USS O'Bannon DD-450）刹车不及，舰首撞上了"切瓦立"号的舰尾，严重受损、不得不退出战列。

除此之外，日本海军"夜袭部队"其他战舰施放的鱼雷还击中了美军第4驱逐舰分队的旗舰"塞弗里奇"号（USS Selfridge DD-357），战力瞬间降低三分之一的美国海军无心再战，只能收兵撤队。而在归航途中"切瓦立"号更不幸沉没。由此在这场被称为"第二次维拉拉维拉岛海战"中日、美双方在战绩上打了个"1∶1"的平手，而以损失一艘驱逐舰的代价，日本海军还成功撤出了"鹤舞支队"残余的589人，也算是功德圆满。

对于美国海军在"第二次维拉拉维拉岛海战"中的表现，哈尔西自然谈不上满意。但是日本陆军从科隆班加拉岛和维拉拉维拉岛的撤离，毕竟为美军进一步向所罗门群岛北部挺进让出了通道。在与麦克阿瑟交换了意见之后，哈尔西于10月12日最终批准了第31特混舰队司令西奥多·威尔金森少将（Theodore Stark Wilkinson，1888—1946）的作战计划：先以新西兰陆军第3步兵师第8旅投石问路，于10月27日对布干维尔岛以南数公里的"宝藏群岛"（Treasury Islands，日方称"莫诺岛"）发动仰攻。美国海军陆战队第3师随后跟进，于11月1日在布尔维尔岛西南部的托罗基纳角展开登陆。

美军的这番部署可谓正中日本陆海军布干维尔岛防线的"七寸"要害。当时日本陆军在布干维尔岛上部署有第6师团、第17步兵团、"南海第4守备队"、独立山炮第10联队、野战重炮兵第4联队共4万大军，此外还有海军"第8联合特别陆战队"等不下2万之众。但在布防上主持布干维尔岛防务的日本陆军第17军军长百武晴吉中将却将重点放在了北部的塔里纳布卡和南部的埃莱巴索塔，对于美军预定登陆的托罗基纳角一线仅部署了第6师团第23步兵联队的1个步兵中队，而就是如此薄弱的兵力，在美军大举来犯的前夜还被要求撤出，仅保留1个小队作为监视。

10月27日，新西兰陆军第8旅正式在"宝藏群岛"展开登陆，与此同时美军还在邻近的舒瓦瑟尔岛投入了海军陆战队第1伞兵团1个营的兵力，但是当地的日本陆军表现得颇为顽强，上述地区的战斗一直持续到了11月中

"第二次维拉拉维拉岛海战"严重受损的美舰：左为"奥班农"号、右为"塞弗里奇"号

在"宝藏群岛"登陆的新西兰第8步兵旅

旬才宣告结束。但是百武晴吉在布干维尔岛布防的错误决策,却导致美国海军陆战队第3师在本不适宜大兵团展开的托罗基纳角成功登陆。

鉴于布干维尔岛上已经囤积了足够多的兵力和补给,日本海军再无须将舰艇用于运输任务。因此当在10月31日美国海军陆战队第3师从瓜岛出击之后,日本海军"东南舰队"司令草鹿任一便随即命下辖重型巡洋舰"妙高""羽黑"的第5战队、伊集院松治指挥的第3水雷战队分别编组为第一、第二袭击部队展开拦截。可惜,草鹿任一同样误判美军的登陆方向为布干维尔岛南部,两支袭击部队最终在海上与美军运输船队擦肩而过。而从拉包尔方向赶来的海军第582航空队更有3架"九九式"舰载轰炸机和3架"九七式"舰载攻击机白白损失于降落事故和油料耗尽。

11月1日,美国海军陆战队第3师7500余人乘坐登陆艇冲向托罗基纳角的滩头,仅有1门"九四式"75毫米山炮的日本陆军第23步兵联队第1大队第2中队拼死抵抗,虽然击毁、击伤美军登陆艇14艘,但面对纷涌而来的美军士兵,这样的抵抗只能用"螳臂当车"来形容。

美国海军陆战队肃清托罗基纳角海岸线建立滩头阵地的同时，得到消息的草鹿任一随即命令日本海军第1陆基航空队全线出击，在44架"零式"战斗机的掩护之下，9架"九九式"和1架新型"彗星"式舰载轰炸机向登陆船队袭来，但面对美国陆军P-38型战斗机的拦截，日本海军方面付出了3架"九九式"舰载轰炸机和12架"零式"战斗机的代价，却仅取得了击伤对手一艘驱逐舰的成绩。

《时代周刊》封面上的古贺峰一

由于日本海军航空兵方面虚报了击沉2艘大型运输船、1艘巡洋舰，击伤1艘巡洋舰、1艘驱逐舰的战绩，草鹿任一似乎觉得交换比还能接受，随即于11月1日中午又出动42架"零式"战斗机、7架"九九式"和1架"彗星"式舰载轰炸机，组织了第二轮空袭。可惜此时美国海军航空兵的F4U"海盗"式战斗机已经为己方船队支起了防空屏障。日军白白损失了3架"零式"战斗机和4架"九九式"舰载轰炸机，当然日本海军航空兵并不愿意承认这个事实，在报告中宣称击毁了对手超过30艘登陆艇。

注水的战绩虽然漂亮，但却无法改变第1基地航空队的损兵折将的事实。有鉴于自己手中的可以执行空中打击任务的"九九式"舰载轰炸机损失殆尽，草鹿任一一方面按照陆军第8方面军司令今村均的要求，准备出动第5战队和第3水雷战队的水面舰艇护送陆军第17师团1个步兵大队的兵力，在美军登陆场侧后展开"逆登陆"；另一方面则向联合舰队司令古贺峰一求援，要求联合舰队方面以航空母舰舰载机为主力的第1航空战队投入战斗。

表面上看自山本五十六战死于所罗门群岛、古贺峰一接任日本海军"联合舰队"司令以来，曾经叱咤大洋的日本海军航空母舰部队便逐渐淡出了战争的舞台，甚至连美国《时代周刊》在选择以古贺峰一的漫画形象为封面之时，也不忘在下面用小字揶揄道："他的舰队在哪里？"但站在古贺峰一的角度，他这样却并非缘于怯懦畏战，而是基于更为长远的谋划。

在古贺峰一看来，经历了中途岛之战的重创之后，日本海军航空兵在元气未复的情况下便转战所罗门群岛，结果无论是瓜岛制空权的争夺、还是"伊（い）号作战"的主动进攻均表现得极为孱弱。昔日"海鹫"的"英姿"可谓荡然无存。要挽回颓势，必须加强新型战斗机的补充和飞行员的训练。而这一切对于日本海军而言除了需要大量的物资投入，更需要足够的时间和空间。因此古贺峰一在以阿图岛、基斯卡岛告急、北太平洋门户大开的名义，将"大和""武藏"等主力水面舰艇编队撤回本土进行一系列现代化改造的同时，也授意统率日本海军航空母舰主力的小泽治三郎，将日本海军硕果仅存的 5 艘航空母舰——"翔鹤""瑞鹤""瑞凤""隼鹰""飞鹰"撤离特鲁克。

古贺峰一的原定计划，是将第 3 舰队也撤回本土，以便更快完成战机和飞行员的补充和训练，但此时日本海军在九州等地的航空基地已经被陆基航空兵部队所占有。加上本土航空燃油的缺乏，第 3 舰队最终被迫转往新加坡进行整补。此举虽然缓解了"油荒"，却也极大地延误了部队的训练进程，因为所有的战机和飞行员都要从本土出发，经由冲绳、台湾、海南岛和西贡等地转场，才能到达新加坡归入建制。

尽管按照渊田美津雄等教官乐观地估计，在油料供应充足的新加坡，日本海军航空兵夜以继日地进行了高强度的训练，只要 7 个月就可以达到平时用 1 年多时间进行训练才能达到的水平。但是留给日本海军的时间显然并没有那么充裕，因为就在日本海军舰载机飞行队停驻于新加坡的同时，美国海军一支崭新且空前强大的海上作战力量已逐渐编制成型。

自 1943 年 5 月 30 日，美国海军组建中部太平洋战区以来，在作战部长欧内斯特·金的力挺之下，美国海军几乎不遗余力地向这个战区输送力量：6 艘崭新的"埃塞克斯"级航空母舰、5 艘由"克利夫兰"级改造的"独立"级轻型航母以 7 艘由商船改造而成的护航航母构成了美国海军中部太平洋战区的海空打击的主力。而由 12 艘战列舰、15 艘巡洋舰、65 艘驱逐舰组成的水面舰艇编队，更将构筑成一道坚不可摧的海上长城。除此之外，斯普鲁恩斯手中陆基航空兵和两栖登陆力量也在不断地膨胀着。

美军中部太平洋战区的强大兵力，成为高悬于日本海军头顶的"达摩克利斯之剑"。古贺峰一深知早晚必有一战，而对于日本海军而言越早与对手遭遇，胜利的机会可能越大。毕竟随着时间的推移，美国强大的军事工业将为斯普鲁恩斯提供更为强大的战争机器。因此9月1日美国海军航母舰载机空袭南鸟岛的消息传来，古贺峰一随即要求小泽治三郎所部配合联合舰队主力出击，试图在马绍尔群岛与美军展开决战。

但9月18日美国航母战斗群空袭了吉尔伯特岛的塔拉瓦和马金两地之后便消失在茫茫大洋之上。无奈之下，古贺峰一只能率联合舰队重返特鲁克。结果10月6日、7日两天，美军中部太平洋所属舰队又出现在了威克岛附近海域，不但出动舰载机进行轰炸，更抵近海岸线进行炮击。认定对手可能在威克岛发动登陆作战的，古贺峰一再度动员联合舰队主力前往寻战，但结果依旧是无功而返。

从后续的事态发展来看，斯普鲁恩斯所发动的这两次试探性进攻，并不单纯是为了牵制日本海军，更多的出于用实战磨砺部队，以便麾下的舰队能够更快地进入实战状态。但连续两次扑了个空，还是令古贺峰一承受了巨大的政治压力。毕竟此时美军西南、南太平洋战区在新几内

在新加坡养精蓄锐的"瑞鹤"号航母航空队一度恢复了战斗力

亚和所罗门群岛步步紧逼，日本海军联合舰队坐拥庞大的水面舰艇和航空兵团却始终在太平洋上捕风捉影，于情于理都说不过去。因此在草鹿任一的一再要求之下，10 月 28 日古贺峰一根据美军在"宝藏群岛"登陆的情景，同意第一航空战队所属各飞行队脱离航空母舰，再度入驻拉包尔地面机场。而从这一刻起，日本海军苦心积累了半年的所谓精锐航空部队，再度被拉入了消耗战的绞肉机里。

断剑折翼

——日本军队在所罗门群岛和新几内亚战区的全面溃败（下）

11月1日下午，小泽治三郎接到了联合舰队司令古贺峰一要求舰载机部队投入战斗的命令。此时以舰载机部队为主的日本海军第1航空战队尚未准备就绪，小泽治三郎更需要时间与"东南舰队"司令草鹿任一、第8舰队司令鲛岛具重等人协调战场指挥权的问题，因此最终由第1航空战队和第1陆基航空队的联合攻击被定在11月2日的拂晓时分。

鉴于航空兵部队暂时无法投入战队，古贺峰一只能出动联合舰队所属的水面舰艇。除了在11月1日下午命令第2舰队司令栗田健男统率第4、第7、第8战队、第2水雷战队、第32驱逐舰队从特鲁克赶赴拉包尔之外，古贺峰一还将原先由联合舰队直辖、正在向拉包尔运输了第1航空战队地勤、物资的第10战队、第31驱逐舰队，其编入"东南舰队"的指挥序列，要求其加入对布干维尔岛登陆美军的进攻中去。

古贺峰一此举看似是出于"救兵如救火"的急切心理，但实则完全是急于彰显自身存在价值的一步昏棋。且不说第10战队和第31驱逐舰队刚刚完成了运输任务，舰上官兵完全没有临战准备，即便上述两支部队状态良好，让4支互不统属、从未进行过联合作战的水面舰艇分队仓促出击，也难免在战场上造成混乱。

与恨不能自己冲上战场的古贺峰一相比，身处拉包尔前线的草鹿任一和鲛岛具重却没有亲临战场的兴趣，囊括了4支水面舰队编队的"联合袭击部队"，最终交由第5战队司令大森仙太郎统一指挥，尽管在4支水面舰艇编队之中，大森仙太郎的确资历最老且成绩最好（海军兵学院第41期第16名毕业），但毕竟军衔与第10战队司令大杉守一、第

3 水雷战队司令伊集院松治同为少将，指挥序列上难免有几分名不正言不顺。果然在部队正式出击之前，第 10 战队司令大杉守一和第 31 驱逐舰队司令香川清登大佐便以进港延误为由，并未出现在作战会议之上。

大森仙太郎对此也是无可奈何，只能将原定让第 31 驱逐舰队搭载陆军第 17 师团所属第 54 步兵联队一部冲入美军阵中、执行"挺身攻击"的任务，转交由第 3 水雷战队的"天雾""夕风""文月""卯月""水无月" 5 艘驱逐舰担负。而第 3 水雷战队剩余的"时雨""五月雨""白露" 3 艘驱逐舰则与旗舰——轻型巡洋舰"川内"组成第 1 警戒部队，与第 10 战队及第 31 驱逐舰队混编的第 2 警戒部队：旗舰——轻型巡洋舰"阿贺野"、驱逐舰"长波""初风""若风"。共同执行舰队两翼的警戒任务。而大森仙太郎所指挥本队——第 5 战队的 2 艘重型巡洋舰"妙高""羽黑"着居中策应。

由于准备时间仓促，"联合袭击部队"最终抵达美军在托罗基纳角附近的登陆场时已经是 11 月 2 日拂晓时分，鉴于白昼登陆可能遭遇美军优势火力的杀伤以及海军航空兵即将展开空袭等因素，草鹿任一最终决定取消"逆登陆"行动。但在搭载步兵的 5 艘驱逐舰先行返回之后，大森仙太郎却不愿就此罢手，要求第 1、第 2 警戒部队跟随本队一起冲入美军泊地。

按照大森仙太郎的心算，昨日日本海军第 1 陆基航空队已经击沉了美军一艘巡洋舰、击伤巡洋舰和驱逐舰各一艘。美国海军在登陆场外泊地的防御兵力显然已经遭到了极大的削弱，甚至可能已经为了躲避空袭而撤走了，自己昂然直入，可以轻松地扫荡停泊在登陆场附近的美军大型运输船。

大森仙太郎显然并不知道，此时驻守在托罗基纳角外的美国海军第 39 任务群不仅毫发无损，而且早已通过雷达探测到了敌军的来袭。由美国海军少将艾伦·斯坦顿·梅林（Aaron Stanton Merrill, 1890—1961）指挥的第 39 任务群，由第 12 巡洋舰队、第 45、第 46 驱逐舰分队组成，共计拥有 4 艘轻型巡洋舰和 8 艘驱逐舰。兵力上与大森仙太郎的"联合袭击部队"大致相当。

美军登陆场周围泊地停泊的大型运输船

美国海军第39任务群编制

第12巡洋舰队：旗舰"蒙彼利埃"号（USS Montpelier, CL-57）

"克利夫兰"号（USS Cleveland, CL-55）

"哥伦比亚"号（USS Columbia, CL-56）

"丹佛"号（USS Denver, CL-58）

第45驱逐舰分队："查理斯·奥斯本"号（USS Charles Ausburne DD-570）

"戴森"号（USS Dyson DD-572）

"斯坦利"号（USS Stanly DD-478）

"克拉克斯顿"号（USS Claxton DD-571）

第46驱逐舰分队："斯彭斯"号（USS Spence, DD-512）

"撒切尔"号（USS Thatcher DD-514）

"匡威"号（USS Converse DD-509）

"富特"号（USS Foote DD-511）

由于占据着情报上的优势，美国海军第39任务群指挥官梅林少将以第12巡洋舰队的4艘轻型巡洋舰正面对抗日本海军第5战队，同时第45、第46驱逐舰分队从两翼展开，对日本海军第1、第2警戒分队展开鱼雷攻击。在鱼雷和炮火的夹击之下，日本海军第3水雷战队旗舰"川内"率先中弹起火、被迫退出战斗。失去统一指挥的第3水雷战队剩余驱逐舰虽然成功用鱼雷击沉了美军驱逐舰"富特"号，但在混乱之中却发生了驱逐舰"五月雨"和"白露"相撞的事故，至此"联合袭击部队"的左翼彻底崩溃。

战斗进行到这个程度，大森仙太郎本应该指挥部队撤出战斗，但相信第5战队的2艘重型巡洋舰"妙高""羽黑"防护性能和火力的他，却不顾整个编队的情况，坚持与美军第12巡洋舰队展开对射。但是仅有20门203毫米主炮的"妙高""羽黑"两舰对上拥有48门152毫米主炮的美军第12巡洋舰队，虽然占据着口径上的优势，但在火力投送方面却并没有太大的优势可言，加之美军拥有完备的雷达系统，射击精度远超要依靠不断打出的照明弹和舰载水上飞机的引导、用肉眼瞄准的日本海军。

而为了躲避美军的炮火和鱼雷，隶属"第2警戒部队"的驱逐舰"初风"更是一头撞在重型巡洋舰"羽黑"的身上，无奈之下，大森仙太郎被迫下达了"考虑到天亮后敌机来袭的情况，全舰队向西315度撤离"的命令。但是本就不相统率的"联合袭击部队"此时根本无法组织其有序的撤退，各部队争相逃命，丢下无法动弹的轻型巡洋舰"川内"和驱逐舰"初风"任人宰割，最终一一被击沉。

在这场被称为"布干维尔岛海战"的交锋之中，美军虽然占据着情报和火力上的优势，但最终击败日本海军"联合袭击部队"的，恰恰是他们自己。事后重型巡洋舰"羽黑"上的水兵发现了嵌入己方甲板中的驱逐舰"初风"的舰首甲板，还取笑说这是"'初风'的额头皮"，战友之间如此冷漠，自然不可能团结对敌。而尽管事后日本海军提交了"击沉敌重型巡洋舰3艘、大型驱逐舰2艘、重创敌重型巡洋舰2艘、大型驱逐舰2艘"的注水战报，但是古贺峰一还是对"联合袭击部队"的表现给出了"战场上的表现之拙劣，令人愤慨"的批评。第5战队司令大森仙太郎随即被就地免职，回国当海军水雷学校校长去了。

在美国海军第39任务群以1艘驱逐舰为代价击退了对手的夜袭之后，随着地平线逐渐泛起鱼肚白，大批日本海军航空兵的战机又呼啸而来：在拉包尔地面机场展开的日本海军第1航空战队出动65架"零式"

"布干维尔岛海战"中的美国海军旗舰"蒙彼利埃"号

战斗机、18架"九九式"舰载轰炸机，会合第1陆基航空队的24架"零式"战斗机，组成107架的大机群杀入托罗基纳角空域。

尽管美军航空兵此时仅有为数不多的战机赶来拦截，但此刻美国海军的防空火力早已今非昔比了。日本海军航空兵付出了6架"九九式"舰载轰炸机的代价，也仅仅是炸伤了美国海军第39任务群的旗舰"蒙彼利埃"号而已。而就在日本海军航空兵"联合攻击队"刚刚返回拉包尔机场，隶属美国西南太平洋战区的陆军第5航空军随即出动12架B-24、37架B-25型轰炸机在64架战斗机的护航下杀入新不列颠岛的空域。现在已经在新几内亚战场上掌握了主动权的麦克阿瑟此刻也已准备剑指拉包尔了。

美国陆军第5航空军对拉包尔的此轮轰炸虽然没有造成太大的伤亡，却也足以证明从此这座日本陆、海军在南太平洋的指挥中枢已经被对手兵临城下的事实。而要改变这个可怕的现实，日本陆军首先想到的自然是迅速瓦解美国海军陆战队在托罗基纳角的登陆场。但是布干维尔岛地形复杂，驻守岛屿南北的日本陆军重兵集团一时难以赶到战场，因此针对美军登陆场的"总攻击"任务就近交给了驻守该地区的日本陆军第23步兵联队。

虽然得到了1个炮兵大队和1个工兵中队的加强，但是这支第23步兵联队长滨之上俊秋大佐指挥的"滨之上支队"实际兵力终究不过

2000 余人，其中战斗步兵更不过 1240 人，虽然上级单位不断向滨之上俊秋灌输 11 月 7 日第 8 方面军将从拉包尔出动"机动决死队"在美军侧后展开"逆登陆"，只要"滨之上支队"可以配合得当，完全有机会将美军赶下海。但问题是此时美国海军陆战队第 3 师已经在托罗基纳角建立了稳固的滩头阵地，并在不断运来坦克等重型武器的掩护下，向外扩张防御纵横。"滨之上支队"于 11 月 5 日在外围发动的进攻，很快便遭遇了美军的阻击，陷入了损兵折将、动弹不得的境地。

为了不使更多的士兵做无畏的牺牲，滨之上俊秋最终做出了全军撤退的决定。消息传来，日本陆军上下一片谴责之声，谓其贪生怕死，一度有人要求将滨之上俊秋押回东京、送上军事法庭。不过滨之上俊秋是第 6 师团长神田正种的"发小"，因此神田正种出面发表了一番这样的言论："滨之上支队以寡击众，扑上滩头是不可能的……不过我对滨之上联队长遭受敌炮射击就一举退却十几千米的做法也感到气愤，考虑到他在战斗中负伤，至少显示出将官和士兵同甘共苦的武士情，我向上级申请对他的处分仅限于行政处分即可。"

神田正种身为日本陆军的皇牌主力师团长，他的话自然是有分量的。何况"滨之上支队"止步于托罗基纳角外围的雨林之时，11 月 7 日以第 54 步兵联队第 2 大队为基础组建的"机动决死队"在海军的支援之下，虽然成功在美军侧后展开登陆，但最终也由于兵力不足和距离敌核心阵地过远，而功败垂成。当然"机动决死队"也并非全体玉碎，而是主动脱离战斗，逃入了第 23 步兵联队的防区。如此一来对托罗基纳角的总攻击自然也不了了之了。

日本陆军在托罗基纳角的"逆登陆"之所以再度以失败而告终，除了这种战术本身存在的设计缺陷之外，更为重要的是就在这一代号为"波号作战"的奇袭行动展开前的 11 月 5 日，计划担任"逆登陆"掩护任务，并冲入托罗基纳角周边泊地扫荡美军舰艇的日本海军第 2 舰队主力在拉包尔军港遭遇美军第 38 特混舰队的突袭。

第 38 特混舰队是哈尔西手中的一张王牌，不仅编制有美国海军中此时资历最老的"萨拉托加"号（USS Saratoga，CV-3）航空母舰，更有尼米兹刚刚从珍珠港调来的新锐"普林斯顿"号（USS Princeton，CVL-23）航空母舰的助阵，11 月 5 日上午 9 点，美国海军第 38 特混舰队在拉包尔东南 430 公里的海域出动 97 架各型舰载机突入拉包尔上空。日本海军猝不及防，第 2 舰队主力重型巡洋舰"爱宕""高雄""摩耶""最上""筑摩"，轻型巡洋舰"能代""阿贺野"，驱逐舰"藤波""若月"均严重受损。有鉴于拉包尔港已经不再安全，古贺峰一被迫下令第 2 舰队于 11 月 8 日撤回特鲁克。

第 2 舰队刚到前线就被炸惨，自然令日本海军颜面无光，古贺峰一勒令小泽治三郎和草鹿任一两人调集所有航空兵力围剿出现的美军航母战斗群，而小泽治三郎也有意在所罗门群岛试验己方飞行队在新加坡苦练的技战术水平，于是一声令下，所谓的"第一次布干维尔航空总攻击"全面展开。

虽然没有己方航母的参与，但小泽治三郎所部还是严格按照反航母作战的程序，先以"二式"舰载侦察机搜寻美国航母编队位置，随后以"九七式"舰载攻击机保持跟踪接触，并引导航空队主力对其发动进攻。功夫不负有心人，11 月 5 日傍晚，经过一个下午的搜索攻击，日本海军第 1 航空战队宣布成功击沉美军推断为"萨拉托加"号的大型航空母舰 1 艘，其他中型航空母舰 1 艘、巡洋舰 2 艘，消息传来，日本海军上下顿时一片欢欣鼓舞，纷纷恭贺大仇得报。但事实上当天日本海军第 1 航空战队攻击的不过是从托罗基纳角返回"宝藏群岛"的 2 艘美国海军的登陆舰和 1 艘鱼雷艇而已，更讽刺的是这 3 艘几乎没有还手之力的辅

美军空袭后拉包尔港内的惨况

助舰艇竟然也一艘未沉，带伤逃脱了。

眼见第 1 航空战队收获颇丰，草鹿任一也随即要求第 1 陆基航空部队全力出击。发动"第二次布干维尔航空总攻击"，果然也取得了"击沉 3 艘敌战列舰、2 艘巡洋舰、3 艘驱逐舰、4 艘运输船"的战绩。但事实上却是损失了 15 架战机，仅击伤了美军 1 艘轻型巡洋舰而已。

就在日本海军沉浸于虚假战报之际，在斯普鲁恩斯指挥下，美国中部太平洋战区向所罗门战场派出了下辖"埃塞克斯"号、"邦克山"号、"独立"号 3 艘新锐航空母舰的第 50.3 任务群。这支生力军抵达战场之后随即与第 38 特混舰队会师，再度对拉包尔展开空前规模的大空袭。尽管驻守拉包尔的海军舰艇损失不大，但在日本海军航空兵展开报复的"第三次布干维尔航空总攻击"，却有 17 架"九九式"、2 架"彗星"式舰载轰炸机、2 架"零式"战斗机被击落，而美军航母战斗群却在使用了新型近炸引信的密集防空炮火的保护下毫发无伤。

11 月 12 日，鉴于第 1 航空战队战力消耗殆尽，古贺峰一不得不命令小泽治三郎率部撤回拉包尔。此后草鹿任一虽然又固执地发动了三次针对美军航母战斗群的"航空总攻击"，但最终均不过是徒损兵力而已。而随着日本海军航空兵在所罗门群岛逐渐式微，为争夺这片吞噬了无数生命和战争机器的莽荒之地而展开的拉锯战，终于也将迎来最后的收官之战。